Foto: Susan Greenhill

Catriona Bass, geboren 1961 in England, verbrachte einen Teil ihrer Kindheit in Afrika und Asien. Nach dem Studium in Oxford ging sie nach China, um an der Universität Wuhan Englisch zu unterrichten. Von dort aus gelang ihr die Einreise nach Tibet, wo sie eineinhalb Jahre lebte und arbeitete.

Catriona Bass

Der Ruf
des Muschelhorns

Begegnung mit Tibet

Deutsch von
Irmela Erckenbrecht

Rowohlt

Die Originalausgabe erschien 1990 unter dem Titel
«Inside the Treasure House. A Time in Tibet»
bei Victor Gollancz Ltd., London

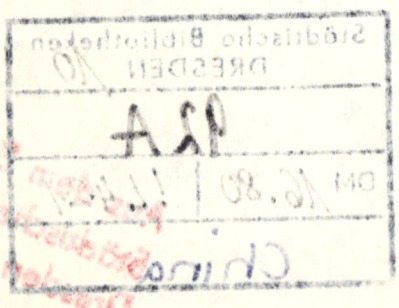

Deutsche Erstausgabe
Veröffentlicht im Rowohlt Taschenbuch Verlag GmbH,
Reinbek bei Hamburg, März 1992
Copyright © 1992 by Rowohlt Taschenbuch Verlag GmbH,
Reinbek bei Hamburg
«Inside the Treasure House» Copyright © Catriona Bass 1990
Alle deutschen Rechte vorbehalten
Umschlaggestaltung Walter Hellmann
(Foto: Catriona Bass)
Satz Trump (Linotronic 500)
Gesamtherstellung Clausen & Bosse, Leck
Printed in Germany
1680-ISBN 3 499 12649 4

Inhalt

Danksagung

Familie, Freunde und Berater, alle, die die Entstehung dieses Buches miterlebt haben, wissen, daß ich auf ihre Unterstützung angewiesen war – und diese Unterstützung gelegentlich auch ausgenutzt habe.

Eigentlich reise ich gar nicht gern. Es macht mich ungeduldig, nur an der Oberfläche eines fremden Landes zu kratzen. Zwar habe ich einige meiner aufregendsten Augenblicke in Tibet auf Reisen verbracht, aber mein Buch handelt nicht vom Reisen. Es handelt vom Leben in Lhasa.

«Schreib über uns», sagten meine Freunde, als ich Tibet Ende 1986 verließ. Mein Buch erzählt von ihnen und natürlich auch von mir. Meine Freunde drängten mich nicht aus politischen Gründen zum Schreiben. Zu jener Zeit waren ihre Lebensbedingungen besser als je zuvor. Nach zwei Jahrzehnten, in denen es für viele Tibeter ums nackte Überleben gegangen war, hatte die chinesische Regierung erste Reformen eingeleitet. Die Tibeter konnten sich ein wenig freier bewegen, der starke politische Druck ließ nach, und nach zwanzig Jahren gab es erstmals eine gewisse religiöse Freiheit. Zwar drückten noch immer viele Menschen ihren Zorn über die fortdauernden Ungerechtigkeiten aus, doch im allgemeinen war die Situation von vorsichtigem Optimismus geprägt.

Hätte ich dieses Vorwort damals geschrieben, hätte sich vielleicht etwas von diesem Optimismus darin widergespiegelt. Mit den Jahren 1985 und 1986 war die Hoffnung auf den Beginn einer neuen Ära verbunden.

Neun Monate später schoß die Polizei auf demonstrierende Menschen in Lhasa. Im Oktober 1987 geriet Tibet in die internationalen Schlagzeigen: *Schüsse und Gewalt in Tibet. Demonstranten fordern Unabhängigkeit. Sechs Menschen getötet – Demonstranten setzen Polizeistation in Brand. Chinesische Truppen kesseln Rebellen ein.* Für die Zeitungen waren das alltägliche Meldungen. Doch zum ersten Mal in meinem Leben ging es um Menschen, die ich persönlich kannte. Ich wußte nicht, wer von meinen Freunden an den Demonstrationen teilgenommen hatte, wer gefangen genommen, wer gefoltert oder gar ermordet worden war. Und es gab keine Möglichkeit, es in Erfahrung zu bringen. Ich konnte nur ihre Verzweiflung nachempfinden, und ich wußte, auch meine chinesischen Freunde würden diese Verzweiflung teilen.

«Schreib über uns.» Ich hatte bereits begonnen, über sie zu schreiben. Und während die Monate vergingen, während Tibet zunächst den Klischees der Presse zum Opfer fiel und nach kurzer Zeit schon nicht einmal mehr eine kleine Meldung wert war, wurden sie zur wichtigsten Triebfeder meiner Arbeit an diesem Buch. Ich dachte dabei vor allem an die Neigung aller Nationen, andere Völker auf eine Handvoll Adjektive zu reduzieren. Ich bin davon überzeugt, daß in dieser Neigung eine wesentliche Ursache für die inneren Konflikte Tibets liegt, ebenso wie für die Gleichgültigkeit vieler Menschen in der übrigen Welt.

Als Ausländerin, die weder die tibetische noch die chinesische Sprache vollkommen beherrscht, ist mir sicherlich manche Einzelheit entgangen. Aber vielleicht vermitteln meine Erfahrungen dennoch einen Eindruck von den Menschen jenseits der Bilder von Verzweiflung, Gewalt und Tod.

Prolog ━━━━━━━━━━━

Nyalam, Tibet, 20. Oktober 1985.

Riesenschatten jagen sich auf den reichverzierten, geschnitzten Balken. Ebenso wie mich verwirrt sie das Licht der
schaukelnden, nackten Birne – immer wieder lösen sie sich
auf, um an anderer Stelle plötzlich aufs neue aus der Dunkelheit zu wachsen.

Vier tibetische Händler sind hereingekommen. Fest einge-
mummelt in meine Decken, schaue ich ihnen beim Auspak-
ken ihrer Taschen zu. Auf dem Bett liegt ein Bündel Füchse,
alle viere von sich gestreckt, die Körper starr vor Kälte und
beginnender Austrocknung. Auf der einen Seite baumelt ein
ganzer Strauß von Schwänzen, auf der anderen Seite ragen die
Schnauzen heraus.

Der Windstoß, den die Händler mit hereingebracht haben,
läßt die Birne noch heftiger schwingen, das Licht ist glasig
von Atem und Rauch. Die Männer, die kleiner sind als ihre
Schatten, haben im Kreis auf einem Bett an der Wand Platz
genommen und die Beine unter den Schafsmänteln gekreuzt.
An ihren Ohrläppchen glänzen Türkise, ihre kräftigen,
strammen Zöpfe haben sie mit Bernsteinringen und Silber-
troddeln um den Kopf gebunden. Zwischen ihren Zähnen
blitzt Gold.

Während sie mit heißem Tee Fleischstückchen herunter-
spülen, verwandelt sich ihre Stimmung langsam in feierliche
Trunkenheit. Ein alter Mann holt aus seiner Brusttasche eine
Holzschüssel mit geschlagenem Silberrand hervor. Während
ein anderer Mann die Schüssel mit *chang* auffüllt, lächelt er,
und über seine Wangen ziehen sich Hunderte von kleinen Falten. Er fährt mit einem Finger über das Gerstenbier und wirft

dreimal ein paar Tropfen in die Luft – das Opfer an die Götter. Anschließend nippt er dreimal kurz und streckt die Schüssel hin, damit sie nachgefüllt wird. Begleitet vom murmelnden, trunkenen, melodischen Singsang der anderen stürzt er das Bier mit einem Schluck hinunter.

Oktober 1989. Wenn ich heute das Wort Tibet höre, denke ich an die Freunde, die ich dort gewonnen habe, an das Leben ganz normaler Menschen in einer Gesellschaft, die von Unterdrückung gekennzeichnet ist. Und doch kann mich das Wort auch heute noch verzaubern. Es beflügelt meine Phantasie, läßt mich alle Erfahrungen der letzten Jahre überspringen und zurückgehen zu jenem anderen Tibet, dem Bild meiner Kindheitsträume.

Ehe ich nach Lhasa reiste, lehrte ich ein Jahr in Wuhan, einer Universitätsstadt in der zentralchinesischen Provinz Hubei. Schon dort geriet mein Kindheitstraum durch die chinesische Sichtweise heftig ins Wanken. Die beiden Bilder von Tibet waren nicht miteinander zu vereinen: Das eine war geprägt von der Romantik westlicher Nostalgie, das andere von jahrhundertelanger Verachtung. Für meine chinesischen Studenten barg Tibet keinerlei Geheimnisse. Xizang, die «westliche Schatzkammer», wie Tibet auf chinesisch heißt, galt ihnen als eine Art Sibirien, in das weniger privilegierte Studenten verbannt wurden. «Schatzkammer» – eigentlich ein romantischer Name. Aber der Schatz bestand in Tibets landwirtschaftlichen Produkten und seinen reichen Mineralvorkommen. Tibeter seien schmutzig und primitiv, warnten die Studenten mich und meine Kollegin Rosemary; sie seien alles andere als gastfreundlich und allen Außenseitern feindlich gesinnt.

Als den *lingdao*, den Führern unserer Universität, zu Ohren kam, daß wir an die tibetischen Behörden geschrieben und um die Erlaubnis gebeten hatten, in Lhasa arbeiten zu dürfen, schickten sie eine Abordnung in unser Zimmer, um uns von unseren Plänen abzubringen. Sie waren ehrlich um unsere Sicherheit besorgt.

Wir ignorierten ihren Rat, unterschrieben Verträge, in denen wir uns verpflichteten, in einer Lastwagenfabrik in Shiyan im Norden der Provinz Hubei zu unterrichten, und planten, nach ein paar Monaten Urlaub in England durch Tibet zurückzukehren.

Doch bis zu jener Nacht mit den Händlern in dem kleinen Raum unter den geschnitzten Deckenbalken hatten wir nichts gefunden, was die chinesischen oder westlichen Vorurteile hätte bestätigen können. Bis zu jenem Moment war uns Tibet weder primitiv noch besonders exotisch erschienen; wir hatten nur die üblichen Alltagsprobleme des modernen China erlebt.

«Keine Einreise nach Tibet.» Das Eisentor der chinesischen Botschaft in Katmandu schloß sich zum wiederholten Male vor unseren Augen.

«Vergeßt es!» Ein Australier, der sich uns angeschlossen hatte, gab die Hoffnung auf. Seit zwei Tagen hatten wir vergeblich versucht, in die Botschaft zu kommen.

Rosemary lachte. «Teepause?» schlug sie vor, zog eine Packung indischer Kekse aus der Tasche und hockte sich in den Staub. Ich glaube, das war einer der Gründe, warum wir uns so gut verstanden. Wir besaßen beide einen gewissen Hang zu abwegigen Ideen oder, wie manche sagen würden, zur Naivität. Dieser Hang hielt uns auch jetzt davon ab, die Realität zu akzeptieren. Rosemary konnte jeden vom tieferen Sinn der verrücktesten Pläne überzeugen. Ich dachte daran, wie ich sie zum ersten Mal gesehen hatte, eine zierliche, fast kindliche Gestalt, die eine ganze Phalanx von Offiziellen am Moskauer Flughafen dazu überredete, mir ein Visum zu erteilen. Wir hatten uns beide zu einem dreimonatigen Russischkurs angemeldet, aber die Behörden waren drauf und dran, mich mit dem nächsten Flugzeug nach England zurückzuschicken. Aus mir unerfindlichen Gründen war mein Visum auf meinem Küchentisch in Oxford liegengeblieben.

Es war der Überraschungseffekt, der Rosemary zum Erfolg verhalf: Sie wirkte ausgesprochen schüchtern. Dadurch fielen häufig die Barrieren, bis ihren Gesprächspartnern irgendwann dämmerte, daß sie von Rosemarys Begeisterung mitgerissen worden waren. Jemand sagte einmal, wenn sie düster dreinschaue, besitze sie eine gewisse Ähnlichkeit mit Virginia Woolf, aber dieser düstere Blick war selten und die Ähnlichkeit ziemlich weit hergeholt.

In Moskau hatte sie zwei Tage lang verhandelt, um zu verhindern, daß ich nach England zurückgeschickt wurde. Es erwies sich als gute Vorbereitung auf Wuhan, wo man für die täglichen bürokratischen Rangeleien die Geschicklichkeit eines Schachspielers brauchte. Vier Monate war es jetzt her, daß wir Wuhan verlassen hatten, und wir glaubten, für alle Fälle gerüstet zu sein. Nichts konnte schlimmer sein als die Stunden und Tage, die wir dort mit zähen Verhandlungen über Zugfahrkarten und Einreiseerlaubnisse in verbotene Gegenden verbracht hatten – dachten wir.

«Ihr verschwendet bloß eure Zeit!» rief der Australier über die Schulter zurück, verscheuchte mit einem Fußtritt ein paar aufgeregt gackernde Hühner und verschwand um die nächste Straßenecke.

«Wahrscheinlich hat er gedacht, wir hätten mit der Botschaft irgendeinen Kuhhandel abgeschlossen», sagte ich.

Rosemary kramte unsere Verträge mit der Lastwagenfabrik hervor. In Katmandu hatten wir die Nachricht erhalten, die *lingdao* hätten die Verträge aufgelöst; sobald wir in Shiyan angekommen seien, wollten sie neu verhandeln. «Ich habe ihm gesagt, daß wir womöglich tagelang hier sitzen und trotzdem nichts erreichen werden.»

Und so hätte es tatsächlich auch ausgehen können. Die chinesischen Behörden, die die Weltöffentlichkeit mehr als 30 Jahre lang aus Tibet ausgesperrt hatten, bauten die Barrieren nur mit größter Vorsicht ab. Zwar waren seit 1983 organisierte Gruppenreisen zugelassen, Einzelreisen gab es aber erst seit jüngster Zeit. Lhasa war offen – sofern man per Flugzeug von Chengdu in Zentralchina kam.

Diese Regelung ließ unsere Briefe an die tibetischen Behörden mit der Bitte, in Tibet unterrichten zu dürfen, absurd erscheinen. Wenn Bürger westlicher Länder nicht in Tibet herumreisen durften, durften sie erst recht nicht dort leben und arbeiten. Aber die Behörden hatten uns höflich geantwortet:

Sie bedauerten, unser Ersuchen ablehnen zu müssen, die Universität Tibet werde gerade umgebaut.

«Wir brauchen eine neue Strategie», sagte ich. Es sah aus, als würde uns selbst ein kurzer, touristischer Aufenthalt in Lhasa durch die Lappen gehen.

Eine grauhaarige Frau in Shorts und Wanderstiefeln klopfte an das Botschaftstor. «Einreise nach Tibet?» ertönte eine verführerische Stimme von innen. Die Miene der Frau hellte sich überrascht auf.

«Ja.»

«Keine Einreise nach Tibet.» Das Tor schloß sich wieder.

Wir hatten fest daran geglaubt, einen Diplomaten in Nepal dazu überreden zu können, uns über Land nach Lhasa reisen zu lassen. Im Jahr zuvor hatten wir jemanden getroffen, der über die Changthang-Ebene von Norden nach Lhasa gekommen war, doch vom Süden her schien noch niemand über die Grenze gelangt zu sein. Unsere einzige Chance lag in unseren chinesischen Verträgen: Wir mußten so tun, als interessiere uns dieses primitive Tibet nicht im geringsten, als ginge es uns bloß darum, irgendwie zu unseren chinesischen Studenten zu gelangen, und da wir uns einen Flug nicht leisten konnten, kam leider nur der Landweg in Frage.

Die grauhaarige Frau war verschwunden. Verschiedene andere Bittsteller kamen und gingen. Wir nahmen unseren ganzen Mut und unser bestes Chinesisch zusammen und klopften noch einmal an die Botschaftstür.

«Einreise nach Tibet?»

«*Bu shi*», nein, sagten wir im Chor und hofften, ein wenig Eindruck zu schinden. «*Women shi laoshi zai Zhongguo.*»

«Lehrerinnen in China?» Der Pförtner schaute uns zweifelnd an. Er hatte uns bereits ein paarmal gesehen.

Wir sprachen auf chinesisch weiter. Ohne das halb geöffnete Tor loszulassen, antwortete er auf englisch. Ich sah, wie seine Lippen zu der Standardformel «Keine Einreise nach Tibet» ansetzten. Seine Hand zuckte bereits am Tor. In dem Moment erspähten wir einen Beamten, der hinter ihm über den Innenhof ging.

«*Women shi laoshi zai Zhongguo*», wiederholte ich laut,

schaute am Pförtner vorbei in den Innenhof und versuchte, meiner Stimme einen verzweifelten Tonfall zu geben. «*Qing gei women bang mang.*» Bitte helfen Sie uns.

Offenbar amüsiert über unser Chinesisch, blieb der Beamte stehen und machte einen Schritt auf uns zu. Das genügte uns als Aufforderung. Die Augen starr auf ihn gerichtet, marschierten wir durch das Tor. Der Pförtner drehte sich um, als wir an ihm vorbeigingen. «Sie sprechen gut Chinesisch», sagte er und lächelte sogar; er war nicht mehr für uns verantwortlich.

Im Innern der Botschaft, im Zimmer für ausländische Freunde, standen die gleichen Plastiksessel, die wir aus den offiziellen Gebäuden in Wuhan kannten. Auch das Korkbild von einem chinesischen Pavillon kam uns bekannt vor.

Mr. Lin, dessen feingeschnittenes, empfindsames Gesicht ihn jünger erscheinen ließ, als er tatsächlich war, stellte sich vor, goß uns Tee ein und eröffnete auf konventionelle Weise die Konversation.

Zum Glück waren wir von einer chinesischen Freundin in Wuhan in dieser Kunst unterrichtet worden. Wichtig ist, daß man zuerst viele nette Fragen stellt, ehe man mit einem Problem herausrückt. Wir erzählten Mr. Lin, wie ich den Posten einer Englischlehrerin an der Universität Wuhan bekommen hatte.

Es war im September 1984. Im Haus meiner Eltern klingelte das Telefon.

«Hier ist Rosemary.» Es knisterte so laut in der Leitung, daß ihre Stimme kaum zu hören war.

«Rosemary?» Wir hatten uns seit dem Russischkurs vor achtzehn Monaten nicht mehr gesehen; zuerst wußte ich gar nicht, wer Rosemary war.

«Hättest du gern einen Job in China?» Die Universität, an der sie lehrte, suchte eine weitere Englischdozentin.

Ich brauchte Zeit zum Nachdenken. Ich hatte gerade mein Studium abgeschlossen und andere Pläne gemacht. In London erwartete mich die tödliche Sicherheit einer festen Stelle. Aber Rosemary hatte fünf Tage gebraucht, um durchzukommen. Ich mußte mich entscheiden, solange sie noch am Apparat war, und das würde nicht lange sein, weil die Universität das Gespräch bezahlte.

«Ja», rief ich laut, um die anderen Gespräche in der Leitung zu übertönen.

Wir erzählten Mr. Lin, wie sehr wir uns darauf freuten, nach China zurückzukommen. Wir zeigten ihm unsere Verträge, die er sowohl auf chinesisch als auch auf englisch studierte. In unsere Geschichte streuten wir Schlagworte über Chinas blendende Zukunft, die Verantwortung gegenüber unseren Studenten und unüberhörbare Hinweise auf unser begrenztes Reisebudget ein.

«Wie Sie sehen, brauchen wir Ihre Hilfe», lächelte Rosemary.

Mr. Lin lachte. «Bitte trinken Sie von Ihrem Tee.» Er deutete mit der Hand auf unsere Tassen, hob seine Tasse zum Mund und nahm durch den Dampf einen großen, gemächlichen Schluck.

«Wir sind hier gestrandet und wissen nicht, wie wir nach China kommen sollen.» Meine Stimme klang ernst.

Mr. Lin setzte die Tasse ab. «Sie können nach China fliegen.»

Ich sah Rosemarys Gesicht, das sich im Glas des Korkbildes spiegelte, und unterdrückte mühsam einen Lachanfall. Das Gespräch folgte strengen traditionellen Mustern.

«Aber wir haben nicht genug Geld, um nach China zu fliegen.»

«Es gibt Flüge nach Hongkong.»

«Ja, das wissen wir, aber wir haben nicht genug Geld, um zu fliegen.»

«Sie könnten von Pakistan aus nach China fliegen.»

«Aber wir können es uns nicht leisten.»

«Sie könnten sich Geld borgen.»

«Von wem?»

«Von anderen Ausländern.»

«Wir kennen keine anderen Ausländer.»

«Dann lassen Sie sich Geld aus England schicken.»

«Wir haben auch in England kein Geld.»

Mr. Lin schien verblüfft. «Was wollen Sie also tun?»

Ich hielt den Atem an, drehte mich zu Rosemary um, blies gleichgültig über meinen Tee. «Durch Tibet fahren.»

Mr. Lin runzelte leicht die Stirn, dann lächelte er. «Ja, Sie können beim staatlichen chinesischen Reisebüro eine Dreitagestour nach Lhasa buchen.» Offenbar sehr zufrieden mit seiner Idee, lehnte er sich in seinem Sessel zurück. «Lhasa, hmmm. Wir nennen es die Sonnenstadt», sinnierte er. «Ausländer mögen Lhasa sehr.»

Eine Tour kostete, wie wir bereits an unserem ersten Tag in Katmandu erfahren hatten, mehr, als uns an Geld für ein ganzes Jahr zur Verfügung stand.

Rosemary schüttelte den Kopf. «Das ist teurer als der Flug nach Hongkong.»

«Dann fliegen Sie nach Hongkong.»

Wie so viele unserer früheren bürokratischen Kämpfe in Wuhan folgte das Gespräch einer eigenen Logik und einer merkwürdig irrealen Argumentation. Wir waren wieder beim Schachspiel, und jede Figur, die wir vom Brett nahmen, wurde feierlich zurückgestellt. Also begannen wir, mit Mr. Lin nach seinen Regeln zu spielen, stellten ebenfalls Figuren zurück, wiederholten unzählige Male unsere Geschichte und unsere Bitte um Hilfe und begegneten seinen ewig gleichen Vorschlägen mit den ewig gleichen, abschlägigen Antworten. Natürlich war uns dreien bewußt, daß wir so nicht vorwärtskamen, doch wir lächelten freundlich und drehten uns weiter im Kreis.

Ich hatte mich nach Flügen nach Lhasa erkundigt und wußte, daß es keine Direktflüge gab. Mr. Lin überlegte eine Weile. «Nächstes Jahr vielleicht.»

«Dann müssen wir über Land nach Lhasa reisen und von dort nach Chengdu fliegen.»

Schweigen.

Mr. Lin lächelte erschrocken. Ich glaube, er bereute allmählich, uns je aus den Klauen des Pförtners befreit zu haben.

Er versuchte, sich einen entschlossenen Ausdruck zu geben. «Es tut mir leid, aber das ist unmöglich. Ausländer können nicht allein durch Tibet reisen.»

«Aber wir sind es gewohnt, allein zu reisen.»

«Nein, es ist unmöglich.»

Damit begab sich unser Streitgespräch in eine weitere Spirale unlogischer Schlußfolgerungen. Mr. Lin begann, uns von den Gefahren in Tibet zu erzählen: den schlechten Hotels, den schlechten Fahrzeugen, den schlechten Straßen, dem schlechten Klima, den Erdrutschen. Und wir antworteten, ja, das wüßten wir, es sei uns alles bewußt, aber wir hätten kein Geld und müßten unbedingt nach China kommen und…

Plötzlich stand Mr. Lin auf, ging ein paar Schritte und schaute uns von der Mitte des Zimmers an. Ich bekam ein schlechtes Gewissen. Ein Lächeln zuckte unschlüssig über sein Gesicht, festigte und verbreitete sich, bekam sogar eine Spur von Selbstgefälligkeit.

«Ich muß Ihnen helfen», sagte er. «Ich werde per Telex um die Erlaubnis bitten, Sie durch Tibet reisen zu lassen.» Er sprach die Worte betont langsam aus, ließ sich sein Wohlwollen auf der Zunge zergehen.

Rosemary sprang auf. Er wich einen Schritt zurück. Vielleicht befürchtete er, sie würde ihn vor Freude umarmen.

«Kommen Sie in zwei Wochen wieder.»

Zwei Wochen! Nein, das ging nicht. Wir mußten in zwei Wochen in der Lastwagenfabrik in Shiyan sein. Wir begannen noch einmal von vorn.

Mr. Lin lächelte und goß neues Wasser in unsere Tassen. Ich weiß nicht, warum er nicht die Beherrschung verlor und uns einfach fortschickte. Er ließ keine Anzeichen der Frustration erkennen, die in mir längst aufgestiegen war. Nach fast vier Stunden stand er wieder auf. «Entschuldigen Sie, ich habe etwas zu erledigen.» Damit verschwand er aus dem Zimmer.

«Und jetzt?» Rosemary stürzte ihren Tee herunter, der inzwischen bitter geworden war. Hatten wir den Kampf verloren? Sollten wir uns auf eine Niederlage einstellen und uns darauf konzentrieren, unsere Zeit in Katmandu zu genießen?

Im Botschaftsgebäude war es vollkommen still. Es war die Stunde des *xiuxi*, des Nachmittagsschlafs, den China außer seinen Regierungsbeamten in Peking allen Bediensteten gewährte. Feuchter Dunst lag draußen über dem Rasen und den blühenden Bougainvilleen. Von Mr. Lin war nichts zu sehen.

Würde er zurückkommen? Vielleicht war auch er gegangen, um seinen *xiuxi* zu halten. Eine schwarze Limousine rollte auf die Ausfahrt zu, hinter der Seidengardine war der einzige Fahrgast nur verschwommen zu erkennen. «Er sucht das Weite», sagte Rosemary und schaute dem Auto nach, bis es das Gelände verlassen hatte.

Endlich kamen zwei Männer aus dem Botschaftsgebäude. Wir hatten das Gefühl, es wären mehrere Stunden verstrichen. Sie schlenderten so langsam über den Innenhof, daß es eine Weile dauerte, bis wir Mr. Lin erkannten. Wieder zuckte ein Lächeln unsicher auf seinem Gesicht. Was hatte das zu bedeuten? Er wandte sich zur Pförtnerloge. Würde er unsere Audienz für beendet erklären?

«Mr. Lin!» Der Ernst in meiner Stimme war diesmal echt.

Er schaute über die Schulter zu uns zurück. «Der Führer sagt, Sie müssen gehen.»

Nach all den Stunden! Wir konnten uns unmöglich einfach so geschlagen geben. «Wo ist der Führer?» Wir waren bereit, ihn persönlich zur Rede zu stellen.

«Nein», sagte er, ungerührt von unserer Aufregung. «Sie müssen nach Tibet gehen.»

Die Widrigkeiten, die Mr. Lin für unsere Reise nach Lhasa vorausgesagt hatte, sollten sich zumindest im Kern bewahrheiten. Drei Tage lang fuhren wir per Bus und Lastwagen bergan und sahen die karge Pracht Tibets durch den eisigen Nebel der Höhenkrankheit.

Wir waren unvorbereitet. Wir hatten von dem stechenden Kopfschmerz und der Schlaflosigkeit gehört, aber wir hatten geglaubt, es würde nur Touristen treffen, die nicht in Form sind, und wir fühlten uns gut in Form. Wir hatten uns die Kälte ähnlich vorgestellt wie die Kühle der Abende in Katmandu, eine berauschende, frostige Klarheit. Auf der Ladefläche eines Lastwagens in 5000 Meter Höhe fühlte es sich jedoch an, als würde das Eis Splitter unter unsere Nägel bohren. Aber auch auf die Großartigkeit der tibetischen Landschaft waren wir nicht vorbereitet.

Obgleich ich wußte, daß Tibet so groß ist wie Westeuropa,

hatte meine Phantasie auf einem kleinen, verschneiten Königreich unter den Gipfeln des Mount Everest bestanden. Drei Tage lang kämpfte ich mit der beängstigenden, berauschenden Weite. Nachts war der Himmel übersät mit Sternen. Als am zweiten Morgen die Sonne aufging, fuhren wir gerade über den Gipfel eines gewaltigen Passes. Über uns war nur noch Himmel. Unter uns lagen schneebedeckte Berggipfel in der Morgendämmerung.

Das dunstige Licht des Nachmittags rückte die Berge am Horizont in verführerische Nähe. Stunden vergingen, ohne daß wir ihnen näher gekommen wären. Und bei Sonnenuntergang schienen wir mit dem Sand und den Felsen zu erstarren.

Die tibetischen Händler, die am ersten Abend den Schlafsaal in Nyalam mit uns geteilt hatten, begleiteten uns am nächsten Tag noch eine Weile. Am Fuß eines Passes verließen sie uns, ihre Füchse wie zum Schutz gegen den Schnee um die Köpfe gebunden.

Aber es gab keinen Schnee. Es gab nichts, das dieser spektakulären Wildnis die Illusion von Wachstum und Leben verliehen hätte. Es war kaum vorstellbar, daß sie überhaupt Leben barg. Und als wir am folgenden Tag in Shigatse im prächtig glitzernden Hof des Klosters Tashilhunpo standen, schien es noch unvorstellbarer, daß sie eine so reiche Kultur hervorgebracht hatte.

In dem mit Fresken ausgemalten *jokhang*, der großen Halle des Haupttempels, bewegten sich die goldenen Schatten der Buddhas im Licht unzähliger Butterlampen. In einer langen Reihe kleiner Kapellen saßen ältere Mönche, einsam ins Gebet vertieft. Die Farben waren gedämpft und doch üppig. Nach zwei Tagen in der Wüste waren wir für den reichen Glanz des Klosters wahrscheinlich um so empfänglicher. Der Gegensatz war für uns deutlich zu spüren. Als wir nach draußen gingen, fiel unser Blick auf die kargen Berge, die sich hinter den goldenen Dächern erhoben. Vielleicht hatte gerade diese Kargheit die Tibeter zu ihrer hohen Kultur und Spiritualität geführt.

Shigatse ist Tibets zweitgrößte Stadt und der ursprüngliche

Sitz des zweitwichtigsten spirituellen Führers, des Panchen Lama. In drei Jahren würde er auf seinem Sterbebett feststellen, daß die Kosten der vierzigjährigen Anwesenheit der Chinesen für Tibet die Gewinne bei weitem überwogen. Aber der Panchen Lama, oder Panchen Rinpoche, wie ihn die Tibeter nennen, war eine umstrittene Figur. Wie umstritten, sollten wir erst erfahren, als wir nach Lhasa, dem Sitz des Dalai Lama, kamen. Zwischen den beiden Lamas besteht eine historische Rivalität, die längst auch ihre Anhänger erfaßt hat. Für viele Menschen in Lhasa war der Panchen Rinpoche ein *go niba*, ein «Zweiköpfiger», ein Kollaborateur. Den Menschen in Shigatse dagegen gilt selbst seine Eheschließung mit einer Chinesin als bösartiges Gerücht. Der Dalai Lama hingegen wird von allen Tibetern verehrt, obgleich uns einige wenige sagten, er habe ein sinkendes Schiff verlassen, als er 1959 nach Indien floh.

Draußen hatte sich eine Gruppe von Pilgern versammelt. Sie spielten mit ihren Gebetsperlen, drehten Gebetsmühlen, sangen Gebete, vertrieben sich die Wartezeit. Der Panchen Rinpoche war zu einem seiner seltenen Besuche aus Peking ins Kloster gekommen.

Plötzlich schoß eine Fahrzeugkolonne aus dem Innenhof des Klosters. Polizisten auf Motorrädern hupten wild, während sie nach rechts und links ausschwenkten, um den Pilgern auszuweichen, die sich auf die Straße warfen. Da sie nicht wußten, in welchem Jeep der Lama saß, verbeugten sich die Menschen leidenschaftlich vor allen Wagen. Die weißen *katags*, zeremonielle Gebetsschals, flatterten im Fahrtwind, während die Kolonne um die Kurve davonpreschte.

Etwas verwirrt gingen wir zum Schlafsaal an der Bushaltestelle zurück, wo wir die Nacht verbringen sollten.

«Eine merkwürdige Szene», sagte Rosemary. «Das stille Kloster, die unbefestigte Straße, eine Handvoll Hirten, und dann plötzlich diese Batterie von Polizeimotorrädern und rasenden Jeeps.» Es kam uns seltsam vor, daß der Panchen Lama von der Polizei vor einer Gruppe Pilger geschützt wurde. Wir hatten noch viel über die Einstellung der Behörden zu religiösen Versammlungen zu lernen.

Am folgenden Tag nahmen uns zwei chinesische Beamte, die nach Lhasa zurückkehrten, in ihrem japanischen Wagen mit. Wie Mr. Lin konnten sie nicht verstehen, was wir in Tibet wollten. Warum besuchten wir nicht die berühmten Sehenswürdigkeiten in China, die Terracottakrieger, den Steinwald in Kunming, die Berge von Guilin? Sie selbst hatten all dies noch nie gesehen, schwärmten aber mit der Sehnsucht der Exilanten von den Schönheiten ihrer fernen Heimat.

Wir kamen an der Festung in Gyantse vorbei, wo früher einmal eine britische Garnison stationiert gewesen war; im Radio dudelte *Jiu Gan Tang Mai Wu* («Leere Flaschen zu verkaufen»), die Nummer eins der chinesischen Hitparade vom vergangenen Jahr. Die Unterhaltung kam sporadisch auf und verebbte wieder, die Ufer des Yamdrok-Sees glitten im Dunkeln vorbei. Früher als wir dachten kamen wir über den Gamba la-Paß, überquerten den Tsangpo, den Oberlauf des Brahmaputra, und fuhren auf der plötzlich geteerten Straße ins Lhasa-Tal.

Wir glitten durch die hellerleuchteten Straßen einer typischen chinesischen Vorstadt. Überall um uns herum Gebäude mit hohen Mauern, gesichtslose Wohnblocks und breite Straßen in der gleichen, öden Symmetrie. Trotz der vielen Kilometer und unzähligen Bergketten, die Tibet von Zentralchina trennten, schien Lhasa sich kaum von Wuhan, Chengdu, Xian oder Peking zu unterscheiden. Selbst die Straßenlaternen warfen die gleichen Schatten.

Dann erschien am Himmel über der Stadt der Potala. Dunkler als die Nacht türmte er sich über uns auf. Mehrere erleuchtete Fenster blitzten in den hohen Mauern. Die mit den Berggipfeln in den Himmel ragenden Zinnen beflügelten meine Phantasie, verhießen die Existenz einer anderen Stadt, einer Stadt jenseits von Beton, Wellblech und hellerleuchteten Straßen – sie sagten mir, daß in der Dunkelheit die Geheimnisse eines anderen Lhasa verborgen lagen.

«*Piu*!» Affe. Die Menschen kichern, ziehen ungläubig an den Haaren auf meinen Armen und vergleichen die eigene, bernsteinfarbene Haut mit der meinen. Lhamo lacht. «Die Tibeter stammen von einem Affen ab», erklärt sie mir. «Am Anfang der Geschichte hat er sich mit einer Riesin vermählt. Aber heutzutage hat kein Tibeter mehr Ähnlichkeit mit einem Affen.» In dem Meer breiter, flacher Gesichter suche ich nach Rosemary, wechsele einen amüsierten Blick mit ihr und lächele verlegen über die Verachtung, die offenbar mit dem Vergleich verbunden ist.

Der Markt ist voll von Pilgern, Nomaden von fernen Höhenzügen, die Lhasa am Ende der Herbsternte regelrecht zu überfluten scheinen: verwegene Khampas von den Gipfeln des Kham, die ihre Locken mit Seidenquasten um den Kopf geflochten haben und juwelenbesetzte Messer in den Falten ihrer Mäntel tragen; Frauen aus Amdo mit dem Familienschmuck in den fest geflochtenen Zöpfen. Die Ärmel ihrer Schaffellmäntel reichen bis zum Boden, in einer geräumigen Tasche, die sich über dem Gürtel wölbt, tragen sie Teeschüsseln, Schmuck und religiöse Texte vor sich her, um sie zum Verkauf anzubieten.

Während wir weitergehen, erklärt Lhamo: «Der Vergleich mit dem Affen ist nicht wirklich verächtlich gemeint. Immerhin war der Affe eine Inkarnation von Chenresig, dem Buddha des Mitgefühls.»

«Verstehe», entgegnete Rosemary trocken. «Wir sind zwar nicht so hoch entwickelt wie die Tibeter, aber wir besitzen zumindest gewisse Anzeichen von Heiligkeit.»

An unserem ersten Morgen in Lhasa erwachten wir von summenden Gebeten. Lhamo beäugte uns neugierig. Sie trug den wollenen, ärmellosen Mantelrock der Kongpo und flocht sich bunte Seidenquasten ins Haar. Am Abend zuvor war sie in dem von Tibetern betriebenen Hotel angekommen, vor dem die chinesischen Beamten uns abgesetzt hatten. Lhamo meinte, wir bräuchten Hilfe, obwohl auch sie allein und sehr viel jünger war als wir; aber sie würde bei Verwandten wohnen, sobald sie deren Haus gefunden hatte.

«Ihr sprecht nicht viel Tibetisch», erklärte sie, als wir ihr sagten, wir seien daran gewöhnt, ohne unsere Familien zu reisen. «Ich kann euch beim Einkaufen helfen und für euch übersetzen.» Wir mußten uns mit Lhamo auf Chinesisch verständigen, weil unser Tibetisch sich noch immer auf die wenigen Sätze beschränkte, die uns ein Tibeter in Nepal beigebracht hatte.

Anders als die meisten Besucher in Lhasa war Lhamo keine Pilgerin. Sie war in die Hauptstadt gekommen, um beim Gong An Ju, dem Amt für Öffentliche Sicherheit, einen Paß zu beantragen. Sie wollte nach Indien reisen, wohin der Großteil ihrer Familie während der Kulturrevolution geflohen war. Weil sie Verwandte im Ausland hatte, waren ihre Chancen, einen Paß zu bekommen, recht gut, obgleich es Monate dauern würde, bis ihr Antrag bearbeitet war.

Um halb zehn hatte der Markt gerade erst begonnen. Die meisten Einwohner Lhasas ignorieren den offiziellen Tagesbeginn, dieses bürokratische Hirngespinst, das der Phantasie Pekings entsprungen ist und zwei Stunden vor Sonnenaufgang in Eis und Dunkelheit beginnt. Muslime aus Xinjiang in Westchina legen ganze Haufen getrockneter Aprikosen aus. Sie glänzen köstlich, aber bei einem Preis von drei *yuan* pro *jin* läßt Lhamo sie verächtlich liegen. An anderen Marktständen werden dicke Gläser mit Joghurt und Milch in großen Plastiktöpfen zum Verkauf angeboten.

«*Woma si, woma si.*» Ein Junge stürzt hinter seinem Milchstand hervor und faßt mich an der Jacke.

«*Sho si*», ruft eine Frau. «Nehmen Sie, nehmen Sie, das Glas können Sie morgen zurückbringen.» Sie drückt Rosemary das Joghurt in die Hand. «*Shimbu shibu shi du.*» Es ist köstlich.

Lhamo nimmt das Glas und dreht es auf den Kopf; unseren entsetzten Blicken begegnet sie mit einem verschlagenen Grinsen.

«Wenn es frisch ist, fällt es nicht heraus», erklärt sie und steckt das Glas in meine Tasche.

An der nächsten Querstraße kommen wir nicht weiter. Manche versuchen, sich durch den Sturm von Fahrradklingeln vorzudrängeln, andere drehen ihre Gebetsräder und warten. Fleischhändler hocken zwischen ihren Yak-Kadavern, beobachten leidenschaftslos das Gedrängel und prüfen die Schärfe ihrer Klingen an den Knochen. Unter den Tischen schnüffeln Hunde mit verfilztem Fell an den Yak-Köpfen herum.

Wie benommen schlendern wir zum Barkhor, der den Haupttempel umgibt. Die durch die Höhe von 3700 Metern gereinigte Luft gibt allem eine belebende Schärfe. Rauhreifüberzogene Schatten wechseln sich mit sonnenbeschienenen Flecken ab, und die Hitze brennt rote Flecken auf die Wangen der Kinder.

«Aber das Klima in Lhasa ist mild», sagt Lhamo überrascht und beschreibt mit großen Wellenbewegungen die täglichen Temperaturschwankungen in der Changthang-Ebene. Dort, sagt sie, steige die Temperatur während des Nachmittags wie ein Adler in die Höhe, um dann am Abend mit der Sonne in unendliche Tiefen zu sinken, im Winter auf bis zu fünfzig Grad minus.

«Ich komme mir selbst ein wenig wie Lhamos Adler vor!» sage ich zu Rosemary, deren helle Haut bereits mit tibetischer Röte überzogen ist. Aber die Höhe macht ihr weniger aus als mir. Bei mir lösen sich noch immer seltsam euphorische Stimmungen mit stechenden Kopfschmerzen ab, und selbst nachts kämpft mein Körper um Sauerstoff, verliert sich in Träumen von nahezu psychedelischer Lebhaftigkeit. Was die Dauer der Höhenkrankheit betrifft, hat Lhamo nicht viel Trost für uns bereit.

«Manche Chinesen gewöhnen sich nie daran», sagt sie und

lacht verächtlich. Das kürzeste Gespräch läßt Rosemary und mich nach Atem ringen. Bei zwei Frauen, die Walnüsse und heiße Kartoffeln verkaufen, bleiben wir stehen, um uns auszuruhen.

Die beiden alten, faltigen Frauen hocken an der stürmischsten Ecke des Barkhor, wo näselnde Amdo-Tanzmusik und schrille Discoklänge aus Hongkong zusammenprallen. Die Schreie der chinesischen Straßenhändler vermischen sich mit den lauten Gesprächen der Soldaten und dem Trillern zweier bettelnder Kinder, die in einem Pappkarton sitzen und ihre Gebete anstimmen. Daneben ist die beschwörende Stimme eines Jungen mit zerschundenem Rücken zu hören, der, mit dem Gesicht im Staub kriechend und die Hände über dem Kopf zu einer Höhlung geformt, im Rhythmus seines Gesangs um eine milde Gabe bittet. Aus den offenen Türen nepalesischer Geschäfte dringt der penetrant süßliche Geruch nepalesischen Räucherwerks, aus einem tibetischen Opferbrenner steigt beißender Wacholderrauch. Aber die beiden alten Frauen scheinen für dieses Inferno völlig blind zu sein. In einem wohlwollenden Wettstreit um die vorüberziehende Kundschaft hocken sie ungerührt am Straßenrand.

«*Chik, nyi, sum, shi…*» Die Walnußfrau zählt fünfzig Walnüsse für uns ab, dann kippt sie mit einem zahnlosen Kichern auch noch den restlichen Inhalt ihres Korbes in unsere Tasche. Die Kartoffelfrau tätschelt das ausgepolsterte Nest mit heißen Kartoffeln und läßt durch die Falten kleine Dampfstöße entweichen. Wir brauchen eigentlich keine Kartoffeln, aber sie sehen unwiderstehlich aus. Ohne zu protestieren, schauen wir zu, wie sie hineinlangt, um die größten und salzigsten Kartoffeln herauszufischen, dabei mit unverständlichen Worten unaufhörlich auf uns einredet und uns durch ihre kleine, vorgewölbte Brille, die hinter ihren Ohren mit zwei gedrehten Metallstäben befestigt ist, freundlich anlächelt.

Einige Khampas machen uns schöne Augen, als wir weitergehen. Lhamo ist eine klassische tibetische Schönheit mit hohen Wangenknochen, breitem Lächeln und schlanker, hoher Gestalt. Aber sie will nicht heiraten, in diesem Punkt ist sie stur. Sie will unbedingt Nonne werden.

«Ihr solltet euch vor ihnen in acht nehmen», warnt sie uns, als wir an einer anderen Gruppe von Khampas vorübergehen. Die Männer haben einander die Hände auf die Arme gelegt, um in einem stummen Morsecode über die Preise zu verhandeln. Sie sind als Krieger Tibets bekannt und erregen bis heute bei Tibetern aus anderen Gegenden Furcht und Respekt.

«Bist du schüchtern?» fragt Rosemary, als sie merkt, daß Lhamo errötet.

«Nicht wegen der Männer!» Wie sich herausstellt, schämt sich Lhamo ihrer traditionellen Kleidung. «Ich komme mir albern vor», sagt sie und zeigt auf die Lhasaer Mädchen, die mit hochhackigen Schuhen und engen Hosen dem Diktat der chinesischen Mode folgen. Zwar unterstützen die Behörden jetzt wieder das Tragen der traditionellen tibetischen Tracht, doch war sie so lange als Kleidung der Reaktionäre verschrien, daß sich heute nur noch alte Menschen und die Einwohner ländlicher Gebiete dazu bekennen. Selbst Lhamo hatte am Morgen ihre Haare unter eine khakifarbene Kappe der Volksbefreiungsarmee gesteckt.

Um die Khampas hat sich eine Menschenmenge versammelt, die sich rasch bis in Hauseingänge und Höfe vergrößert. Die Aussicht auf ein Spektakel zieht immer mehr Menschen an. Entschlossen bahnt sich Lhamo einen Weg durch die Menge.

Wir folgen ihr und stoßen nach einer Weile auf die Ursache des Menschenauflaufs: ein Fahrradzusammenstoß. Von den Speichen des einen Rads tröpfelt Ei zu einer langsam größer werdenden Pfütze. Ein Chinese schreit auf einen der Khampas ein. Sein Fahrrad sei zerkratzt. Es gehöre einem Freund. Manche Leute müßten besser aufpassen, wo sie hinfahren, schreit er. Die Männer heben ihre Räder auf und fahren, noch immer wütend, in verschiedene Richtungen davon. Lhamo wendet sich an die anderen Zuschauer.

«Der Chinese war schuld…» «Nein, wenn der Khampa nicht…» «Er hat nicht richtig hingeschaut…» «Kein bißchen Respekt…» «Der arme Mann… Und es war noch nicht mal sein eigenes Rad.»

Ständig kommen neue Menschen hinzu; die Fahrradfahrer sind vergessen, die Menge unterhält sich selbst.

«Kommt, das kann noch Stunden so weitergehen», sagt Lhamo und zieht uns mit sich fort, «aber es ist sehr interessant, nicht wahr?»

Sie kichert. «Ich glaube, ich werde keine besonders gute Nonne sein. Ich bin viel zu neugierig, ich möchte immer wissen, was vor sich geht. Manchmal glaube ich, das Leben einer Nonne ist zu langweilig für mich. Vielleicht kann ich gar nicht den ganzen Tag allein dasitzen und beten.» Ihre Augen funkeln. «*Om mani padme hum, Om mani padme hum, Om mani padme hum…*», summt sie mit spielerischer Frömmigkeit, als wir gemeinsam in unser Hotel, das Banak Shol, zurückkehren.

Die Stadt Lhasa ist auf konzentrischen Kreisen von Pilgerpfaden erbaut. Mit hölzernen «Handschuhen», ledernen Schürzen und weißbestäubten Stirnen umrunden die Gläubigen ihre heilige Stadt, indem sie sich auf den Pilgerpfaden unzählige Male niederwerfen. Der äußere Pfad, der Linkhor, umgibt die ganze Stadt, und es dauert eine Woche oder 11 000 Niederwerfungen, um ihn zurückzulegen. Noch immer werfen sich die Pilger trotzig auf der ursprünglichen Route des Pfades nieder, die heute quer über lastwagenbefahrene Straßen führt und sich zwischen hohen Mauern chinesischer Fabriken schlängelt, vorbei an den in Felsen gehauenen Buddhas, unter langen Bändern mit Gebetsfahnen hindurch, die den Potala nun nicht mehr mit der tibetischen Medizinschule, sondern mit einem Fernsehturm verbinden, der in den Ruinen der Medizinschule auf dem Berg Chakpori steht.

Der Barkhor umgibt den Jokhang-Tempel, Tibets größtes Heiligtum, und beherbergt von alters her die reisenden Händler aus Nepal, Indien, China, Bhutan, Sikkim und entfernten tibetischen Provinzen. Bis heute sind nur die Nepalesen zurückgekehrt, und immer mehr Stände werden von chinesischen Siedlern übernommen. Doch für die Tibeter ist der

Barkhor in erster Linie ein Pilgerpfad. Chinesische Soldaten, die entgegen dem Strom im Uhrzeigersinn über den Barkhor schlendern, erinnern an die Vergangenheit, als die Tibeter gezwungen wurden, ihre religiösen Stätten zu entweihen, indem sie sie nur entgegen dem Uhrzeigersinn beschreiten durften.

Im Herzen Lhasas befindet sich der Sharkhor, der kürzeste Pilgerpfad. Er liegt innerhalb des Jokhang-Tempels, der im siebten Jahrhundert von König Songtsen Gambo für seine nepalesischen und chinesischen Frauen erbaut wurde. Unweigerlich richtet sich heutzutage das Augenmerk vor allem auf seine chinesische Gemahlin, Prinzessin Wen Cheng.

«Das tibetische Volk liebt Wen Cheng, in allen Volksliedern wird ihr Ruhm gepriesen.»

«Wen Cheng hat Chinas überlegenes Wissen nach Tibet gebracht, und das tibetische Volk ist ihr dafür immer sehr dankbar gewesen.»

Diese Lobreden hörten wir immer wieder von in Lhasa lebenden Chinesen; darin erschöpften sich aber bei den meisten auch schon die Kenntnisse über die tibetische Geschichte. Wen Chengs Vermählung mit Songtsen Gambo markierte für sie den Beginn der tibetischen Abhängigkeit von China – sie galt ihnen als Beweis dafür, daß Tibet immer Teil des Mutterlandes gewesen sei.

Der Jokhang-Tempel war bei der blutigen Niederschlagung des Aufstands im Jahre 1959 stark beschädigt worden. Während der Kulturrevolution wurde er von der Armee genutzt. Als die Soldaten in den späten siebziger Jahren endlich aus dem Tempel ausquartiert wurden, stießen die Behörden die tibetische Bevölkerung erneut vor den Kopf, indem sie einen Muslim zu seinem Verwalter bestimmten. Erst ein Jahr vor unserer Ankunft in Lhasa war der Muslim durch einen Buddhisten ersetzt worden, und der zum Teil restaurierte Tempel konnte wieder gemäß seiner eigentlichen Bestimmung genutzt werden.

Gegen Ende unserer dritten Woche in Lhasa saß ich mit einem dänischen Touristen auf dem neu angelegten Jokhang-Platz. Wir sprachen über den Zusammenhang zwischen der

Restaurierung der Klöster und dem neu aufblühenden Tourismus. Wo wir saßen, hatte man vor wenigen Monaten historische Gebäude und enge Gäßchen abgerissen und sie durch kitschige Laternen und in Beton gefaßte Blumenbeete ersetzt, um den Blick auf den Tempel eindrucksvoller zu gestalten. Der Däne schnaubte verächtlich.

«In Tibet ist die Religion doch nur noch eine Show, mit der die Touristen hinters Licht geführt werden sollen», sagte er und ließ sich darüber aus, daß alle wichtigen Lamas 1959 mit dem Dalai Lama geflohen seien. Dieses Gerede machte mich ziemlich wütend. Nicht zum ersten Mal begegnete ich der Auffassung, die einzig authentischen Tibeter lebten mittlerweile im Exil. Wer heute noch in Tibet wohne, sei entweder ein Kollaborateur oder von den Chinesen korrumpiert. Während er sprach, schaute ich zum Tempel hinüber. Tibeter jeden Alters warfen sich vor seinen hölzernen Toren nieder. Tausende von Gläubigen, die gekommen waren, um diesen öffentlichen Akt religiöser Hingabe auszuführen, hatten die glatten Steinfliesen wieder zum Glänzen gebracht. Eines war sicher: Touristenattraktion oder nicht – für diese Menschen war der Jokhang-Tempel noch immer der heiligste Ort ihres Landes. Nichts, so schien es, konnte in ihren Augen seine Wichtigkeit schmälern.

Im Innern des Tempels wandelten die Pilger in den schwach erleuchteten Hallen, berührten jedes Heiligtum mit der Stirn und warfen sich, wo das Gedränge der Menschenmenge es zuließ, zu seinen Füßen nieder. Als Opfergaben trugen sie Geld und *tsampa* (gemahlene Gerste) bei sich, und sie brachten Gläser mit Butter mit, um die flackernden Lampen aufzufüllen. Überall waren Mönche zu sehen, die die Dochte, die in die geschmolzene Butter gesunken waren, wieder aufrichteten und vorsichtig beschnitten. Die Luft war dunkel und warm, es roch nach Weihrauch, Schaffellen und Butterdampf.

Vom Strom der Menschenmenge getragen, wanderte ich von Kapelle zu Kapelle. Vor einer riesigen Statue der Palden Lhamo, der Schutzgottheit des Dalai Lama, zupfte eine Frau an meinem Arm. Sie sah alt aus, ihr Gesicht war trocken und ledrig, ihr Haar grau, aber in ihrem Mantel – einer *chuba* mit einer geräumigen Tasche über dem Gürtel – trug sie ein Baby.

«Wir nennen sie die schlafende Statue», sagte sie in vertraulichem Ton. Ich sah sie fragend an. «Schlafend?» Die Augen der Gottheit waren aufgeschlagen.

«Ja, während der Kulturrevolution sind die Roten Garden auf sie losgegangen. Der Geist der Palden Lhamo hat die Statue verlassen und ist nicht zurückgekehrt.»

Trotzdem preßte die Frau ihre Stirn gegen den Rocksaum der Statue, der durch die Berührung der vielen Pilger schon ganz schwarz geworden war. Entschlossen, ihrem Kind die gleiche Weihe zukommen zu lassen, stieß sie seinen Kopf gegen das Knie der Statue. Der Kleine schrie und wollte sich auch nicht wieder beruhigen, als seine Mutter ihn zurück in ihre *chuba* steckte und mit ihm in die Dunkelheit einer anderen Kapelle verschwand.

Draußen auf dem sonnenbeschienenen Vorplatz hatten sich inzwischen noch mehr Pilger versammelt. Überall dort, wo nicht gerade Hunde einen Platz auf den warmen Steinfliesen für sich beanspruchten, warfen sich Menschen nieder. Die Hände über den Köpfen gefaltet, bewegten sie sich langsam nach unten, knieten sich hin und glitten dann der Länge nach auf den Boden. Einige waren schon seit dem frühen Morgen hier und beugten und streckten sich vor den Toren des Tempels wie unermüdliche Meereswellen.

Die neuen Straßen schnitten durch Lhasa wie scharfe Messer, durchtrennten die ehrwürdige, mittelalterliche Stadt. Doch es dauerte nicht lange, bis wir zwischen dem tristen, symmetrischen Gitter mit den typischen Straßennamen («Peking-Straße», «Straße der Befreiung», «Straße der Glückseligkeit») das Mittelalter fanden, das in seiner urtümlichen Form auch im modernen Lhasa blüht. Kleine Gäßchen wanden sich willkürlich hin und her, führten uns durch gefrorenen Schlamm und dunkle Pfützen, vorbei an hölzernen Toren mit abgeschiedenen Innenhöfen. Hier und dort saßen Menschen, formten die Erde zu kleinen Götterstatuen, spannen mit Spinnkreiseln Garn, rollten Yak-Dung zu brennbaren Kugeln zusammen und bereiteten Opfer vor, um sie den Göttern darzubringen. Gesungene Gebete mischten sich in die Gespräche und bildeten den Rhythmus für jeden Arbeitsgang. Die Menschen hielten kurz inne, um den Passanten nachzuschauen oder einem Kind Anweisungen zu geben, dann nahmen sie wieder ihren Singsang auf. Nein, Tibets Religion ist nicht auf die Tempel und bestimmte Zeremonien beschränkt, sie durchdringt das tägliche Leben, ist fest mit ihm verwoben und macht selbst aus den einfachsten Arbeiten mehr als stumpfsinnige Plackerei.

In allem, auch in Lhasas Architektur, beeinflussen und bedingen sich Irdisches und Spirituelles. Von der bescheidensten Bleibe bis zu den mächtigen Zinnen des Potala folgen tibetische Häuser stets demselben Muster: Von den breiten, fest mit der Erde verwurzelten Fundamenten wandert das Auge an ihren aufragenden, festungsartigen Wänden zu den Dächern hinauf, wo Gebetsfahnen in den Farben der Elemente ihre Gebete mit dem Wind zu den Göttern tragen.

In den ersten Wochen tauchten wir in den tibetischen Teil Lhasas ein, besuchten Tempel, umwanderten den Barkhor, sahen uns auf den Märkten um. Ich begann in allem, auch in dem spontanen Humor und der natürlichen Vornehmheit der Tibeter, diese Verbindung aus Irdischem und Spirituellem zu sehen. Ich begann die Überzeugung der Tibeter zu teilen, daß Himmel und Erde sich auf den Gipfeln der tibetischen Berge berühren.

Empfehlungsschreiben ━━━━━━

Die ablehnenden Briefe, die wir im Jahr zuvor in Wuhan von der Universität Tibet bekommen hatten, nahmen uns die Hoffnung, in Tibet arbeiten zu können. Bei der Abreise aus England hatte uns das nicht weiter bekümmert, die Smaragd-hügel, der rote Schlamm und die Nebel von Shiyan hatten noch nichts von ihrer Anziehungskraft eingebüßt. Nach den ersten drei Wochen in Tibet hatte sich mein Bild von Shiyan jedoch gründlich gewandelt: Der Nebel erschien mir mehr und mehr als quälende Winterfeuchtigkeit, Fabrikschlote drängten sich in den Vordergrund und mit ihnen Myriaden uniformierter Fabrikarbeiter. Auch das langwierige Hin und Her, das uns bei der neuerlichen Verhandlung über unsere Verträge erwarten würde, wirkte nicht gerade verlockend auf uns. Und so wurde der Wunsch, in Tibet zu bleiben, immer stärker.

Lhamo hielt uns für verrückt, als wir damit begannen, uns nach Arbeit umzuschauen. Seit der Ankunft der Chinesen hatte kein westlicher Ausländer mehr in Lhasa leben dürfen. Wollten wir wirklich auf Tibets tiefblauen Himmel verzichten und unsere Tage in öden Betonhäusern verschwinden, ohne daß dabei mehr herauskommen würde als eine psychologische Vorbereitung auf die bevorstehenden Verhandlungen in Shiyan?

Auch die Reaktionen der Chinesen, die wir in Lhasa kennenlernten, hätten uns eigentlich von unserem Vorhaben abbringen müssen. »O nein, Lhasa ist so unterentwickelt, dort können Sie unmöglich leben», sagte uns ein Englischlehrer, der aus Kanton nach Lhasa versetzt worden war. «Das Leben hier ist viel zu primitiv, das ist nichts für Ausländer.» Jeder, mit dem wir sprachen, schlug eine Reihe chinesischer Städte vor, in denen es sich sehr viel angenehmer leben ließe. Mehrere Tage lang wanderten wir unentschlossen durch die Klöster und erinnerten uns an all die fruchtlosen Ausflüge in die chinesische Bürokratie, die wir schon hinter uns hatten. Doch dann hörten wir, daß es zumindest einen Ausländer gab, der an der Universität Tibet unterrichtete.

«Ja, Mr. Morse ist Amerikaner», sagte uns eine junge Frau, als wir die anglistische Fakultät gefunden hatten. «Aber er ist in China geboren. Er ist eigentlich ein Chinese.» Er sei erst vor wenigen Wochen angekommen, erklärte die Lehrerin und fügte rasch hinzu, daß sie keine weiteren Lehrkräfte benötigten.

«Versuchen Sie's bei der Bildungsbehörde der tibetischen Regierung», schlug die junge Frau vor, doch ihr Tonfall verriet, daß es ihr weniger darum ging, uns einen Job zu vermitteln, als uns loszuwerden. Wir waren nicht die ersten, die sie mit diesen Fragen belästigten, und wir würden mit Sicherheit nicht die letzten sein.

Mit einiger Mühe fanden wir die Bildungsbehörde. Sie war in einer Reihe von Betonbauten untergebracht, die sich nur durch ein unscheinbares Schild mit tibetischen und chinesischen Schriftzeichen von der Häuserreihe auf der anderen Seite des schlammigen Innenhofs unterschieden.

Im Innern hockten vier Beamte um einen Eimer mit heißen Kohlen; sie hatten ihre Stühle so nah an die Wärmequelle geschoben, wie es der Rauch zuließ. Sie reagierten überrascht auf unser Erscheinen, ließen sich jedoch nicht aus der Ruhe bringen.

Wir begannen mit einer kleinen Rede, in der wir unseren Wunsch ausdrückten, die Entwicklung Tibets tatkräftig zu unterstützen. Wir betonten, wie wichtig die englische Sprache für den Tourismus sei, berichteten von unserer Arbeit in Wuhan, und um möglichen Ausreden vorzubeugen, erklärten wir von vornherein unseren bereitwilligen Verzicht auf jede Art von Luxus und Bequemlichkeit. Um unser Chinesisch flüssiger erscheinen zu lassen, sprachen wir schnell und redeten abwechselnd fünfzehn Minuten lang auf die Beamten ein.

Sie schienen beeindruckt zu sein. Sie fragten uns nach Wuhan, wollten wissen, wie wir dort hingekommen seien, was wir von der Stadt hielten und wie wir uns an das Klima gewöhnt hätten. Dann fragten sie uns über England aus, über «Mrs. Setscher», den Nebel und Charles Dickens. Wir schweiften immer weiter vom eigentlichen Thema ab. Es sollte eine weitere Stunde dauern, bis uns klarwurde, warum.

«Miss Catriona, Miss Rosemary, bitte kommen Sie morgen wieder, unser Führer ist heute nicht da», erklärte einer von ihnen. Wir hatten vier gelangweilten Angestellten dabei geholfen, sich den Vormittag zu vertreiben.

Am nächsten Tag plauderten wir wieder angeregt mit den Beamten. Wieder meinten sie, ihr *lingdao* wäre am nächsten Tag zu sprechen. Doch erst zwei Tage später sollte es uns gelingen, ihm unser Anliegen vorzutragen. Höflich interessiert hörte er uns zu und bot uns grünen Tee an, dann drückte er uns sein Bedauern aus: Entscheidungen dieser Art fielen nicht in seinen Verantwortungsbereich.

«Versuchen Sie es bei der Stadtregierung von Lhasa», sagte er und gab uns ein Empfehlungsschreiben.

Mit diesem hochoffiziellen Papier machten wir uns auf den Weg, verfluchten die Entfernungen in der weit ausgedehnten Stadt und machten uns darauf gefaßt, bei der Stadtregierung auf den nächsten Tag vertröstet oder irgendwo anders hingeschickt zu werden.

Beides trat ein. Unser Empfehlungsschreiben war nicht beeindruckend genug, um das übliche «Tut mir leid, unser *lingdao* kommt erst morgen» zu verhindern. Und als wir am nächsten Tag wiederkamen, schickte uns der *lingdao* zurück zur Bildungsbehörde.

«Vor wenigen Wochen ist Mr. Morse gekommen, um an der Universität Tibet zu lehren», lächelte er. Das wußten wir bereits.

«Es gibt noch die landwirtschaftliche Hochschule, aber die liegt nicht in meinem Verantwortungsbereich», sagte er und konzentrierte den Blick auf seine Zigarette, die er auf dem Boden mit dem Fuß austrat.

«In wessen Verantwortungsbereich liegt sie denn?»

Er gähnte und lehnte sich in seinem Stuhl zurück. «Sie untersteht der Bildungsbehörde. Wenn Sie möchten, kann ich Ihnen ein Empfehlungsschreiben geben.»

«Wir sind schon bei der Bildungsbehörde gewesen», sagte Rosemary. Aber es war klar, daß er nichts weiter anzubieten hatte, also verabschiedeten wir uns.

«Warum hat uns bei der Bildungsbehörde niemand von der landwirtschaftlichen Hochschule erzählt?»

«Wahrscheinlich wollten sie nicht, daß wir wiederkommen.»

Langsam machten wir uns auf den Weg zurück zur Bildungsbehörde. Der noch immer vorbildlich höfliche *lingdao* bot uns Tee und Sonnenblumenkerne an und sagte, natürlich könnten wir uns bei der landwirtschaftlichen Hochschule erkundigen. «Ja, ja. Vielleicht braucht man dort Lehrerinnen.»

Aber diese Hochschule befand sich in Ba Yi, einer isolierten, von Chinesen erbauten Siedlung, zwei Tagesreisen von Lhasa entfernt. Wenn wir wollten, würde er uns ein Empfehlungsschreiben geben. Langsam begannen wir uns zu fragen, was eigentlich in diesen Empfehlungsschreiben gesagt wurde. Wenn die landwirtschaftliche Hochschule tatsächlich unter der Aufsicht der Bildungsbehörde stand, müßte die Erlaubnis, zwei englische Lehrerinnen anzustellen, ohnehin von dort kommen. Der plötzliche Enthusiasmus des *lingdao* hatte offenbar wenig mit unseren Erfolgschancen zu tun.

Wir kamen nicht voran. Wir verschwendeten unsere Zeit und sahen nichts von Tibet. Also ließen wir unseren Plan, in Lhasa Arbeit zu finden, zum zweiten Mal fallen und brachen mit Jigme, einem jungen Tibeter, den wir tags zuvor in einem Restaurant kennengelernt hatten, zu einem Ausflug ins Kloster Ganden auf.

Sieben Uhr morgens. Dunkelheit und gefrorene Schatten. Hunde, die tagsüber nichts anderes im Sinn hatten, als sich auf einem möglichst sonnigen Fleckchen auszustrecken, zogen in kriegslüsternen Rudeln umher. Ihr Gekläff hallte durch die Nacht und heizte meine Ängste an. Unter Reisenden kursierten grausige Geschichten über blutige Überfälle.

37

Doch für die Tibeter bildeten Lhasas streunende Hunde einen natürlichen Teil der Lebensgemeinschaft, und beim leisesten Gerücht über eine Säuberungsaktion der Behörden trieben sie sie in die Klöster, wo sie vor ihren Verfolgern sicher waren.

Jigme wartete neben dem Pilgerwagen auf dem Jokhang-Platz. Seine ungewöhnliche Körpergröße unterschied ihn selbst in der Dunkelheit von den anderen Passagieren. Er half uns, über die Räder auf die Ladefläche des Lastwagens zu klettern, und bestand darauf, unsere Fahrkarten zu bezahlen. Weil wir Ausländerinnen waren, verlangte der Fahrer den doppelten Preis. Jigme protestierte nicht, und da wir ihn nicht in Verlegenheit bringen wollten, schwiegen wir ebenfalls. Jigme erklärte seine Körpergröße durch die Tatsache, daß er in Kham geboren war. «Gestern hatte ich auch noch lockiges Haar», feixte er und strich sich mit der Hand über den Kopf. Sein Haar war so kurz, daß es fast senkrecht vom Kopf abstand.

«Der Führer meiner Arbeitseinheit hat gesagt, ich müßte es schneiden lassen. Er meinte, ich sähe sonst wie ein Rowdy aus.»

Ich fragte ihn, wo er arbeitete, aber er wollte offenbar nicht darüber reden. Sein Job sei langweilig, war alles, was er zur Antwort gab.

An beiden Seiten der Lhasa-Brücke dösten, auf ihre Bajonette gestützt, Soldaten der Volksbefreiungsarmee. Sie hoben kurz den Kopf, als wir uns näherten, und senkten ihn wieder, als wir vorüberfuhren. Wir verließen Lhasa auf einer unbefestigten Straße, die kaum breiter war als der Lastwagen, auf dem wir fuhren. Es war die einzige Straße, die Tausende von Kilometern durch eine eindrucksvolle, dramatische Landschaft nach Osten in Richtung Zentralchina führte.

Nach ihren Mänteln – dicken *chubas* aus Yak-Fell – zu urteilen, waren die anderen Passagiere Nomaden aus Kham. Neben mir frühstückte eine Familie mit Buttertee und *tsampa*, das der Vater in einem Ledersack zu kleinen Kügelchen knetete. Ein Baby, das nackt in der großen Brusttasche in der *chuba* seiner Mutter steckte, schaute ihr gebannt beim Essen zu. Von Zeit zu Zeit beugte sich die Mutter herunter, berührte die Lippen des Kindes und fütterte es aus ihrem Mund. Ein inniges Lächeln begleitete dieses Ritual.

Seltsam berührt schaute ich den beiden zu. Ich muß in Tagträume versunken sein, denn ich erschrak, als mir plötzlich jemand eine Schüssel in die Hand drückte.

«Söcha chö.» Der Mann lächelte mich an: Trinken Sie etwas Tee. Der Tee schwappte über den Rand meiner Schüssel, während ich trank, und gefror sofort, als er den Boden des Lastwagens berührte. Rasch trank ich den Rest aus. Jetzt, wo sich die Nebel der Höhenkrankheit langsam lichteten, lag uns der Buttertee nicht mehr so schwer im Magen. Im beißenden Frost des frühen Morgens schmeckte er zähflüssig und warm.

Die Menschen in Tibet konnten nicht verstehen, daß wir Butter auf Brot aßen. Ihrer Meinung nach sollte man Butter nur mit Tee zu sich nehmen. Unter Lhamos Anleitung wurden wir allerdings zu richtigen Connaisseurs. Das Geheimnis lag im Kosten. Es stellte eine Art tägliches Ritual dar. Die aristokratischen Damen Lhasas eilten geschäftig in der Gasse hin und her, in der die Nomaden ihre Butter feilboten. Nur die frischeste und teuerste Butter war für diese Damen gut genug – und sie mußten alle Buttersorten kosten. Die Nomaden befreiten die Butterblöcke von den aus Yak-Darm gefertigten Häuten und boten auf den Klingen langer, verzierter Messer jedem, der vorüberging, dünne Scheibchen zum Kosten an. Lhamo sagte, nur arme Leute würden die Butter kaufen, die uns am besten gefiel. Aber die fleckigen, geäderten Klumpen erinnerten uns an Stilton-Käse.

Auch der Tee schmeckte ein wenig nach Käse. Der Mann bot Rosemary ebenfalls eine Schüssel an, und sie sagte, er sei weniger übersüßt als der Tee in Lhasa. «Eine Kraftbrühe zum Aufwärmen.» Der Wind peitschte Eis in unsere Nasenflügel, und jedes Wort schien uns auf den Lippen zu gefrieren. Eine Weile lang schwiegen wir wie betäubt.

Vor uns erstreckte sich das flache, gefrorene Lhasa-Tal. Der Sand glitzerte vor Frost, und der Fluß schlängelte sich wie eine Girlande durch sein geflochtenes Bett. Ich hielt den Atem an. Trotz der Kälte überkam mich eine unbeschreibliche Hochstimmung. Ich war in den letzten Wochen so oft in dieser Stimmung gewesen, daß ich mich zu fragen begann, ob mich tatsächlich allein die Landschaft so begeistern konnte. Hatte die Höhe etwa auch einen physiologischen Effekt auf mein Gehirn? Vielleicht war es einfach eine Folge des Sauerstoffmangels? Ich drehte mich um, um Jigme danach zu fragen, doch er und Rosemary waren gerade in ein Gespräch mit den Nomaden vertieft.

Rosemary hatte den Mann nach einem Anstecker mit dem Bild des Potala gefragt, der an seinem Gürtel steckte. Fast alle Passagiere trugen diese Anstecker.

«Propaganda», schnaubte Jigme verächtlich. «Der Anstecker wurde zum zwanzigsten Jahrestag der Autonomen Region Tibet verteilt.» Bei ihrer Schaffung im Jahre 1965 wurde Jigmes Heimat Kham von Tibet abgeschnitten und den benachbarten chinesischen Provinzen einverleibt. Wie viele Tibeter aus Kham und Amdo, das zu jener Zeit ebenfalls aufgeteilt wurde, war Jigme verbittert über die 1965 getroffene Regelung. «Die Leute denken, die Anstecker hätten eine religiöse Bedeutung, weil der Potala darauf abgebildet ist. Die Chinesen haben sie bei den Jubelfeiern vor einem Monat kostenlos verteilt.» Er runzelte die Stirn und fügte hinzu: «Sogar der Panchen Rinpoche ist aus Peking gekommen.»

«Wir haben ihn in Shigatse auf dem Weg von der Grenze nach Lhasa gesehen», erwiderte ich.

Rosemary sagte: «Ich glaube nicht, daß man sagen kann, wir hätten ihn wirklich gesehen. Er ist in einem Jeep an uns vorbeigerast. Aber er scheint von den Gläubigen sehr verehrt zu werden.»

Jigme machte ein verächtliches Gesicht. «Nicht von mir. Man sagt, er esse morgens Fleisch und sei oft unbeherrscht. Außerdem ist er mit einer Chinesin verheiratet und daher gar kein richtiger Mönch mehr. Die Leute aus Shigatse halten das natürlich alles für chinesische Propaganda.»

Ich fragte mich, wie stark Jigmes Zorn von der traditionellen Rivalität zwischen Lhasa und Shigatse geprägt war und wie stark sie auf seiner Überzeugung beruhte, daß der Panchen Lama ein *go-niba* war.

Nachdem der Dalai Lama 1959 geflohen war, schaltete die Führung in Peking den Panchen Lama ein, wenn sie mit den Tibetern kommunizieren wollte. Sie wußte, daß sein Status als religiöser Führer auf die Massen stets eine große Anziehungskraft ausüben würde. Er kritisierte die Regierung gelegentlich, war im Grunde aber ihr einziger Sprecher.

Am Todestag des Panchen Lama im Januar 1989 war ich zufällig mit einem tibetischen Freund in London zum Mittagessen verabredet. Die chinesische Regierung hatte gerade ihre Absicht erklärt, auf traditionelle Weise nach der neuen Inkarnation des Panchen Lama suchen zu wollen, das heißt Orakel zu befragen, religiöse Anzeichen zu erforschen und ein Kind zu finden, das kurze Zeit nach dem Tod des Lamas geboren war.

«Damit machen sie sich endgültig lächerlich», spottete mein Freund. Seine Einstellung war der Jigmes sehr ähnlich. «Vierzig Jahre lang hat die kommunistische Regierung unsere Religion als Aberglauben beschimpft. Jetzt will sie den Vorsitzenden ihres kommunistischen Parlaments durch buddhistischen Hokuspokus ernennen. Wenn dieses Kind, diese Inkarnation des Buddha Opagme, erwachsen ist, wird es Vizepräsident des Ständigen Ausschusses im Nationalen Volkskongreß sein.»

Die Sonne ging auf und gewann langsam Oberhand über den eisigen Wind. Allmählich tauten unsere Gesichter auf. Nach vier Stunden Fahrt waren über einem Bergkamm vor dem tiefen Blau des Himmels zwei dünne Rauchsäulen zu erkennen.

«Ganden!» rief Jigme aufgeregt. Die Passagiere sprangen auf und lehnten sich über die Seiten des Lastwagens; die Kinder wurden hochgehoben, um ebenfalls einen ersten Blick auf diesen heiligen Ort erhaschen zu können. Aber außer den beiden Rauchsäulen war nichts zu sehen.

Jigme strahlte, sein Zorn hatte sich in Wohlgefallen aufgelöst. «Es ist hinter dem Berg, wir werden bald da sein.»

Der Lastwagen bog von der Straße in ein Seitental ab und fuhr auf einem schmalen Weg in ein Dorf. Dort hielt der Fahrer erst einmal an, um mit einem Freund ein Schwätzchen zu halten. Die Häuser des Dorfes gruppierten sich um Innenhöfe, deren Eingänge mit Holztoren versperrt waren. Sie wirkten wie kleine Festungen. Aus der gleichen Erde geformt, die sie umgab, schien es, als würden sie jeden Moment in den Boden zurücksinken, dabei hatten sie wahrscheinlich schon mehrere Jahrhunderte überstanden. Die Sonnen, Monde und Hakenkreuze, die man zu Neujahr als Glücksbringer an die Türen gemalt hatte, waren verblaßt. Auch die Gebetsfahnen hatten die Farben der sie umgebenen Landschaft angenommen, Sonne und Wind hatten sie längst ausgebleicht. Unseren Augen bot sich ein einfarbiges, braunes Bild. Und doch schuf das Licht der Sonne unzählige Schattierungen dieses Farbtons, von denen selbst die dunkelsten noch lebendig wirkten.

Wir konnten das Kloster noch immer nicht sehen, als wir begannen, uns im Zickzack den Berg hinaufzuwinden. Seit Jigmes aufgeregtem Ausruf war eine Dreiviertelstunde vergangen. In engen Serpentinen wand sich die Straße hinauf, bis die Berge endlich den Blick auf das Kloster freigaben. Uns stockte der Atem.

Es war nichts mehr übrig. Wie eine riesige Felsnase ragte die Ruinenfläche in gezackten Linien in den Himmel. Einige Passagiere warfen sich voller Ehrfurcht auf den Boden des Wagens. Doch die meisten starrten nur, wie ich, entgeistert auf das Ruinenfeld.

Die Zeit hatte den Anblick nicht gemildert. Der Wahn, der Terror, die Verzweiflung, der die gesamte Klosterstadt vor über zwanzig Jahren zerstört hatte, war noch immer zu spüren. Ich schaute den Abhang hinunter und stellte mir vor, wie die Roten Garden, laute, revolutionäre Parolen skandierend, zum Kloster hinaufgestiegen waren, stellte mir die ängstliche Spannung der wartenden Mönche vor.

Doch Ganden war langsam gestorben. Zum ersten Mal wurde es nach der Flucht des Dalai Lama im Jahre 1959 bombardiert. Später wurden die Golddächer niedergeschmolzen, und die wertvollsten Artefakte wurden nach Hongkong gebracht, um auf dem internationalen Kunstmarkt in klingende Münze umgesetzt zu werden. Der letzte Schlag kam jedoch erst mit der Kulturrevolution, als die Dörfler aus der Umgebung, aufgestachelt vom Terror jener Zeit, mit Spitzhacken und Vorschlaghämmern auf die bereits geplünderten Ruinen losgingen.

«Die Mönche haben unvorstellbar gelitten», sagte Jigme, als wir uns in der Klosterküche aufwärmten. «Die meisten wurden hingerichtet oder ins Arbeitslager gesteckt. Sie trugen die Hauptlast aller Angriffe gegen unsere Religion, wurden ständig gezwungen, Sakrilege zu begehen. Sie mußten ihre eigenen Tempel zerstören und in den heiligen Seen Tibets Fische fangen um die chinesische Armee zu ernähren. Es verstößt gegen unsere Religion, andere Lebewesen zu töten, aber Fische zu fangen ist ganz besonders schlimm, weil die Menschen hier ihre Toten in den Flüssen bestatten.» Er hielt inne. In seinen Augen lag Schmerz, doch er sprach ruhig weiter. «Alle haben damals gelitten, meine Familie ebenfalls. Mein Bruder ist in der Schule aufgestanden und hat gesagt: ‹Tibet ist ein unabhängiges Land.› Sie haben ihn als Konterrevolutionär verhaftet und hingerichtet. Er war erst sechzehn. Meine Mutter mußte zusehen, wie sie ihn erschossen haben. Und dann mußte sie auch noch zahlen, bevor sie seine Leiche abholen konnte. Sie sagten, sie würden keine Kugel für Konterrevolutionäre verschwenden.» Ich schaute Rosemary an.

«Es waren schlechte Zeiten», fuhr Jigme fort. «Aber jetzt ist alles besser. Vor drei Jahren hätte ich nicht so mit euch sprechen können. Ich hätte es nicht gewagt, in ein Kloster zu fahren.» Er schaute uns an und fügte langsam hinzu: «Verglichen mit früher ist das Leben jetzt ein Paradies.»

Verglichen mit früher ist das Leben jetzt ein Paradies.

Viel länger, als seine Stimme nachhallte, blieben diese Worte in mir lebendig – viel länger auch, als unsere Bekanntschaft mit Jigme dauerte, denn bald darauf wurde er nach Peking geschickt.

In den Monaten nach unserer Abreise aus Tibet, bei jedem neuen Bericht über Demonstrationen für die Unabhängigkeit, über Demonstranten, die verhaftet, gefoltert oder kurzerhand als Konterrevolutionäre hingerichtet wurden, gruben sich diese Worte noch tiefer in mein Gedächtnis ein. Nach der brutalen Unterdrückung der Demonstrationen in

Lhasa im März 1988 las ich in dem Bericht einer Menschenrechtsorganisation, daß die Tibeter gezwungen wurden, 600 *yuan* – etwa 300 DM, für viele Menschen ein ganzer Jahresverdienst – für die Leichen ihrer Toten zu bezahlen.

Ich erinnerte mich an Jigmes Gesicht, den Klang seiner Stimme, und die ganze Situation stand mir wieder deutlich vor Augen. Die Klosterküche, die Kupferkessel mit Tee auf dem großen Feuer, die beiden Novizen, die neben der Tür auf kleinen Hockern saßen und miteinander wetteiferten, um uns mit frischem Tee zu versorgen. Sie waren drei Jahre zuvor nach Ganden gekommen, um beim heimlichen Aufbau des Klosters zu helfen. Sie strahlten Optimismus aus. Die Aufbauarbeiten wurden durch Mittel des Amts für Religiöse Angelegenheiten unterstützt, das auch ein Auge zudrückte, wenn die Novizen noch nicht achtzehn waren und nach dem Gesetz eigentlich noch nicht als Mönche leben durften.

Der ganze Tag war durch Optimismus geprägt. Als wir am Nachmittag durch die Ruinen des Klosters gingen, stießen wir auf mehrere Tempel, die neu aufgebaut wurden. Mönche und Freiwillige arbeiteten eifrig daran, die Vergangenheit wiederzuerschaffen. Wandgemälde wurden erneuert, einige wenige Statuen waren aus den Trümmern gerettet worden und wurden wieder aufgestellt, andere Statuen wurden neu geformt, die Räume mit Brokatdekorationen geschmückt. Die Farben waren grell, Gold und Edelsteine nachgemacht. Doch die Statuen wurden schließlich auch nicht als Kunstwerke verehrt.

In diesem Land, wo alles der Religion diente, gab es keine Ehrfurcht vor Antiquitäten, hatte die Kunst um ihrer selbst willen nie einen Wert gehabt. Ja, früher hatte man das Werk eines Künstlers bei seinem Tod sogar zerstört. Tempel wurden zum Zeichen religiöser Hingabe renoviert, ohne daß man den Versuch unternahm, die vorhandenen Kunstwerke zu bewahren.

Für Jigme war es wie ein Wunder, daß diese Bilder überhaupt noch da waren. Ich beobachtete die Pilger, die voller Ehrfurcht durch die neugestrichenen Räume schritten, und dachte daran, wie verächtlich der dänische Tourist die Religiosität der Tibeter abgetan hatte. Für mich stand völlig außer Zweifel, daß diese Götter, so knallig und bunt sie auch immer waren, ebenso viel Hingabe inspirierten wie ihre Vorgänger vor 50 Jahren.

Wir wanderten zum Gipfel des Bergkamms hinauf. Tief unter uns erstreckten sich in weit schwingenden Linien Flüsse und Berge. In dieser Landschaft gab es kein Anzeichen menschlichen Lebens, und der weite, wolkenlose Himmel war ebenso leer.

In der endlosen, erhebenden Einsamkeit dieses heiligen Ortes versuchte ich, mir das Freudenvolle Paradies vorzustellen, das Ganden seinem Namen nach einmal gewesen war.

Bei unserer Rückkehr nach Lhasa fanden wir einen Zettel unter der Tür. «War viermal hier, konnte Sie nicht erreichen, Li.»

Ich vermutete, Li sei jemand von der Bildungsbehörde, der uns doch noch einen Job anbieten wollte, denn in einem Land, in dem niemand jemals Nachrichten hinterließ, schien nichts anderes eine solche Botschaft zu rechtfertigen. Rosemary betrachtete nachdenklich den Zettel. «Mr. Li? Der ist nicht von der Bildungsbehörde. Das ist der Mann aus Kanton, den wir letzte Woche auf dem Markt kennengelernt haben.» Ich war enttäuscht. Einen Moment lang hatte ich geglaubt, die Behörden hätten ihre Meinung doch noch geändert, aber jetzt fiel mir wieder ein, wer Mr. Li war – zumindest erinnerte ich mich an sein penetrantes Kichern. Er hatte uns angesprochen, als wir gerade mit einem Händler über den Preis für einen tibetischen Stoff verhandelt hatten. Ein primitiver Bauernstoff! Nachdem er vergeblich versucht hatte, uns vom Kauf abzuhalten, führte er uns kichernd zum Freundschaftsladen, wo er «Nylon in guter chinesischer Qualität» verlangte, um uns zu demonstrieren, was für minderwertige Ware man uns auf dem Markt angedreht hatte.

«Endlich!» platzte Mr. Li wenig später in unser Zimmer. «Wir warten schon seit zwei Stunden auf Sie. Meine Freunde haben den ganzen Tag damit verbracht, ein Festessen vorzubereiten, und Sie sind nicht rechtzeitig zurückgekommen.»

«Aber Mr. Li, Sie haben uns doch gar nicht eingeladen», entgegnete ich. Er ignorierte meinen Widerspruch.

«Meine Freunde haben nur das Beste und Teuerste gekocht – Rind, eingelegte Eier, Klöten vom Schwein.»

«Klöten vom Schwein. Mmmm, hört sich köstlich an...» Rosemarys Stimme vibrierte vor Lachen. «Aber warum haben Sie uns nicht vorher davon erzählt?» Ich erinnerte mich an einen Abend in Wuhan. Die *lingdao* der Universität riefen uns an, als wir gerade mit Freunden beim Abendessen saßen, und sagten, sie erwarteten uns zu einem Festessen. Es bestand kein Zweifel daran, daß wir die einstündige Fahrradfahrt auf uns nehmen würden, um eine zweite Mahlzeit zu verspeisen. Jeder Widerspruch wäre zwecklos gewesen.

Während wir uns auf den Weg machten, hielt Mr. Li ein höfliches Gespräch in Gang. Es war ihm gelungen, für uns ein Fahrrad auszuborgen, doch die alte Tradition, die ganze Familie Huckepack zu nehmen, war jetzt illegal, und Rosemary mußte jedesmal abspringen, wenn wir einen Polizisten sahen. Schließlich ging selbst Mr. Li der Gesprächsstoff aus, er fuhr voraus und überließ uns den launischen Straßen.

Die spärlichen Straßenlaternen waren in der Dunkelheit keine große Hilfe. Lastwagen rollten blind über die Straßenmitte; die Straßenränder wurden durch glühende Zigaretten markiert. Da ich den Asphalt unter mir nicht sehen konnte, vertraute ich mich den Rückstrahlern von Mr. Lis Pedalen an und ließ mich von ihnen um Steine, Hunde und offene Kanaldeckel führen. Bäume warfen scharfe Schatten auf die hohen, weißen Mauern der Arbeitseinheiten.

Eine Stunde verging, bis wir endlich Mr. Lis Einheit erreichten. Unter einem lautstarken Hin und Her von Vorwürfen und Entschuldigungen betraten wir das Wohnheim. Als man uns verziehen, auf eines der Betten plaziert und mit Sonnenblumenkernen und gekochten Süßigkeiten versorgt hatte, begannen die Fragen. Wuhan sei eine berühmte Stadt, eine von Chinas vier glutheißen «Backofenstädten». Ob wir die anderen «Backofenstädte» kannten? Wuhan, Chongqing, Nanjing – nein, auf den vierten kamen wir nicht. Rosemary wandte sich ihrem Nachbarn zu, einem kleinen, dünngesichtigen Mann.

«Mr. Jin», sagte er mit einem herzlichen Lächeln.

«Sind Sie von Ihrer Einheit nach Lhasa geschickt worden?» fragte Rosemary.

«Nein, wir sind freiwillig gekommen.» Mr. Jin war 30 und lebte seit sieben Jahren in Lhasa. Aber Mr. Zhou, der neben ihm saß, schnaubte verächtlich.

«Ja, ich bin auch freiwillig gekommen, aber wenn ich mich nicht freiwillig für acht Jahre gemeldet hätte, wäre ich auf Lebenszeit in die Provinz Sichuan geschickt worden.» Mr. Zhou war älter als die anderen und hatte Frau und Kinder in Kanton zurückgelassen.

Die meisten waren Lehrer und hatten einen Zweijahresvertrag. Man hatte sie im Zuge eines Regierungsprogramms nach Tibet geschickt, mit dem – nach offizieller Lesart – die entwickelten Provinzen den ökonomisch und kulturell unterentwickelten unter die Arme griffen. Und nach Meinung der Chinesen gab es keinen Zweifel daran, daß Tibet kulturell unterentwickelt war. Sie alle haßten das Klima und die Landschaft, und die einzigen interessanten Gebäude in Lhasa waren für sie das neuerbaute Theater und das Gymnasium, ein monolithischer Kasten im Stalinstil, vor dem ein paar martialische Betonstatuen einer strahlenden Zukunft entgegenstrebten.

Es stimmte, daß das Leben in Lhasa ihnen wenig zu bieten hatte. Auf den gemeinschaftlich genutzten Tischen drängten sich Fotos von ihren Familien. Die Wände waren mit alten Ausgaben der *Volkszeitung* tapeziert. Es gab kein fließendes Wasser, und die einzige Glühbirne verbreitete, wenn gerade einmal nicht der Strom abgestellt war, ein trostlos trübes Licht. Sooft ihre Einheit sie mit Freikarten versorgte, gingen sie ins Kino. Die meiste Zeit und das meiste Geld verwendeten sie jedoch auf die Zubereitung ausgeklügelter Mahlzeiten.

«Das Leben ist schwierig hier. Aber wir werden sowieso bald auf Nimmerwiedersehen verschwinden.» Mr. Zhou zeigte auf den Kalender über seinem Kopfkissen, auf dem er sorgfältig die Tage durchstrich. Wie sich herausstellte, feierten sie mit der Party ihre zweiundsiebzigste Woche in Tibet. Sie feierten jede Woche, erklärte mir Mr. Wang, ein rundgesichtiger Mann mit einem lockigen Schnurrbart. Sein *hukou*, die Bescheinigung, die in China den Aufenthalt auf einen bestimmten Ort beschränkt, soll als Belohnung für seine beiden Jahre in Tibet auf Peking ausgestellt werden. Mr. Zhou hatte man versprochen, daß seine Schwester, die während der Kulturrevolution aufs Land geschickt worden war, zur Familie zurückkehren dürfte.

Sie zeigten uns, was sie eingekauft hatten, um es nach ihrem Einsatz in Lhasa mit nach Hause zu nehmen – Decken, Kassettenrekorder, Moschusparfum. Die Verfügbarkeit solcher begehrten Konsumgüter und ein Einkommen, das viermal so hoch war wie ein vergleichbarer Arbeitslohn in Zentralchina, sollten sie für die Verschickung nach Tibet entschädigen. Für Mr. Li zumindest hatten sich die acht Jahre in Lhasa nur wegen der Ansammlung dieser Schätze gelohnt.

«Es war eine vollkommene Verschwendung von Lebenszeit», erklärte er uns, «aber wenn ich in Kanton geblieben wäre, wäre ich nie ein reicher Mann geworden.» Mr. Li erhob nicht den idealistischen Anspruch, Tibet helfen zu wollen. Wie viele Menschen und auch manche der Arbeitseinheiten der Regierung in Lhasa, folgte er dem reformistischen Slogan: «*Fa Cai, Zhi Fu*», Mach ein Vermögen, werde reich. Er hatte ein Jahr unbezahlten Urlaub genommen und von seiner Einheit einen Kredit erhalten, um sich selbständig machen zu können. «Meine Einheit ist glücklich», grinste er. «Sie bekommt ein Drittel meines Gewinns.»

Nun begannen Mr. Wang und Mr. Li, das Festmahl aufzuwärmen, das aus zwanzig verschiedenen Gerichten bestand. Unzählige Schüsseln bedeckten den Boden. Die aufgewärmten Gerichte wurden auf der aus mehreren zusammengeschobenen Schreibtischen gebildeten Tafel arrangiert. Die herrlichen Gerüche machten uns hungrig, und das Interesse an der Unterhaltung ließ merklich nach. Mr. Li schlug vor, vom benachbarten Wohnheim eine zusätzliche Kochplatte auszuborgen.

Trotzdem mußten wir noch eine weitere Stunde bei Sonnenblumenkernen und Süßigkeiten ausharren, bis endlich alle Gerichte aufgewärmt waren. Die Betten wurden an die Tafel geschoben, und wir nahmen zum Festmahl Platz. Diesen Namen hatte es wirklich verdient. Es gab eine wahre

Fülle von Köstlichkeiten: Hühnchen, Rind, Aal, Schildkrö-tenfleisch, Pilze, in Limonenmarinade eingelegte Eier, die zwar nicht tausend Jahre, sondern nur ein paar Monate alt, aber schon durchscheinend blau und glitschig waren. Mr. Lis «Klöten vom Schwein» erwiesen sich als harmlose Fleisch-klöße. Wir unterdrückten ein Lachen, doch er spießte mit sei-nen Stäbchen in eine andere Schüssel und hielt uns erbar-mungslos «Klöten vom Rind» entgegen.

Es wurden verschiedene Reden gehalten und Toasts ausge-sprochen, auf China und England, die Vier Modernisierun-gen, Mrs. Setscher und Deng Xiao Ping. Wir riefen «*Gan bei*», was Mr. Li mit «Hintern runter» übersetzte, und stürzten den Inhalt unserer Gläser wie die Russen in einem Schluck hin-unter. Mr. Wang und Mr. Jin sammelten die Eßstäbchen ein und wischten die Knochen und Knorpel vom Boden. Rose-mary begann, Mr. Li von unserer erfolglosen Jobsuche zu er-zählen.

«Ja, das ist unmöglich. Ausländern ist es nicht erlaubt, in Tibet zu leben. Warum um alles in der Welt wollen Sie über-haupt hierbleiben?»

«Uns gefallen die Berge», antwortete Rosemary auswei-chend.

Die Berge! Hatten wir denn nicht die berühmten Berge in China gesehen: Emei Shan, Wudang Shan, Jiuhua Shan? Ich wechselte einen kurzen, vielsagenden Blick mit Rosemary und dachte an die Menschenschlange, in der wir uns fünf Stunden lang die Treppen zum Gipfel des Wudang Shan hin-aufgequält hatten, an die Souvenirstände mit den Korkbil-dern und Plastikbuddhas und die Ankunft auf dem Gipfel, wo wir uns mit unseren Studenten zwischen den von anderen Besuchern zurückgelassenen Eierschalen und Limonaden-flaschen zum Picknick niedergelassen hatten.

«Ja, aber die tibetischen Berge gefallen uns auch», erwi-derte Rosemary mit der für sie so typischen, diplomatischen Art.

Die anderen begannen nun, Alternativen vorzuschlagen, chinesische Städte, in denen, wie sie uns eifrig versicherten, ein Aufenthalt sehr viel bequemer und lohnender wäre.

«Den Tibetern können Sie sowieso kein Englisch beibringen», sagte Mr. Wang. «Es ist ja für uns schon schwer genug, und wir sind Chinesen.» Sie lachten alle.

Vielleicht gerade, weil Sie Chinesen sind, hätte ich am liebsten entgegnet.

«Warum sollten wir den Tibetern kein Englisch beibringen können?» fragte Rosemary kühl.

«Ihr Gehirn arbeitet zu langsam.»

«Und außerdem sind sie schmutzig», fügte Mr. Li hinzu.

Obgleich die chinesische Regierung seit den fünfziger Jahren gegen den «Han-Chauvinismus» wetterte, lernten wir in Lhasa nur wenige Chinesen kennen, die Mr. Wang und Mr. Li nicht zugestimmt hätten.

«Aber wir wollen gar nicht unbedingt nur Tibeter unterrichten», sagte Rosemary in dem Versuch, die Wogen zu glätten. «Wir wollen alle Menschen unterrichten, die an der englischen Sprache interessiert sind. Vielleicht könnten wir Abendkurse ins Leben rufen, dann könnten Arbeiter in ihrer Freizeit Englisch lernen.»

Ich schaute Mr. Li an. Mit einer Plötzlichkeit, die schon fast komisch wirkte, regte sich bei ihm Interesse an unserem Plan. «Ja, ja. Ich kenne jemanden, der für die Regierung arbeitet. Er wird uns helfen. Ich werde gleich morgen zu ihm gehen.»

Sie begannen untereinander zu diskutieren, wo wir wohnen könnten, ob wir es schaffen würden, für uns selbst zu kochen und uns von chinesischen und tibetischen Lebensmitteln zu ernähren, und wieviel Lohn wir bekommen müßten. Sie redeten, als wäre schon alles unter Dach und Fach, und ihre Aufregung wirkte ansteckend. Ohne daß es dafür – von der Wirkung des Alkohols in 3700 Metern Höhe einmal abgesehen – einen konkreten Grund gegeben hätte, schien uns, als wir durch die leeren Straßen nach Hause radelten, die Möglichkeit, in Lhasa zu leben tatsächlich nähergerückt.

«Denken Sie daran», sagte Mr. Li, als er sich vor unserem Hotel von uns verabschiedete. «*Meiyou guanxi, mei banfa*!» Keine Beziehungen, keine Hoffnung.

«Ich werde gleich morgen zu Ihnen kommen, wenn ich mit

meinem Freund gesprochen habe. Ach, und übrigens, Sie können das Rad noch eine Weile behalten. Es gehört einem Freund, der nach Shanghai gegangen ist. Ich werde versuchen, ein zweites aufzutreiben, es könnte ja sein, daß Sie jetzt Räder brauchen.»

Mr. Li erschien weder am nächsten noch am übernächsten Tag. Da wir ihn nicht verpassen wollten, hielten wir uns ständig in der Nähe unseres Hotels auf, hockten auf der Dachterrasse, streckten uns auf unseren Betten aus und stellten in Gedanken die Vision tibetischer Klöster gegen die Arbeit in einer chinesischen Lastwagenfabrik. Lhamo fand ihre Verwandten und verließ das Hotel.

«Morgen geben wir auf», sagte Rosemary, als wir am zweiten Abend zuschauten, wie die Sonne am Ende des Tals unterging. Doch wir wußten beide, daß wir die Flinte nicht so schnell ins Korn werfen würden. Die letzten Sonnenstrahlen brachen horizontal durch die Zacken eines Berggipfels und tauchten den Potala in ein silbriges Licht. Die Bergkämme erglühten, dann versanken sie in einem tiefen, faltigen Braun.

Das Geräusch chinesischer Stimmen drang von unten zu uns herauf. Jemand kletterte die Leiter zum Dach hoch. Wir bewegten uns nicht. Wir waren schon zu oft umsonst erwartungsvoll aufgesprungen. Rosemary setzte eine demonstrativ ungerührte Miene auf.

«Miss Rosemary! Miss Catriona!»

Wir sprangen auf.

«Sie sind einverstanden.»

«Was?»

«Sie wollen, daß Sie in Lhasa arbeiten.»

«Was meinen Sie damit?»

«Und vom wem sprechen Sie?»

Mr. Li und seine Freunde grinsten über unsere Begriffsstutzigkeit.

«Die Regierung von Lhasa.»

«Die Führer.»

«Die Bildungsbehörde.»

«Alle.»

Sie redeten gleichzeitig.

«Wir haben drei Tage lang verhandelt.»

«Die Führer haben gerade zugestimmt.»

«Wir haben gesagt, daß Sie lange in China gearbeitet hätten.»

«Und daß Sie viel über unser Land wüßten.»

«Und daß Sie in Oxford und Cambridge studiert hätten.»

«Oxford und Cambridge, das sind die besten Universitäten.»

«Die Führer meinten, daß wir Lehrerinnen aus Oxford und Cambridge gut gebrauchen können. Sehr gut sogar.»

Bei all den Argumenten, die wir in den letzten vier Wochen vorgebracht hatten, war uns nie in den Sinn gekommen, daß es diese Referenzen waren, die wir hätten vorweisen müssen – daß selbst im fernen Lhasa der Oxbridge-Snobismus eine solche Macht besaß.

Von der Touristin zur Lehrerin ─────────

«*Yii... errr... sannn... sii... wuuu... liuuu... qiii... baa...*»

Musik und herrische Stimmen drängten sich in meine Träume. Eins... zwei... drei... vier... fünf... sechs... sieben... acht... Im Zwielicht des Halbschlafs vermischen sich Bilder und Gedanken. Am deutlichsten sind die Befehle. Ihr eindringlicher Rhythmus klingt vertraut, weckt auf unangenehme Weise gewohnte Assoziationen. Wuhan. Die Lautsprecher, die die Universität schon am frühen Morgen beherrschen. Die Frühgymnastik. Ist es denn schon nach sechs?

Panik ergreift mich und verhilft mir zu klareren Gedanken. Ich bin völlig wach und öffne die Augen. Aber mein Blick fällt nicht auf das graue Moskitonetz, den Schimmel auf dem feuchten Teppich, die schlaftrunkenen Studenten, die sich im Rhythmus der militärisch anmutenden Befehle bewegen oder mit einer Reisschüssel und mehreren Büchern unter dem Arm zum Unterricht eilen. Ich bin nicht in Wuhan. Ich schaue mich um und entspanne mich. Dann beginne ich neugierig, das Morgengefühl in unserer tibetischen Arbeitseinheit zu erkunden. Der große Berg aus warmen, bunten Decken, der weiße, gefrorene Atem, Gebetsfahnen, die vom Nachbarhaus herüberflattern – und die kreischenden Lautsprecher, die gebieterisch Aufmerksamkeit verlangen. In Lhasa hatte man die gemeinsame Körperertüchtigung schon vor längerer Zeit abgeschafft, und doch bellt die Stimme – die gleiche Stimme, die selbst in den entferntesten Winkeln des Landes die Schläfer aus ihren Träumen reißt – rücksichtslos ihre scharfen Befehle. Ich lächle stumm, als ich in ihr den Grund für meine Panik und die Bilder aus Wuhan erkenne.

Es gab eine Zeit, in der mir die Lautspecher unheimlich

waren. Sie schreckten einen mit furchtbar krächzenden, verzerrten Lauten aus dem Schlaf, bombardierten einen den ganzen Tag über mit Ermahnungen, die Partei zu lieben, dem Volk zu dienen, für die Zukunft des Kommunismus zu arbeiten. Wie die meisten Ausländer in China sah ich in den Lautsprechern das offenkundigste Symbol der allgemeinen Unterdrückung. Doch ihr Krächzen reiht sich überraschend schnell in die anderen Hintergrundgeräusche ein, und man verschläft selbst die lautesten Ermahnungen – besonders hier in Tibet, wo die chinesischen Verlautbarungen für den größten Teil der Bevölkerung ohnehin unverständlich sind. Man überhört sie und achtet nur noch auf die nützlichen Informationen: den Zeitpunkt der nächsten Filmvorführung für die eigene Arbeitseinheit, den Tag der Zuteilung der nächsten Kohlenration. Erst wenn sie schweigen, wird man sich ihres Lärms bewußt.

Hinter der nächsten Einheit, wo *Jingle Bells* über seinen chinesischen Text stolpert, verschmelzen die verschiedenen Lautsprecher zu einem dumpfen Nebel unterschiedlichster Laute. Plötzlich kreischt ein neuer Lautsprecher, der in dem Baum direkt vor meinem Fenster hängt: «*Lhasa Cheng Guan Qu Shi Xun Ban.*» Lehrerausbildungsseminar der Stadtregierung von Lhasa.

Schweigen.

Auf die pompöse Ansage folgt kindliches Gekicher.

Das ist unsere Arbeitseinheit. Die nackte, hohe Mauer, die sie umgibt, grenzt direkt an den Weg hinunter zum Fluß. Mit den üblichen rotbesternten Fahnen sieht es aus wie jedes andere von Mauern umgebene Gebäude in Lhasa. Doch von Zeit zu Zeit öffnen sich die großen Eisentore, um einen Jeep oder Lastwagen passieren zu lassen, und man kann einen Blick in den Innenhof werfen.

Ein kleiner Park. Eine Rose, die blühend der Kälte trotzt. Eine Pumpe. Ein angepflocktes Schaf. Früher war es der Sitz einer aristokratischen Familie gewesen; während des Aufstands im Jahre 1959 wurde das Haus zerstört, und die gesamte Familie floh nach Indien. Die Gebäude wirken modern, aber die Dachvorsprünge sind mit traditionellen

Blumenmustern bemalt, und der Wind bauscht die üblichen Stoffrüschen über den Fenstern. Kinder spielen auf dem staubigen Gras. Ein alter Mann hockt mit seinen Freunden beisammen; sie rollen kleine Spulen mit Gebeten zusammen, um ihre Gebetsmühlen neu zu füllen.

Unter der allgegenwärtigen Kruste chinesischer Autorität herrscht eine typisch tibetische Atmosphäre.

Viel war geschehen, seitdem Mr. Li und seine Freunde zu uns aufs Dach des Banak Shol geklettert waren. Unser Gespräch bildete nicht das Ende der Verhandlungen, sondern nur den Anfang eines weiteren Monats der Enttäuschungen und Rückschläge. Voller Optimismus machte sich Rosemary auf den Weg über Peking in die Provinz Hubei, um unsere Sachen zu holen und der Lastwagenfabrik mitzuteilen, daß wir kein Interesse hätten, in neue Verhandlungen einzutreten. Nachdem sie abgereist war, sah es zweimal so aus, als müßten wir doch noch auf das Angebot aus Shiyan zurückkommen. Aber ich hatte keine Möglichkeit, sie zu erreichen, und als sie vier Wochen später kurz vor Weihnachten wieder in Lhasa eintraf, wäre es ohnehin zu spät gewesen.

Mehr als der langwierige Verhandlungsprozeß überraschte uns die Tatsache, daß die Führung in Lhasa es sich offenbar in den Kopf gesetzt hatte, für uns die alleinige Verantwortung zu übernehmen. In einem Land, in dem alle Entscheidungen an einen langen Dienstweg gebunden sind, der unweigerlich in Peking endet, war es schwer einzuschätzen, wieweit sie sich rückversichern mußten. Die zahlreichen Besprechungen, die beteiligten Instanzen und die *guanxi* oder Beziehungen – all das wurde hinter den Betonbögen der Stadtregierung von Lhasa und der Verwaltung der Autonomen Region Tibet vor uns geheimgehalten. Da wir so wenig wußten, begannen wir zu spekulieren und uns unsere eigenen Gedanken zu machen, die von einer nebulösen Folge von Gerüchten über Zustimmungen oder Ablehnungen ständig neue Richtungen nahmen.

Dann lag eines Tages plötzlich ein Vertrag auf dem Tisch: sechs Monate lang zwölf Stunden Unterricht pro Woche für

350 *yuan*, etwa 120 DM pro Monat. Wenig später munkelten geisterhafte, mächtige Stimmen im Hintergrund, es sei «völlig unmöglich», daß wir in Tibet blieben. Und wieder ein paar Tage später wurde mir ganz unerwartet mitgeteilt, ich solle meine Sachen packen, man habe in unserer zukünftigen Arbeitseinheit ein Zimmer für uns bereitgestellt.

Jetzt sei alles geregelt, versicherte mir Mr. Li – alles außer der Zustimmung des Gong An Ju, des Amtes für Öffentliche Sicherheit, dessen Zustimmung am wichtigsten, aber auch am schwierigsten zu erlangen sei.

Ich schaue vorsichtig unter meinem riesigen Berg von Dekken hervor. Nach sechs Wochen im Hotel strahlt unser neues Zimmer ein beruhigendes Gefühl von Beständigkeit aus. Unsere Rucksäcke sind unter die Betten verbannt. Mit besitzergreifender Selbstverständlichkeit füllen unsere Sachen das einfache Regal, das ein Handwerker unserer neuen Arbeitseinheit am Tag zuvor für uns gebaut hat. Neben der Tür stehen glänzende Thermosflaschen, Eimer mit Tragstöcken, ein Dampfdrucktopf und ein Vorrat an Kerzen – in einer Höhe von 3700 Metern, wo Wasser kocht, ohne zu sieden, und Elektrizität ein Privileg ist, lebenswichtige Utensilien. Gerade diese kleinen Dinge des täglichen Gebrauchs strahlen die Gewißheit aus, daß wir bleiben dürfen. Sie zeugen auch von der Mühe, die man sich mit uns gegeben hat. Noch vor einer Woche verhießen nur der atemberaubende Blick auf die Berge und die Schleifen des Lhasa-Flusses, daß aus diesem winzigen, von Graffiti zerkratzten Kämmerchen so etwas wie ein heimeliges Zuhause werden könnte. Die Führer unserer Arbeitseinheit müssen darauf vertrauen, daß der Gong An Ju zustimmen wird, sage ich mir. Aber der Gong An Ju ist niemandem gegenüber verantwortlich und unberechenbar.

Ein kleines Mädchen tritt auf den Balkon, klappert mit mehreren Eimern und schüttet Wasser auf die gefrorenen Steine. Langsam erwacht das Gebäude, und es sind die verschiedensten Geräusche zu hören: das Zischen frisch angezündeten Yak-Dungs, das Summen von Gebeten, das Aufschäumen von Butter und Tee, die in einem hölzernen

Butterfaß zusammengestampft werden. Direkt neben uns wohnt eine vierköpfige Familie in einem Zimmer, das ebenso klein ist wie unseres, und der Häufigkeit nach zu urteilen, mit der das kleine Mädchen auf den Balkon verbannt wird, verläuft das beengte Leben nicht ohne Schwierigkeiten. Nachdenklich schaue ich mich wieder in unserem kleinen Zimmer um. Wie wird es uns nach sechs Monaten gehen? Werden wir einander auch auf den Balkon verbannen? Ein einziges Zimmer zum Wohnen, Essen und Schlafen. Ein einziges Zimmer, in dem wir nicht nur unsere eigenen Freunde, sondern auch die Freunde der anderen empfangen müssen. Sind wir übergeschnappt? Wenn mich die Kälte nicht davon abhalten würde, meinen Arm unter den Decken hervorzustrecken, könnte ich Rosemarys Bett mit der Hand berühren. Wird unsere Freundschaft diese Enge überleben? Wie werden wir auf diesen Mangel an Privatsphäre reagieren? Privatsphäre – ein Wort, für das es im Chinesischen keine Übersetzung gibt. So lasse ich meine Gedanken schweifen und schiebe den Moment hinaus, in dem ich mich unweigerlich der Kälte stellen muß. Bis auf Mantel und Jeans vollständig bekleidet, sinke ich zurück in mein warmes Nest aus bunten Decken. In der Tasse auf dem Tisch ist der Tee vom letzten Abend gefroren; die klammen Socken stehen steif in meinen Schuhen.

Draußen putzt sich mein Nachbar die Zähne. Wir grüßen einander mit einem freundlichen Zahnpastagrinsen und spukken in unsere jeweiligen Ausgüsse, runde Löcher im Balkon, die dazu dienen, alles Lästige loszuwerden. Das dachte ich jedenfalls – bis ich dort auch meinen Nachttopf ausleerte, was zu einem peinlichen Besuch der Familie unter uns führte. Ihre Fenster gehen auf das Stück Land hinaus, auf dem die Abfälle landen. Seitdem schließe ich mich meinen Nachbarn bei der morgendlichen Prozession zur Latrine an.

Während ich mir weiter die Zähne putze, schaue ich zu den Bergen. Ein schmaler Streifen rosaroten Lichts beginnt sich über die Gipfel auszubreiten. Ein Kind treibt eine Ziegenherde auf dem Pfad zum Fluß hinunter und imitiert ihr Mekkern, um die Herde zusammenzuhalten. Ich putze mir mechanisch die Zähne und denke an meine Freunde in England, die jetzt wahrscheinlich der gleichen Beschäftigung nachgehen, doch statt dieser herrlichen Aussicht nur das eigene, schlaftrunkene Spiegelbild sehen.

«*Aja la!*» Schwester! Hinter dem gesteppten Türvorhang ertönt eine vertraute Stimme. Es ist Lhamo. Sie tritt ins Zimmer und bricht in schallendes Gelächter aus. Sie lacht und lacht, bis ihr dicke Tränen über die Wangen laufen.

Den ganzen Vormittag über habe ich mit dem Yakdung-Ofen gekämpft. Mein Gesicht ist rot vor Anstrengung, meine Kleider sind scharz, und das Zimmer ist voll von beißendem Rauch. Trotz aller Anstrengungen ist es mir nicht gelungen, den Dung in Brand zu setzen. Der Ofen ist eine monströse Heath-Robinson-Erfindung aus Blech mit mehreren Schubladen und Gittern sowie einem Abzugrohr, das waagerecht durch ein Loch in der Tür ins Freie führt. Es ist eine Kunst, ihn zum Brennen zu bringen.

«Du siehst urkomisch aus», prustet Lhamo. «Wie lange probierst du schon, das Feuer anzuzünden?» Sie bindet ihre Zöpfe wie Schnürsenkel über der Stirn zusammen und steckt sie dann im Nacken fest. «Komm, ich zeig dir, wie es geht.» Mit der Geschicklichkeit täglicher Routine formt sie eine Pyramide aus Papier und kleinen Zweigen. Als ich ihr die Streichhölzer reiche, verzieht sie nur verächtlich das Gesicht und öffnet eine Zunderbüchse, die sie am Gürtel trägt. Sie entnimmt ihr etwas Zunder und streicht es über den Feuerstein. Es fängt sofort Feuer. Ihre Augen leuchten; sie versucht, ein unbeteiligtes Gesicht zu machen, kann ihren Triumph aber nicht verbergen. Dann zerbricht sie den Dungklumpen in mehrere Stücke und plaziert sie sorgfältig rund um die Flamme.

Nichts geschieht. Der Dung zischt, die Flamme erlahmt und geht bald darauf aus. Sie nimmt ein Stück Dung aus dem Ofen, bricht ihn noch einmal durch und riecht daran. «Wo hast du das her?»

«Vom Markt.»

«Wer hat es dir verkauft?»

«Ich weiß nicht. Ein Nomade.»

«Es ist schlecht … Hast du es nicht geprüft?»

«Geprüft?»

«Ja, es ist feucht, nicht richtig getrocknet. Wieviel hast du dafür bezahlt?»

«Fünf *yuan*», erwidere ich kläglich. Tatsächlich hatte ich acht bezahlt.

«Es muß mindestens einen Monat lang draußen in der Sonne liegen.»

Man hatte uns vor kurzem 30 *jin* Mehl und Reis gebracht und eine Ration Kohlen versprochen. Wir bekamen sogar einen elektrischen Heizring, der in Lhasa, wo im Winter bei sinkendem Wasserstand chronischer Strommangel herrschte, allerdings von zweifelhaftem Nutzen war.

«Privilegien von Staatsangestellten», murmelte eine Tibeterin, die durch die offene Tür beobachtete, wie ein Handwerker den Heizring in unserem Zimmer installierte. Da sie keiner Arbeitseinheit angehörte, hatte sie weder den Heizring noch die 30 *jin* Reis bekommen. Bei allen, die nicht für den Staat arbeiten, sind die Rationen auf 20 *jin tsampa* und Mehl begrenzt. Reis essen sie nur zu Neujahr.

«Natürlich sind die Leute wütend», sagt Lhamo. Dann lacht sie. «Aber sie haben es besser als ich. Meine Aufenthaltserlaubnis gilt nur für Kongpo, deshalb bekomme ich überhaupt keine Rationen. Meine Verwandten müssen sehen, wie sie mich über Wasser halten.»

Anfang Dezember kamen unsere Pässe mit sechsmonatigen Visa vom Gong An Ju zurück. «Jetzt ist alles geregelt», grinste Mr. Li. Diesmal glaubte ich ihm. Jenseits des kleinen Parks war ein Raum mit Tischen möbliert worden. Der Unterricht konnte beginnen.

Rosemarys Kurs wurde zuerst eingerichtet. Sie sollte Englischlehrer von Lhasas weiterführenden Schulen unterrichten. Mit Ausnahme von zwei Teilnehmern waren es ausschließlich Chinesen. Wer meinen Unterricht besuchen sollte, war noch nicht klar. Wissenschaftler, Grundschullehrer, Regierungskader, Beamte – jeder hatte einen anderen Vorschlag. Und jeden Tag stellten sich neue Schüler vor, bis es im

Klassenzimmer einfach keinen Platz mehr gab. Es war eine interessante Mischung von Menschen zusammengekommen, einige von ihnen waren Staatsangestellte, die meisten waren Tibeter. Aus den Gesprächsfetzen zu urteilen, die ich nebenbei aufschnappen konnte, war zwischen den tibetischen und chinesischen Führern ein richtiger Kuhhandel über die ethnische Zusammensetzung unserer Kurse ausgebrochen.

Da Rosemary noch in Hubei war, mußte ich zum Anfang beide Kurse unterrichten. Die Eröffnungsstunde in Rosemarys Kurs verging mit einer wahren Flut von Grußworten und Reden. Es war eine beeindruckende Anzahl von *lingdaos* erschienen, für die man von der Nachbareinheit samtbezogene Stühle ausgeliehen hatte.

Nachdem ich die offiziellen Platitüden angemessen beantwortet hatte, wies ich höflich darauf hin, daß der Kurs eigentlich viel zu groß sei. Fünfzig Schüler, deren Englischkenntnisse von wenigen Buchstaben des englischen Alphabets bis zu den Schriften Shakespeares reichten, könnten schwerlich erfolgreich miteinander lernen. Sie stimmten zu und teilten den Kurs nach bürokratischen Rängen. Vorsichtig wies ich darauf hin, daß es sinnvoller wäre, die Gruppe nach den jeweiligen Sprachkenntnissen zu teilen. Unmöglich. Natürlich verstünden sie mein Argument, aber das sei schlechterdings unmöglich. So würde niemand etwas lernen, protestierte ich. Schließlich stimmten sie meinem Vorschlag zu. Aber Rosemarys Kurs verlor einige Führungskräfte, die es nicht ertragen konnten, der schlechteren Gruppe zugeteilt worden zu sein.

Die Stunde war zu Ende, doch offenbar hatte noch niemand Lust zu gehen.

«Könnten Sie uns nicht noch einen Vortrag über englische Intonation halten?» fragte jemand.

In der Hoffnung, diese Bemerkung sei als Witz gemeint, schaute ich ihn fragend an, aber sein Gesicht zeigte keinerlei Anzeichen von Ironie. Intonation? Ein Vortrag? Das konnte ich ohne Vorbereitung nicht. Um mich herum hörte ich zustimmendes Gemurmel, sah die Reihen erwartungsvoller Gesichter, die darauf warteten, von mir unterhalten zu werden. Eine ganze Stunde lang hatte man ihnen erzählt, wie glücklich sie sich schätzen könnten, weil sie *echte* Englischlehrerinnen bekämen, jetzt sollte ich beweisen, daß es tatsächlich so war. In meiner Panik schienen sich die Gesichter vor mir zu verhärten. Ich war davon überzeugt, daß sie mich auf die Probe stellen wollten. Auf der Suche nach einer Fluchtmöglichkeit schaute ich instinktiv zur Tür. Dann sah ich wieder die Gesichterreihen vor mir. Plötzlich fiel mir das Lehrbuch ein. Die Gesichter sahen nicht mehr ganz so bedrohlich aus. «Ein Vortrag über Intonation wäre sicherlich sehr interessant, aber ich glaube, wir sollten erst einmal entscheiden, welche Bücher wir benutzen wollen.» Ich lächelte.

Sie lächelten zurück. «Ja, ja, da haben Sie recht.»

Sie waren zufrieden, solange über irgend etwas gesprochen wurde.

Die Auswahl war alles andere als groß. Das einzige Lehrbuch, das ich mitgebracht hatte, handelte von den Segnungen des Westens, von Lebensversicherungen, schnellen Autos und Urlaubsreisen ans Mittelmeer. Die Alternative bestand im offiziellen chinesischen Lehrbuch für Mittelschulen, das aus einer Reihe von Geschichten über Li Ping bestand: Li Ping in der Landkommune, Li Ping mit dem Großen Steuermann... Aus dieser Quelle speisten sich die Fremdsprachenkenntnisse der meisten Chinesen, und viele illustre Ausdrücke, die uns auch hier in Tibet begegneten, hatten ihren Ursprung in diesem Buch. WILLKOMMEN SIE IN TIBET, verkündeten große Transparente an den wichtigsten Straßenkreuzungen in Lhasa, und am Busbahnhof am Flughafen hing ein Schild mit der Aufschrift, DER UNORGANISIERTE TOURIST solle sich am äußeren Schalter anstellen. Das Lehrbuch war von Chinesen für Chinesen geschrieben, und es schuf eine Sprache, die an Redensarten ebenso reich war wie die ihrige. «Bitte kommen Sie morgen wieder, ich bin heute ein fleißiges Bienchen», war die Lieblingsredewendung unseres Führers in Wuhan.

Die meisten Schüler kannten alle sechs Bände des chinesischen Lehrbuchs auswendig, und die von Li Ping zum Ausdruck gebrachten Gefühle waren nicht mehr auf der Höhe der

Zeit. Mein Buch hingegen verhieß gewisse Einblicke in die kapitalistische Dekadenz, und das schien ihnen schon verlockender zu sein.

«Gut, das haben wir also geregelt», sagte einer der Schüler, hob die Augenbrauen und schaute mich herausfordernd an.

Wollte er damit etwa wieder auf den Vortrag über englische Intonation zurückkommen?

«Hausaufgaben», sagte ich rasch, und da ich dachte, es könnte interessant sein, mehr über die Einstellung chinesischer Lehrer in Tibet zu erfahren, bat ich sie, auf Englisch über ihr Leben in Tibet zu schreiben.

Ich hatte mir nicht klargemacht, daß ein Klassenzimmer in Tibet wohl kaum der richtige Ort für private Vertraulichkeiten war. Die Schüler fühlten sich von Spitzeln bedroht und bemühten sich, das offizielle Bild aufrechtzuerhalten. Insgeheim hoffte ich aber doch auf freimütige Offenbarungen, als ich mich eine Woche später hinsetzte, um die 50 Aufsätze über Chinas *Sonnenstadt* zu korrigieren.

«Das tibetische Volk ist tapfer und fleißig...» Fünf Aufsätze begannen mit der gleichen Floskel.

«Die Tibeter sind stolz und glücklich darüber, daß sie an der fortgeschrittenen Kultur des Han-Volkes teilhaben können. Wenn ich sie auf der Straße treffe, sehen sie mich als einen guten Freund an.»

Miss Liu war Parteimitglied und ließ es in der Öffentlichkeit nicht an Pioniereifer fehlen: «Ich arbeite hart für den Aufbau Lhasas. Ich muß meine Arbeit gut machen, damit aus meinen Schülern Kinder des Mutterlands werden und unser Land noch stärker wird.»

«Es gibt viele alte Gebäude in Lhasa. Sie gehören zu den großen Errungenschaften des chinesischen Volkes.» Mr. Zhou war von der tibetischen Architektur außergewöhnlich beeindruckt; das Verdienst dafür mußte er jedoch seinem eigenen Volk zuschreiben.

Die meisten meiner Schüler vermißten ihre Familien, ihr Zuhause und das milde Klima Südchinas. Nur im letzten Aufsatz wurde eine andere Geschichte erzählt:

Liebe Miss Catriona,
ich bin seit 1983 nach Lhasa gekommen. Damals waren die Zeiten schwierig für mich in meiner Heimatstadt. Die Führer kritisierten meine Gedanken. Es gab die Kampagne gegen Geistige Verschmutzung. Eine Nacht habe ich geträumt. In meinen Träumen denke ich, ich muß nach Tibet gehen, ich glaube, das Leben ist dort einfacher für mich. Als ich es meiner Familie sage, weinen alle. Aber meine Führer denken, es ist sehr gut – freiwillig nach Tibet gehen ist eine gute Sache. Sie zeigen mein Bild im Fernsehen. Sie loben mich. Sie sagen, viele Leute sollen meinem guten Beispiel folgen. Ich mag Lhasa sehr. Das tibetische Volk ist sehr nett. Ich arbeite hart, weil ich Tibetisch lernen und mit Tibetern sprechen will. Aber manchmal ist es schwierig. Viele Chinesen sind unhöflich, deshalb wollen viele Tibeter nicht unsere Freunde sein. Manche Tibeter sind wütend auf uns, weil ihre Klöster zerstört sind. Das ist nicht meine Schuld. Ich finde ihre Klöster sehr schön. Manchmal bin ich sehr traurig.

Ihr ehrlicher Schüler Sui.

Die Verärgerung, die ich beim Korrigieren der Aufsätze gespürt hatte, verging. Es dauerte nicht lange, bis ich andere Menschen kennenlernte, die in der gleichen Lage waren wie Sui – Intellektuelle, die nach Tibet gekommen waren, weil das Leben für Chinesen in Tibet insgesamt freier war als in Zentralchina. Es waren sensible Menschen, die den Tibetern und ihrer Kultur viel Verständnis entgegenbrachten und von ihnen akzeptiert werden wollten. Statt dessen waren sie jedoch mit eisernem Mißtrauen und beharrlicher Zurückweisung konfrontiert.

Echos aus der Vergangenheit

«Hallo, junge Dame!»

Eines Nachmittags Anfang Dezember war ich gerade mit meinem Fahrrad zum Postamt unterwegs, als eine Stimme hinter mir herrief.

«Sie müssen Catriona la sein», fuhr die Stimme fort, meinem Namen die ehrende Partikel «la» hinzufügend. Die schleppende, fast näselnde Aussprache erinnerte mich an unzählige Spielfilme über die britische Kolonialherrschaft in Indien. Verwirrt über diese anachronistischen Klänge, drehte ich mich um. Neben mir radelte ein älterer Tibeter.

«Basang Dorje», stellte er sich vor und zog einen zerbeulten Homburg. «Man hat mir erzählt, daß Sie in Lhasa sind. Aber ich glaube, man sprach von zwei englischen Damen?»

«Ja, meine Kollegin Rosemary kehrt erst Ende Dezember aus Hubei zurück.» Ich war erstaunt, daß er es noch nicht wußte. Lhasa wirkte inzwischen wie ein großes Dorf auf mich, und ich hatte mich bereits daran gewöhnt, daß jeder wußte, wer wir waren und was wir machten. Wir wurden oft von Leuten auf der Straße angesprochen; einige wurden zu Freunden, andere waren einfach nur neugierig, und es blieb bei einem oberflächlichen Gespräch.

Seite an Seite radelten wir die staubige, sonnenbeschienene Straße hinunter. Ich war wie hypnotisiert von seiner Stimme – den sanften Klängen einer Ära, die für mich längst ins Reich der Romane und Filme gehörte. Es kam mir vor, als sei in ihm während langer Jahre des Schweigens der Geist der vierziger Jahre bewahrt worden wie in einem Kokon. «Ich habe viel von meinem Englisch vergessen», sagte er, als wir beim Postamt ankamen. Wie viele Mitglieder des tibetischen Adels war er in Indien erzogen worden, hatte sich aber in den letzten zwanzig Jahren zwingen müssen, diese Zeit zu verleugnen, denn jeder, der Verbindungen zu Indien hatte, geriet leicht in den Verdacht, ein imperialistischer Spion zu sein.

Er wartete vor dem Postamt auf mich, während ich mich mühsam vorkämpfte – vorbei an den großen Trögen mit Leim, an ausgestreckten Fäusten, die den Beamten zum Tausch für den begrenzten Vorrat an Pandabriefmarken Bündel von Banknoten entgegenreckten, vorbei an einem Mann, der nicht ein einziges Wort von dem verstanden hatte, was seine Frau in Peking gesagt hatte, und sich weigerte, für den Anruf zu bezahlen, vorbei an einem Nomaden, der völlig verwirrt vor den chinesischen Schildern stand, bis ich endlich am richtigen Schalter angekommen war.

Der Schalter war breit und hoch. Auf der anderen Seite herrschte quälende Behaglichkeit: Die Angestellten lasen Comics oder unterhielten sich angeregt.

Postlagernd? Nichts. Könnte ich bitte das Postlagerbuch haben? Nichts. Das Buch liegt direkt vor Ihnen. Ich stemmte mich auf den Ellenbogen hoch und beugte mich über die Kante. Sofort schaute ein Augenpaar auf. «Bu zai.» Ich brauche mit niemandem zu sprechen, geben Sie mir bitte nur das Buch. Das Augenpaar hatte sich längst abgewendet. Bitte. «Ta xiuxi.» Aber das Buch liegt direkt neben Ihnen.

Keine Antwort. Das gleiche war mir am Tag zuvor schon einmal passiert, und ich war heute absichtlich ein wenig später gekommen, um nicht wieder den xiuxi, den Mittagsschlaf des Angestellten, der für die postlagernden Sendungen zuständig war, zu erwischen. Warum war ich überhaupt gekommen?

Ich hatte mir geschworen, nur einmal in der Woche aufs Postamt zu gehen, und doch stand ich jeden Tag vor diesem Schalter. Es dauerte fünfzehn Minuten mit dem Fahrrad oder eine halbe Stunde zu Fuß am Fluß entlang, bei weitem die reizvollere Strecke. Darauf folgte stets ein zäher Kampf, an dessen Ende ich vielleicht einen Brief in Händen hielt – oder unverrichteter Dinge wieder nach Hause fuhr.

Ein Brief, ein Brief, den ich wie eine Tafel Schokolade verschlingen würde, den ich beim ersten Mal vor Aufregung nur überfliegen und dann wieder und immer wieder lesen würde, um das Gefühl der ersten Freude noch einmal aufleben zu lassen. Manchmal verschwendete ich einen ganzen Nachmittag nur für einen Brief. Warum waren diese Briefe für mich so wichtig? Meine chinesischen Freunde waren schockiert, wenn wir auf ihre Frage «*Xiang jia ma?*» Vermißt ihr euer Zuhause? den Kopf schüttelten. Es ging nicht darum, unser Leben hier gegen das Leben der Briefe einzutauschen. Während ich mir durch die Menschenmenge einen Weg hinaus zu Basang Dorje bahnte, versuchte ich, meine Motive zu erforschen. Vielleicht war es die besondere Läuterung durch Abwesenheit und große Entfernung, die diesen Briefen ihren süchtigmachenden Reiz verlieh?

«Kein Glück?» rief Basang Dorje. Auf dem Markt, der sich unterhalb des Potala erstreckte, häufte er gerade Äpfel in sein Einkaufsnetz.

«Nein.»

Wir gaben dem Fahrradwächter vor dem Postamt ein *mao*, damit er auf unsere Räder aufpaßte, und machten uns auf den Weg zu meinem Zimmer. Basang Dorje wollte unbedingt sehen, wo ich untergebracht war. Er strahlte eine selbstverständliche Sicherheit aus, die fast schon arrogant wirkte und mich an die englische Aristokratie erinnerte. Den Namen Hugh Richardsons, des britischen Gesandten in Tibet vor 1949, streute er mit einer Vertraulichkeit ein, die uns beide zu Insidern eines erlauchten Zirkels machte. «Hat verdammt gute Partys geschmissen», sagte er und kicherte leise. «Hat uns zum Tennis und Bridge in die Britische Gesandtschaft in Dekyi Lingka eingeladen.» Später zeigte er auf eine Dose Nivea, die auf meinem Schreibtisch stand.

«Antiquitäten!» Er lachte. «Das konnten wir in Lhasa früher auch kaufen. Unsere Damen haben es benutzt, das und Elizabeth Arden.»

In Basang Dorje begegnete mir eine nostalgische Herzlichkeit gegenüber Großbritannien, die ich später noch bei zahlreichen anderen älteren Tibetern spürte. Obgleich ihm die Vorsicht gebot, politische Diskussionen zu vermeiden, erzählte er mir von seiner Schulzeit in Indien und von der jährlichen Heimreise über den Himalaya in den Sommerferien.

«Wußten Sie, daß der Vater Ihres Nachbarn in England zur Schule gegangen ist?» fragte er.

Ich sah ihn überrascht an. «Welchen Nachbarn meinen Sie?»

«Den jenseits dieser Mauer.» Er zeigte auf das Haus, das unmittelbar unterhalb unseres Fensters stand.

«Er gehörte zu den vier tibetischen Schülern?» Ich hatte in Sir Charles Bells Biographie des Dreizehnten Dalai Lama gelesen, daß man 1912 vier tibetische Adlige zur Erziehung nach Rugby geschickt hatte.

«Ja. Ringang war sogar der beste von ihnen», sagte er lächelnd. «Er wurde Ingenieur und hat später das elektrische Licht im Potala installiert.»

Viele Monate später, nach meiner Rückkehr nach England, erinnerte ich mich wieder an diese Geschichte. Ich wollte gern wissen, wie die tibetischen Jungen in einer englischen Privatschule zurechtgekommen waren, und rief die Archivarin in Rugby an. Vom britischen Standpunkt aus war das Experiment nicht sehr erfolgreich gewesen, denn der Plan, den britischen Einfluß in Tibet zu vergrößern, wurde durch die Tatsache durchkreuzt, daß alle vier bei ihrer Rückkehr recht untergeordnete Positionen bekamen. Die Archivarin schien nicht viel über die tibetischen Schüler zu wissen, aber sie sagte, im Schulsafe liege noch immer ein Klumpen Gold, der in einen *katag*, einen zeremoniellen tibetischen Seidenschal, gewickelt sei. Mit diesem Gold habe der Dreizehnte Dalai Lama die Schulgebühren bezahlt.

Basang Dorje erzählte mir vom westlichen Einfluß auf Kleidung und Zeitvertreib des tibetischen Adels und von dem Mißtrauen, mit dem all dies von den herrschenden Mönchen betrachtet wurde. Was die Vergangenheit anging, war er nicht unkritisch. Er beschrieb die Machtkämpfe in der tibetischen Oligarchie sowie Intrigen zwischen den Klöstern und Adelsfamilien, die das Land regierten. 1947 kam es in Tibet fast zu einem Bürgerkrieg, als Reting Rinpoche, Exregent und Abt eines Klosters östlich von Lhasa, gemeinsam mit Mönchen

aus Sera einen Staatsstreich unternahm, der allerdings miß-
glückte.

Ich hätte gern noch viel ausführlicher mit ihm gesprochen,
doch ich mußte zum Nachmittagsunterricht. Widerwillig
verabschiedete ich mich von Basang Dorje und fragte ihn, ob
wir uns später weiter unterhalten könnten.

«Natürlich. Es tut mir leid.» Er nahm seinen Hut und
beugte sich vor, um mir nach westlicher Manier die Hand zu
schütteln. «Jetzt haben Sie meinetwegen Ihr Mittagessen ver-
säumt.»

Während des Unterrichts mußte ich immer wieder an seinen Gesichtsausdruck und sein Lächeln denken. Ich fragte
mich, wie Tibeter seines Schlages heute zu Großbritannien
standen.

Die Briten waren 1904 nach Tibet gekommen. Eine von Co-
lonel Younghusband geführte Expedition drang nach kurzen
Kämpfen bis nach Lhasa vor. Der tibetischen Regierung
wurde ein Abkommen aufgezwungen, das Tibet vor der politischen Intervention anderer Mächte schützte; den Briten
wurden im Gegenzug exklusive Handelsrechte eingeräumt.
Wenige Tage bevor ich Basang Dorje kennenlernte, hatte ich
gerade Hugh Richardsons *Short History of Tibet* gelesen und
den Text des Vertrages im Anhang gefunden. Auf seiten der
Briten hatte es keine Todesopfer gegeben, von den Tibetern,
die nur primitive Waffen – wahrscheinlich Katapulte und
Steine – besaßen, waren 780 gestorben. Der letzte Passus des
Vertrages betraf eine Entschädigung von 187 300 Pfund sei-
tens der tibetischen Regierung «für Ausgaben, die Großbritannien bei der Entsendung bewaffneter Truppen nach Lhasa
entstanden sind, und für Beleidigungen und Angriffe, denen
der Britische Kommissionär und sein Gefolge in Tibet ausgesetzt waren».

In den ersten Tagen nach der Lektüre von Richardsons Bericht wies ich jeden, der es hören wollte, auf die furchtbare
Barbarei der Younghusband-Expedition hin. Tatsächlich muß
ich mich so oft für meine britische Herkunft entschuldigt haben, daß mich schließlich jemand fragte: «Was hast du eigentlich gegen dein eigenes Land?»

Britische Berichte rechtfertigen die Operation damit, daß Rußland ein Auge auf Tibet geworfen hätte. Angeblich habe es in Lhasa einen russischen Mönch gegeben, der das Vertrauen des Dalai Lama genoß, jedoch im Verdacht stand, ein zaristischer Spion zu sein. Und außerdem, so sagt man uns bis heute, sei das Verhalten der britischen Soldaten beispielhaft gewesen. Sie hätten nur geschossen, wenn sie sich selbst verteidigen mußten.

In den Augen der chinesischen Regierung wiederum ist die Younghusband-Expedition ein Paradebeispiel imperialistischer Aggression, woran sie das Volk von Lhasa ständig erinnert. Als ich eines Nachmittags mit Mr. Li vor einem farbenfrohen Gemälde im Museum von Lhasa stand, bildete ich mir ein, die feindlichen Blicke der anderen Museumsbesucher im Nacken zu spüren, als er mir laut erklärte, die lebensgroßen Figuren stellten tibetische Helden dar, die tapfer die Grausamkeiten der britischen Imperialisten erduldeten. Dieses Erlebnis trug wenig zur Stärkung meines Selbstbewußtseins bei.

Zum größten Teil existierte diese Feindseligkeit jedoch nur in meiner Phantasie. Die Menschen schienen jene Zeit vergessen zu haben. Sie erinnerten sich nicht mehr an den Wankelmut, den Großbritannien in der fünfundvierzigjährigen Freundschaft mit Tibet an den Tag gelegt hatte: Zunächst erkannte es den Anspruch der tibetischen Regierung auf eine De-facto-Unabhängigkeit an und unterstützte sie gegen die Chinesen, ein paar Jahre später bezeichnete es Tibet als einen Staat, der unter chinesischer Oberherrschaft stehe, und drängte auf eine Aussöhnung mit Peking. Die Zickzacklinien britischer Politik waren stets durch den augenblicklichen Tenor der Beziehungen zum mächtigeren China bestimmt gewesen.

Doch die Tibeter schienen die Machenschaften britischer Politiker vergessen zu haben; sie erinnerten sich vor allem an die Herzlichkeit der wenigen Briten, die in Lhasa gelebt hatten – und an einen seltsamen Wirrwarr englischer Begriffe. Einmal versuchte ich, meinen Schülern pantomimisch das Wort «Armee» zu erklären. Ich hatte nicht viel Erfolg; sie schienen mich nicht zu verstehen. Dann stand plötzlich einer der Schüler auf und grinste.

«Zackzackmarschliiinksumgeweehrüber», brüllte er und kam im Stechschritt durch die Tischreihen. Der ganze Kurs brach in Gelächter aus. Ich schaute verständnislos drein.

«Armee?» fragte ich.

«Ja.»

1914 hatten die Briten eine Garnison in Gyantse stationiert, um dort tibetische Soldaten auszubilden. Die entsprechenden Befehle wurden, gemeinsam mit den Paraden zu Melodien wie *Auld Lang Syne* und *God Save The King*, von der tibetischen Armee noch bis 1959 eingesetzt. Später wurde die Armee von den Chinesen aufgelöst, doch die Ausdrücke blieben hängen. Es war nicht das letzte Mal, daß ich zur Zielscheibe einer Salve von unzusammenhängenden Paradeplatzbefehlen wurde. Selbst Tibeter, die viel zu jung waren, um die Armee selbst noch erlebt zu haben, kannten diese Sprachfetzen. Abgesehen von dem offenkundigen Unterhaltungswert konnte ich dafür jedoch nie einen Grund entdekken.

Die von der britischen Regierung zeitweilig nach Lhasa entsandten Vertreter entwickelten offenbar großen Respekt für die tibetische Kultur, und einige von ihnen knüpften tiefe Beziehungen zu Tibetern. Sir Charles Bell, von 1908 bis 1921 britischer Gesandter, war ein enger Freund des Dreizehnten Dalai Lama und galt ebenso wie Hugh Richardson, der von 1937 an britischer Botschafter in Tibet war, als hervorragender Kenner der tibetischen Kultur und Geschichte. Ich glaube, daß wir unsere herzliche Aufnahme besonders bei älteren Menschen zumindest zu einem großen Teil diesen Männern verdankten. Vielleicht war aber auch einfach alles, was mit Großbritannien zusammenhing, für viele Tibeter mit angenehmen, nostalgischen Gefühlen verbunden.

«Natürlich sind die Menschen nostalgisch», sagte Basang Dorje später. «Das ist doch überall so. Wie heißt das bei Ihnen? Die gute alte Zeit…» Genau wie Jigme versicherte er mir jedoch, daß sein Leben jetzt sehr viel besser sei als noch vor zehn Jahren. «Viele von uns sind glücklich, hier zu sein.»

Daß der Adel in Tibet überlebte, daß seine Mitglieder auch innerhalb des kommunistischen Systems ihre Identität bewahren konnten, gehörte für mich jedoch zu den größten Überraschungen. Die Snobs waren noch immer da, und sie standen mit den neuen Führern auf vertraulichem Fuße. Selbst die alte Hierarchie spielte für einige von ihnen noch eine wichtige Rolle. «Der gehört nur zum niederen Adel», sagte einmal eine adlige Freundin verächtlich, als ich ihr von jemandem erzählte, den ich gerade kennengelernt hatte. In den sechziger und siebziger Jahren litten sie unter der Verfolgung, viele von ihnen wurden hingerichtet oder starben in den Gefängnissen. Doch obgleich einige noch immer nicht rehabilitiert worden waren, genossen die meisten Mitglieder der alten Adelsfamilien, mit denen wir in Berührung kamen, einen wesentlich höheren Lebensstandard als die normalen Tibeter. Ihre Kinder besuchten den Unterricht gemeinsam mit chinesischen Kindern, was ihre Chancen, auf eine Universität in Zentralchina geschickt zu werden, enorm vergrößerte, und die meisten fanden später in der chinesischen Verwaltung eine einträgliche Stelle.

Die kommunistische Regierung hatte die herrschende Elite von Anfang an heftig umworben. Der «Siebzehn-Punkte-Vertrag für die friedliche Befreiung Tibets», der 1951 unterzeichnet wurde, hielt fest, daß weder das politische System noch der Status der Verantwortlichen geändert werden sollte. Obgleich diese ohnehin recht wacklige Vereinbarung zwischen der chinesischen und der tibetischen Regierung mit der Flucht des Dalai Lama im Jahre 1959 zusammenbrach, blieben die Privilegien «patriotischer Adliger», von denen man annahm, daß sie nicht am Aufstand teilgenommen hatten, bis zur Kulturrevolution unangetastet.

Vor diesem Hintergrund konnte es nicht überraschen, daß die Menschen, die in den sechzehn Monaten, die ich in Tibet verbrachte, mir gegenüber die stärksten Ressentiments gegen Chinesen äußerten, ironischerweise nicht Aristokraten wie Basang Dorje waren, sondern gewöhnliche Tibeter. Für sie hatte der Kommunismus dem alten System einfach eine neue Hierarchie übergestülpt, in der sie wie eh und je das Nachsehen hatten.

Es gab Adlige, die als Kollaborateure angesehen wurden und das System für ihren persönlichen Gewinn ausnutzten. Ich hatte jedoch den Eindruck, daß die meisten Aristokraten, die in einflußreichen Positionen saßen, eine vorsichtige Gratwanderung unternahmen: Einerseits setzten sie alles daran, bestimmte Konzessionen für die Tibeter zu erwirken, andererseits mußten sie den Vorwurf vermeiden, einem «lokalen nationalen Chauvinismus» verfallen zu sein. Basang Dorje sprach davon, «Brücken zu bauen», im stillen zu wirken, um Reformen voranzubringen. Er strahlte einen vorsichtigen Optimismus aus.

Das Wetter ist eisig geworden. Zum ersten Mal seit unserer Ankunft ist der Himmel mit Wolkenschwaden verhangen, die aussehen wie große Tempelfahnen. Der ächzende Wind überzieht die Erde mit einer dünnen, stahlharten Schneeschicht, die sich selbst in geschützten Ecken als feine Kruste ausbreitet. Nach dem wochenlangen Gefühl unendlicher Weite hat uns der Himmel eingehüllt. Die Berge ragen, nun nicht mehr durch die Höhe des Himmels verkleinert, riesig und düster auf, ihre geisterhaften Gipfel scheinen sich fast über uns zu schließen. Und Lhasa, bisher die Krone einer Welt, die Tausende von Metern unter uns lag, verleugnet plötzlich jede Verbundenheit mit Bergen und Tälern und treibt schwerelos auf einer nebligen Wolke dahin.

Die Chinesen und die Tibeter, die aus Lhasa stammen, eilen mit klinischen Mundschutzen durch die Straßen, als hätte die Kälte eine Seuche über die Stadt gebracht. Die Händler aus Kham haben sich Fuchsfelle um die Köpfe gebunden, deren Pfoten ihnen verwegen um die Ohren baumeln. Die Menschen aus Kongpo, in ihrer Heimat an ein wärmeres Klima gewöhnt, ziehen die Brokatborten ihrer kleinen Fellmützen herunter und polstern ihre Mäntel aus. Nur die Nomaden machen keine Zugeständnisse an die Kälte – wie im Sommer sitzen und schlafen sie im Freien und setzen eine nackte Schulter den Elementen aus.

Manchmal beneide ich die Nomaden um ihre wettergegerbte Schönheit und ihre Zähigkeit, ja, manchmal sogar um ihren Schmutz. Die Chinesen und die Tibeter aus Lhasa verachteten sie, weil sie so schmutzig waren, andere drückten ihr Mitleid aus. «Diese armen, traurigen Menschen, sie sind so dreckig», sagte eines Tages eine englische Touristin zu mir. Traurig? Auf den kargen Ebenen im Norden des Landes konnte Sauberkeit wohl kaum als Tugend gelten. Im dortigen Klima war sie möglicherweise sogar ungesund. Den Körper täglich Temperaturen auszusetzen, die weit unter Null lagen, die Haut mit eisigem Wasser zu traktieren und Stunden damit zu verbringen, Kleider zu schrubben, die im Wind gefroren und innerhalb weniger Stunden wieder schmutzig waren – all das konnte unter den Lebensbedingungen dieser Menschen rasch zum gefährlichen Wahnsinn werden. Ich versuchte, den höheren Ansprüchen der Bevölkerung Lhasas zu entsprechen, merkte jedoch, wie mir der eher lässige Umgang der Nomaden mit Schmutz und Sauberkeit immer sympathischer wurde. Für sie besaß das Waschen im Fluß die Wichtigkeit einer Zeremonie – *chang*, Tee, ein ausführliches Picknick und das Erzählen von Geschichten gehörten dazu, und diesem seltenen Ereignis wurde ein ganzer Tag gewidmet. Widerwillig wusch ich mich wie die Einwohner Lhasas über einer Waschschüssel in der unsicheren Zuflucht unseres Zimmers. Wer auf dem Flur entlangging, konnte durch die schiefsitzenden Vorhänge schielen, und jeden Moment konnte unangekündigt einer unserer Schüler hereinplatzen, denn nur am Nachmittag war es warm genug, um sich auszuziehen.

Rosemary kehrte aus Hubei zurück, und die Befürchtung, daß wir einander in dem engen Zimmer auf der Pelle sitzen könnten, wurde rasch gegenstandslos – wir hatten gar nicht genug Zeit dazu. Tagsüber unterrichteten wir abwechselnd in dem Klassenzimmer auf der anderen Seite des Parks. Und als ein Tibeter uns bat, in einem Abendkurs auszuhelfen, den er im Banak Shol ins Leben gerufen hatte, begannen wir auch an den Abenden abwechselnd Unterricht zu geben. Wir aßen gemeinsam zu Mittag, mehr war ohnehin nicht drin.

Gegen Mittag wurde die Sonne kräftig, denn selbst im tiefsten Winter waren bedeckte Tage selten. Wie alle anderen saßen wir mit unseren Schalen in den winterlich verwehten Überresten des kleinen Parks und wärmten uns nach der Kälte des Betonklassenzimmers in der Sonne auf. Auf dem

Markt gab es nur noch wenige frische Produkte zu kaufen. Manche Händler boten Kartoffeln oder Rettiche in mit Salzlake gefüllten Tonnen an. Gelegentlich tauchte ein Händler aus Xinjiang mit getrockneten Aprikosen auf. Regelmäßig besuchten wir die Walnußfrau, die uns noch immer die Taschen mit ihren Nüssen vollstopfte. Und zum Entsetzen unserer Nachbarn, die meinten, im Winter störe Joghurt die Verdauung, fanden wir auch immer noch Joghurt zu kaufen. Fleisch aßen wir äußerst selten. Nicht weil es nicht gut gewesen wäre, im Gegenteil, es war köstlich. Aber wir hatten unsere Kohlenration aufgebraucht, und mit Yak-Dung zu kochen war eine Kunst, die wir noch nicht beherrschten. In diesem Winter tätigte die Einheit jedoch eine Anschaffung, die unsere Essensgewohnheiten ändern sollte.

«*Genla dé pe da!*» Kommt und schaut euch das an! Das Kind von nebenan rief laut und aufgeregt. Die Szene wirkte fast magisch. Im Park lag eine große Silberscheibe, drum herum standen drei alte Männer in *chubas*, deren Zöpfe lose herunterhingen. Sie streckten die faltigen Arme in die Mitte der Scheibe und zuckten erschrocken zurück, als sie sich in der Konzentration der Strahlen die Finger verbrannten. Ein Solarkocher, strahlte unser *lingdao*. Auch wir verbrannten uns die Hände und staunten über den Teekessel, der dicke Dampfringe ausstieß.

«*Chu khol ba! Kama sum du!*» Das Wasser kocht! Nach drei Minuten! In einer seltsamen Mischung aus uraltem Ritus und Schöner Neuer Welt umstanden die Nomaden die Silberscheibe und bewunderten die Kraft der Sonne.

Ständig rechnete ich damit, eines Morgens aufzuwachen und festzustellen, daß unser Leben in Tibet zur Routine geworden war. In gewisser Hinsicht war es auch so. Wir standen mit dem Lautsprecher auf, versuchten, einer ächzenden, eingefrorenen Pumpe etwas Wasser zu entlocken und trugen es in Metalleimern in unser Zimmer, steckten den Ofen an – und wenn wir Glück hatten, gab es sogar für ein paar Stunden Strom. Wir gingen durch den Park in unser Klassenzimmer, kehrten zum Mittagessen zurück, spazierten am Fluß entlang, schlenderten über den Markt, besuchten Freunde. Die meisten Hausarbeiten dauerten länger als in England, kamen mir jedoch überraschenderweise nicht lästiger vor. Das Geschirrspülen an der Pumpe ging mir bald ebenso selbstverständlich von der Hand wie das Einräumen einer Geschirrspülmaschine, und der Haufen schmutziger Kleider wirkte nicht bedrohlicher als ein Sack Kleider auf dem Weg zum Waschsalon. Selbst die mühsamsten Arbeiten wurden durch die Gesellschaft von Freunden weniger unangenehm, und obgleich der Reiz des Neuen langsam schwand, blieb nicht die stumpfsinnige Plackerei übrig, die ich befürchtet hatte. Es kommt einfach kein Stumpfsinn auf, wenn Adler die Berggipfel umkreisen, während man seine Wäsche schrubbt; wenn die ersten Sonnenstrahlen das Gold des Jokhang-Tempels streifen, während man seinen Müll zur Latrine bringt; oder wenn die Latrine selbst einen einmaligen Blick über die Dächer Lhasas bietet und am späten Nachmittag das schräg einfallende Licht den Potala in Silber taucht.

Die Latrine war ein nur nach Geschlechtern getrenntes Gemeinschaftsklo und wurde von der gesamten Nachbarschaft benutzt. Auf der Frauenseite gab es acht Löcher ohne Seitenwände nebeneinander. Sie gehörte jedoch zu den hygienischsten Latrinen dieser Art, die ich in chinesischen Einrichtungen gesehen habe. Der Erdboden wurde täglich gefegt, der Abfall dämmte die ekelerregenden Fluten ein, und die Kälte wirkte desinfizierend. In Wuhan waren die Latrinen im Sommer stets von einer übelriechenden Aura umgeben. Dafür hatten wir dort nie gemeinsam mit den Studenten auf dem Klo hocken müssen.

In der ersten Zeit stahlen sich die jungen Mädchen in die äußersten Ecken und schauten verlegen auf den Boden, besonders, wenn wir die Männer auf der anderen Seite hören konnten: Zeh, Fuß, Bein – hörten wir eines Morgens durch die Ritzen der Lehmwand einen Studenten seine Lektion repetieren. Knie, Schenkel... Stille und prustendes Gelächter.

Die Gespräche der Mädchen um uns herum verstummten. Aus dem Augenwinkel sah ich Rosemary grinsen, dann konzentrierte ich mich wieder darauf, den herrlichen Ausblick zu genießen.

Schon seit einer ganzen Weile hatte ich bemerkt, daß die Tibeter uns verwirrt anschauten, wenn wir sie begrüßten. Sie machten erstaunte Gesichter oder kicherten verdutzt und stammelten ihre Antwort, als müßten sie sich entschuldigen. Ich hielt es für Schüchternheit und gewöhnte mir an, sie beruhigend anzulächeln, während ich sie weiterhin so ansprach, wie es uns ein Tibeter in Nepal beigebracht hatte. Schließlich rückte Lhamo mit dem Grund für die Verlegenheit der Tibeter heraus.

Sie kam eines Tages prustend in unser Zimmer gestürmt und warf sich lachend aufs Bett.

«Der Pförtner hat mir gerade erzählt...» Sie konnte vor Lachen nicht weiterreden. Nach einer Weile nahm sie einen zweiten Anlauf. «Er hat mir erzählt, ihr würdet jeden Morgen...» Sie gluckste und schnappte nach Luft.

«Womit haben wir uns jetzt schon wieder in die Nesseln gesetzt?» fragte Rosemary gut gelaunt. In der vorigen Woche war ein besonders frommer Schüler bei uns zu Besuch gewesen, und in einem unbedachten Augenblick hatte ich ein Insekt erschlagen, das über den Tisch gekrabbelt war. Erst als er es entsetzt ins Freie trug, hatte ich mich daran erinnert, daß im Buddhismus das Töten von Lebewesen verboten war. «Was haben wir diesmal falsch gemacht, Lhamo?»

«*Tashi Delek.*»

«Was?»

«Alle sagen, ihr würdet zur Begrüßung *Tashi Delek* sagen.»

«Und? Das heißt doch ‹Guten Tag›, oder nicht? Jedenfalls haben uns das die Tibeter in Nepal erzählt.»

«Es heißt ‹Viel Glück›», sagte sie und versuchte mühsam, ihr Kichern zu unterdrücken. «Und in Lhasa sagen wir das nur zu Neujahr.»

«Was! Du meinst, wir haben seit zwei Monaten jedem ein frohes neues Jahr gewünscht, und niemand hat uns darauf aufmerksam gemacht?»

«Nicht nur das», sagte Rosemary trocken. «Sie haben unseren Wunsch jedesmal erwidert.»

Manchmal kamen wir uns vor wie Kinder in einer Erwachsenenwelt. Wir wußten oft einfach nicht, wie wir uns verhalten sollten. Selbst die nebensächlichste Handlung war mit religiösen Vorschriften und traditionellen Ritualen belegt. Als Neuling war man ständig in Gefahr, in irgendein Fettnäpfchen zu tapsen.

Wir machten langsam Fortschritte, doch um wirklich akzeptiert zu werden, braucht es wahrscheinlich mehr als das Lernen tibetischer Verhaltensregeln. In Wuhan hatte man uns selten wie Gleiche behandelt. Chinesen legen an Ausländer schlichtweg andere Maßstäbe an. Die Jahrzehnte der Isolation und das Vermächtnis des aus früheren Erfahrungen entstandenen Fremdenhasses reduzierte alle Ausländer auf die Verkörperung maoistischer Parolen. Für viele Chinesen, die wir kennenlernten, waren Fremde ohne Ausnahme Kapitalisten, dekadent und unmoralisch.

In Lhasa gab es einen alten Mann, der von Zeit zu Zeit unsere Arbeitseinheit besuchte. Weil er wußte, daß wir Ausländerinnen waren, redete er mit uns, als seien wir taub. Eines Tages kam er in unser Zimmer gelaufen und begann, wie wild in die Luft zu pusten. Ich verstand ihn nicht. Er machte eine Geste, als müsse er sich übergeben. Offenbar war es dringend. Es ist jemand krank geworden? Nein. Er zeigte auf seine Lippen. Er wollte mit mir sprechen? Er verlor die Geduld, nahm mich am Arm und zerrte mich die Stufen hinunter. Das Telefon klingelte.

Später wurde daraus zwischen uns ein richtiges Spiel. Er hatte uns Tibetisch sprechen gehört, war jedoch nach wie vor fest davon überzeugt, daß man mit uns nur in der Zeichensprache kommunizieren könne. Wenn er mit den Fingern zwei Kreise formte und sie sich vor die Augen hielt, hieß das nicht «Tragen Sie eine Brille?» oder «Ich trage eine Brille», sondern «Haben Sie schon die Bilder entwickeln lassen, die Sie neulich von mir gemacht haben?» Und weil wir so lange brauchten, um seine Zeichen zu verstehen, lieferten wir ihm den deutlichsten Beweis für unsere Begriffsstutzigkeit.

Ich hatte mich bereits damit abgefunden, daß wir für die meisten Leute immer Fremde sein würden, doch der Wunsch, akzeptiert zu werden, war noch immer sehr stark. Manchmal kam ich mir vor wie ein anderer Mensch, eine Persönlichkeit, die nichts mehr mit mir selbst zu tun hatte, die sich schwach gab, bei jeder Gelegenheit kicherte, vom Alkohol nervös wurde und nicht in der Lage war, allein etwas zu unternehmen. Und manchmal, wenn wir mit dem Rücken zum Fenster Bier tranken, damit die Nachbarn uns nicht sehen konnten, oder mit lächerlich schlechtem Gewissen ins Teehaus, eine reine Männerdomäne, schlichen, fragte ich mich, warum ich mich eigentlich so verstellte. Im Sommer war es noch schlimmer: Ich schwitzte höflich in einer Winterjacke, während die Männer in ihren T-Shirts herumsaßen; ich sah ihnen beim Schwimmen im Tsangpo zu und blieb verschämt bei den Mädchen am Ufer sitzen. Und trotzdem, wenn die Leute uns sagten, wir seien «gar nicht wie Fremde», fühlte ich mich auf absurde Weise zufrieden.

Aber es war in Lhasa nicht immer so gewesen. Es hatte eine Zeit gegeben, in der die tibetischen Frauen freier gewesen waren als die Frauen im Westen, sie hatten gemeinsam mit ihren Männern gegessen, gestritten und getrunken. Bei den ersten Reisenden aus dem Westen waren die tibetischen Frauen nicht nur für ihre Offenheit berühmt gewesen, sondern auch für die hohe Position, die sie in der Gesellschaft innehatten. Jetzt schienen sich nur noch die älteren Frauen und Mädchen wie Lhamo, die auf dem Land aufgewachsen waren, etwas von dieser selbstverständlichen Sicherheit bewahrt zu haben; die neue Generation relativ gebildeter Lhasaer Mädchen wuchs in einem Klima der Hemmungen und Einschüchterungen auf. Es war, als hätten sie die Verschämtheit ihrer chinesischen Geschlechtsgenossinnen übernommen. Im Unterricht kicherten sie, wenn sie angesprochen wurden, und schlugen errötend die Hände vors Gesicht. Wenn die Pause begann, huschten sie aus dem Klassenzimmer, drängten sich auf dem Hof zusammen und hielten ängstlich Abstand zu den Männern. Selbst bei geselligen Zusammenkünften mußten sie erst dazu überredet werden, etwas zu sagen. Es war, als hätte sich eine Wolke des kommunistischen Puritanismus über die Stadt gesenkt und das traditionelle Selbstbewußtsein der tibetischen Frauen unter sich begraben.

Ein vorbildlicher Rotgardist ━━━━

«Ah ha! Da sind Sie ja endlich. Ich habe Ihnen rohe Enten-
innereien mitgebracht – eine echte Delikatesse.» Mr. Li
steckt den Kopf durchs Fenstergitter und wirft ein Bündel neben mein Bett.

Es ist halb zwei, *xiuxi*, Zeit für die Mittagsruhe. Rosemary
ist in die Stadt gegangen, und ich habe wenig Lust aufzustehen. Mr. Lis tägliche Besuche lassen uns den Nachteil unserer
freien Aussicht auf die Berge spüren: Jeder, der draußen vor-
übergeht, hat einen freien Blick in unser Zimmer, und es gibt
keine Möglichkeit, Besuchern zu entfliehen. Das Zimmer
läßt sich nur von außen durch ein Vorhängeschloß verschlie-
ßen, so daß wir schlecht so tun können, als seien wir ausgegangen, auch wenn wir die Vorhänge am Fenster zugezogen
haben. Am Tag davor hatte mir Mr. Li einen Stapel Zeitungs-
artikel mit der offiziellen Darstellung der alten tibetischen
Gesellschaft mitgebracht – seiner Meinung nach der Beweis
für die Barbarei im alten Tibet. Die Artikel bestanden aus sen-
sationslüsternen Schilderungen angeblicher Greueltaten:
*Sehnen wurden benutzt, um lebenden Menschen die Herzen
herauszureißen, mit Messern schlitzte man ihre Nasen auf.
Leibeigene wurden von ihren Besitzern zur Strafe in Höhlen
voller Skorpione geworfen. Man stach den Leibeigenen die
Augen aus, nur weil sie zufällig gesehen hatten, wie die Besitzer ihre Töchter vergewaltigten.*

Am Anfang entzog sich mir die Logik dieser Artikel völlig.
Ich kannte kaum einen Tibeter, der zur alten tibetischen Gesellschaft zurückkehren wollte. Während Shangri la, soweit
ich wußte, eine westliche Schöpfung war, traf das makabre
Bild, das die Chinesen beschworen, ebensowenig zu. Doch

wie auch immer die alte Gesellschaft in Tibet beschaffen gewesen sein mag, sie war vor mehr als einer Generation zerstört worden. Und das Beispiel einer modernen tibetischen Gesellschaft jenseits der Grenze zu Indien ließ das von der chinesischen Regierung als Mittel zur Abschreckung und zur Legitimation der eigenen Anwesenheit ausgemalte Bild von der Hölle auf Erden als anachronistische Absurdität erscheinen.

«Hey, Miss Catriona! Miss Catriona!» Mr. Li klopfte an die Tür. «Hey, Mimi, wach auf!» Bei dem Gedanken an meinen chinesischen Spitznamen mußte er lachen – ein chinesischer Schüler hatte mir in einem leichtfertigen Moment diesen Namen gegeben – es war das Wort, mit dem man in China Katzen ruft.

«Mimi, Mimi – ich bin's!»

Hätte es am Tag davor nicht ein Gespräch gegeben, in dem seine Absichten deutlich geworden waren, hätte ich ein schlechtes Gewissen gehabt. «Ich muß Sie so oft wie möglich besuchen», hatte er gesagt und nach einem herzlichen Handschlag meine Finger festgehalten; ich hatte mich sehr geschmeichelt gefühlt.

«Ich muß jeden Tag Englisch üben.»

Nein, ich werde nicht aufstehen.

«Miss Catriona, wachen Sie auf.»

Ich weiß, ich sollte aufstehen und die Tür aufmachen. In China schneien die Menschen ständig bei Bekannten und Freunden herein und können jederzeit damit rechnen, herzlich empfangen zu werden. Ich weiß, daß ich unhöflich bin, aber die Unantastbarkeit der Privatsphäre ist tief in mir verwurzelt: Ich sträube mich dagegen, daß er keinen Respekt davor hat.

«Endlich sind Sie aufgewacht», sagt Mr. Li, lacht über die schroffe Art, mit der ich die Tür öffne, und schlendert ins Zimmer.

«Ah, Sie lesen?» Er hebt das Buch auf, das auf meinem Bett liegt. «Tibetische Geschichte, warum das?»

«Es interessiert mich.»

«Reine Zeitverschwendung.»

Ich sage nichts.

«Sie sollten englische Bücher lesen. Ich habe so viele englische Bücher gelesen... Dickens, Jack London, Galsworthy... Kennen Sie diese Persönlichkeiten der englischen Literaturgeschichte?»

«Ja.»

«Ah, ja, ja. Ich muß oft kommen, um mit Ihnen Englisch zu üben – wir sind beide Individuelle.»

«Individuelle?» Ich schaue ihn verständnislos an.

«Ja, Individuelle», wiederholt er mit Nachruck. «In Lhasa ist es schlimm für uns, die Tibeter sind keine Individuellen.»

«Es tut mir leid, aber ich verstehe Sie nicht.»

«Na ja, Individuelle – Marx, Lao Tzi, Shakespeare, Dickens...»

«Sie meinen Individualisten?» Ich frage mich, ob ich ihn besser verstehen würde, wenn ich weniger mürrisch wäre.

«Nein, nicht Individualisten», sagt er und lacht mich aus. «Individuelle – sie waren klug, intelligent.»

Schließlich dämmert es mir, und ich kann nicht umhin, ebenfalls zu lachen: Wir sind Intellektuelle. Das chinesische Wort umfaßt jeden, der nicht körperlich arbeitet – mit Ausnahme der Tibeter natürlich.

Es hat keinen Zweck zu streiten. Mr. Li hält meine Ansichten schlichtweg für lächerlich. Tibet wird in China offiziell als ‹kulturell rückschrittlich› beschrieben, seine Einstellung sollte mich also nicht wundern. Jedenfalls habe ich heute wenig Lust zu streiten, und da ich nichts anderes habe, was ich ihm anbieten könnte, frage ich ihn, ob er ein Glas *chang* trinken möchte. Dies ruft jedoch nur weiteren Spott hervor.

«*Chang!* Oh, nein, nein. Ich trinke niemals *chang*.»

«Haben Sie es denn schon mal probiert?»

«Nein, bestimmt nicht. Sie dürfen es nicht trinken, es ist schlecht für Ihren Magen.»

Als ich ihm sage, daß ich es gern trinke und auch gut vertrage, ernte ich lediglich Verachtung. Die milchige Farbe und die körnige Struktur des traditionellen tibetischen Getränks erinnern mich an *Lemon Barley*, obgleich der Alkohol in dieser Höhe tückisch wirkt.

«Die Tibeter haben den ganzen Tag über Magenschmerzen.» Auf Mr. Lis Gesicht macht sich selbstgefällige Überlegenheit breit. Er sitzt da und spielt mit den Knöpfen seiner Lederjacke – ein Statussymbol, das er seinem freiwilligen Einsatz in Lhasa zu verdanken hat. Ich starre finster vor mich hin und gebe mir keine Mühe, Konversation zu machen... Natürlich ist es nicht immer so, normalerweise kommen wir gut miteinander aus, können uns auf einer scherzhaften Ebene sehr gut treffen... Aber er hat mich geweckt... Und ich hatte den ganzen Vormittag über Unterricht.

«Ich möchte Ihnen ein paar Bilder von meiner Familie zeigen», sagt Mr. Li, der sich durch mein Schweigen nicht entmutigen läßt. Er holt ein in ein Taschentuch gewickeltes Bündel heraus und zieht seinen Stuhl näher heran. «Das hier wurde in den Bergen in Kunming aufgenommen... Meine Einheit... Das hier ist in Peking... der Tempel des Himmels... der Platz des Himmlischen Friedens...» Bei allen Bildern zeigt er jedoch nicht auf den Hintergrund, sondern stets auf sich, die Gestalt mit steifer, theatralischer Pose im Vordergrund.

«Wo ist Ihre Familie?» frage ich.

«Einen Moment.» Er zieht ein anderes Bild aus dem Stapel, eine Studioaufnahme mit gemalter Landschaft im Hintergrund. Der Fotograf hat den Personen nachträglich rote Wangen und Lippen gemalt. «Meine Frau und meine Tochter. Und ich.»

Die anderen sind nicht wichtig. Er blättert rasch durch die restlichen Fotografien: verblichene Aufnahmen von seinen schon vor langer Zeit verstorbenen Eltern, von Schulkameraden, den jungen Pionieren – und schließlich eine ziemlich beschädigte Miniatur, die er schnell zurücksteckt, ehe ich sie richtig sehen kann.

«Was ist das?»

Er schaut verlegen drein und fummelt zwischen den Fotos herum, als könne er die Miniatur nicht wiederfinden.

«Wer ist das auf dem Bild?»

Das fast bis zur Unkenntlichkeit verblaßte Foto wird von hinten mit einem Klebestreifen zusammengehalten. Er hält es so weit weg, daß ich nur die Zöpfe und den durch den Riß entstellten Mund erkennen kann.

Sie sei einmal seine Freundin gewesen, vor langer Zeit. Sie habe ihn geliebt, aber sie sei ein schlechtes Mädchen gewesen, und er habe sie verlassen. Mr. Li schaut mich an, wartet darauf, daß ich weitere Fragen stelle. Er scheint die eigenen ausweichenden Antworten regelrecht zu genießen. «Ich finde, Sie sind sehr interessiert an meiner Vergangenheit», stellte er unpassenderweise fest und setzt, ohne mir Zeit für eine Antwort zu geben, zu seiner Geschichte an. Langsam dämmert mir, daß er das ganze Gespräch vielleicht schon vorher geplant haben könnte. Aber zu welchem Zweck? Sein Englisch ist flüssig, und seine wenigen Fehler sind so amüsant, daß ich mich manchmal frage, ob er sie absichtlich einfließen läßt.

«Ich habe meine Jugend in der sogenannten Großen Proletarischen Kulturrevolution verloren», sagt er, und sein Gesichtsausdruck wird plötzlich ernst. «Ich war ein Rotgardist, wissen Sie. Ein sehr guter Rotgardist sogar. Ich war auf dem Platz des Himmlischen Friedens dabei, als der Vorsitzende Mao die sogenannte Große Proletarische Kulturrevolution ausgerufen hat. Das war im August 1966. Es kam mir alles so aufregend vor – Tausende und Abertausende von Menschen waren auf dem Platz versammelt, und alle riefen: ‹Lang lebe der Vorsitzende Mao.› Ich glaube, die meisten von uns haben gar nicht kapiert, worum es überhaupt ging. Vielleicht hat niemand es kapiert, aber wir kamen uns sehr wichtig vor. Plötzlich hatten wir Macht, mehr Macht als die Erwachsenen. Wir mußten nicht mehr zur Schule gehen. Statt dessen reisten wir durch ganz China, tauschten mit anderen Rotgardisten revolutionäre Erfahrungen aus.» Mr. Li schließt die Augen, als wolle er die Erinnerung voll und ganz auskosten, und der Nachhall jener Begeisterung bildet ein spürbares Gegengewicht zu seinem nüchternen Tonfall.

«Damals bin ich zum ersten Mal in meinem Leben mit dem Zug gefahren. Ich habe Orte gesehen, von denen ich nie` gedacht hätte, daß ich sie einmal sehen würde, und ich habe nichts dafür bezahlt – nichts für die Fahrkarten, nichts fürs Essen, nichts fürs Schlafen, gar nichts. Wir befanden uns im großen Kampf um die Zukunft des Kommunismus.» Wie selbstverständlich purzeln die alten Phrasen heraus, untermalen klirrend die Erinnerung an vergangenes Heldentum.

Für ihn, wie für Millionen anderer junger Chinesen, begann die Kulturrevolution als großes Abenteuer. Seit Jahrhunderten war die chinesische Jugend mit der konfuzianischen Vorstellung vom kindlichen Respekt gegenüber den Eltern aufgewachsen, und jetzt erlaubte ihnen Mao plötzlich, gegen die Werte der Eltern zu rebellieren. Er forderte sie auf, gegen die Alten Vier zu kämpfen – gegen die alte Kultur, die alte Ideologie, die alten Sitten und die alten Gewohnheiten.Er ermutigte sie, ihre Eltern und Vorgesetzten zu kritisieren, und erlaubte ihnen ausdrücklich, Gewalt einzusetzen, um die revolutionäre Linie zu verteidigen.

«Später durften wir nicht mehr soviel reisen», fährt Mr. Li mit seiner Erzählung fort. «Wir gingen wieder zur Schule, aber wir hatten keinen Unterricht, nur politische Versammlungen.»

«Einige der Lehrer waren vorher sehr streng mit uns gewesen. Sie waren bei den Schülern nicht besonders beliebt. Jetzt konnten wir Rache nehmen. Wir beschimpften sie als Konterrevolutionäre. Wir schrieben Wandzeitungen mit einer Liste ihrer Verbrechen, und wenn uns nicht genug Verbrechen einfielen, erfanden wir welche. Wir zwangen sie, in den *pi dou hui*, den ‹Kampfsitzungen›, vor uns niederzuknien und Selbstkritik zu üben, und die Schüler griffen sie an und demütigten sie.»

Ich höre ihm zu und versuche, mir Mr. Li in dieser Situation vorzustellen – wie manchmal, wenn ich die Menschen auf der Straße anschaue und mich frage, wie es ihnen damals wohl ergangen ist. Was ist hier an dieser Stelle alles geschehen? Wie hat dieser Mensch sich verhalten? Doch wie ein stiller See, der uns mit dem Spiegelbild der Normalität beruhigen will, hat sich eine glatte Oberfläche über der Gewalt jener Jahre geschlossen.

«Der Direktor hat die schlimmste Strafe bekommen», fährt Mr. Li fort. «Er wurde jeden Tag geschlagen und mußte die Latrinen saubermachen. Wir haben ihm einen Autokühler um den Hals gehängt und einen gußeisernen Hut aufgesetzt, auf den wir in großen Buchstaben das Wort ‹Revisionist› geschrieben hatten. Der Hut war so schwer, daß er kaum stehen konnte – von Zeit zu Zeit ist er in Ohnmacht gefallen, dann haben wir ihm kaltes Wasser übergeschüttet, damit er wieder zu sich kam.»

«Und was war mit Ihrer Freundin?» frage ich ihn, denn mir fällt ein, daß er eigentlich von ihr erzählen wollte. Er lacht.

«Sie war die Tochter des Direktors! Deshalb konnte ich sie nicht mehr lieben. Ich konnte doch unmöglich in die Tochter eines Reaktionärs verliebt sein. Ich habe sie ignoriert. Lange Zeit hat sie versucht, mit mir zu sprechen, aber ich bin ihr jedesmal ausgewichen. Dann brachen die Roten Garden in ihr Haus ein und zerstörten alles. Sie schlugen ihre Mutter und zwangen meine Freundin... äh... Dreck zu essen. Danach hat auch sie mich ignoriert.»

Mr. Li nimmt seine Tasse und schlürft vorsichtig den Tee durch die schwimmenden Blätter. Ich schaue ihn an und versuche, die Gefühle hinter seinen Worten zu erahnen. Er verbarrikadiert sich hinter seinem Lachen, tut fast so, als erzähle er mir Anekdoten aus der Vergangenheit eines anderen Menschen. Die meisten Chinesen suchen die Schuld für die Exzesse der Kulturrevolution bei den «schwierigen Zeiten» oder der «Viererbande» um Maos Frau, aber Mr. Li behauptet, keine Reue zu spüren.

Später jedoch, als er über sein eigenes Schicksal spricht, ändert sich seine Einstellung.

«Die sogenannte Große Proletarische Kulturrevolution hat meine Jugend zerstört», erklärt er mir. «Zehn verlorene Jahre nennt man sie jetzt, und so war es auch. Es war eine schlechte Zeit, eine sehr schlechte Zeit. Und für mich war sie verheerend.»

«Für Sie? Ich dachte, Sie wären ein vorbildlicher Rotgardist gewesen.»

«Ja, das war ich auch. Ich war ein sehr guter Rotgardist», sagt er, und Bitterkeit mischt sich in seine Stimme. «Vielleicht war ich zu gut. Jedenfalls änderten sich die Dinge plötzlich. Ich wurde aufs Land geschickt, in eine schrecklich bergige Gegend. Zur Umerziehung. Plötzlich hieß es, ich bräuchte Umerziehung. Fürchterlich. Verheerend.»

«Warum zur Umerziehung? Waren Sie plötzlich auf die kapitalistische Linie eingeschwenkt?» Ich kann der Versuchung zum Spott nicht widerstehen.

«Oh, nein, nein, nein», kichert Mr. Li. «Wir waren in Peking, und mein Revolutionäres Regiment, die ‹Kämpfer bis zum Tod für Mao Zedong›, halfen dabei, Gebäude und Tempel zu zerschlagen. ‹Zerschlagt die Vergangenheit›, hieß es damals. ‹Zerstört das Alte und baut das Neue.› Und dann stand auf einmal die britische Botschaft in Flammen.»

«Sie hat gebrannt?» Ich schaue Mr. Li erstaunt an.

«Ich war nicht daran beteiligt», beteuert er, und eine alte Angst flackert in dem Muskel unter seinem Auge. Plötzlich bereut er offenbar, überhaupt davon gesprochen zu haben.

Er habe sie nicht in Brand gesteckt, versichert er. Er habe sich auf dem Weg ins Ausländerviertel verirrt und sei zu spät gekommen. Er habe den Moment des Triumphs und das Lob für die revolutionäre Tat verpaßt. Aber später, als die Taten der Roten Garden neu bewertet wurden und plötzlich als Exzesse galten, denunzierten ihn seine Kameraden und machten ihn zum Sündenbock. Er wurde in die Wildnis der Mandschurei geschickt, um für die konterrevolutionären Vergehen seines Regiments, für ihre Verbrechen gegen Mao und den Kommunismus zu sühnen.

«Oh, es war schrecklich. Ich mußte mit den Bauern leben», sagt Mr. Li und spuckt die Worte so verächtlich aus, als wäre ihm selbst ihr Klang widerwärtig. «Sie waren furchtbar schmutzig, ihr Essen war armselig, und sie ließen mich schrecklich hart arbeiten. Ich bin kein Bauer. Ich war nicht an körperliche Arbeit gewöhnt. Auf einmal mußte ich Schweineställe ausmisten, graben, pflanzen… Igitt, am liebsten möchte ich gar nicht mehr daran denken.»

Mr. Lis abgrundtiefe Verachtung für die Bauern ist nichts Neues für mich. Während er weiterspricht, erinnere ich mich an ähnliche Erfahrungen während meines Aufenthalts in China. Ich denke daran, wie ungläubig meine Studenten reagierten, als sie erfuhren, daß ich, ihre Dozentin, in England auf dem Land aufgewachsen war. Dann erinnere ich mich an Xiao Ye, unsere beste Studentin. Ihr Englisch war fast fehlerfrei. Wir gaben ihr bei den Prüfungen die besten Noten, was im Normalfall bedeutet hätte, daß sie an der Universität bleiben und unterrichten konnte. Aber sie war eine Bauerntochter. Die Führer sagten uns, sie habe im Englischen einen seltsamen Akzent und tilgten heimlich gute Noten aus ihren Zeugnissen. Auf diese Weise erreichten sie, daß an ihrer Stelle eine «Stadtstudentin» an der Universität blieb. Seit 1949 bemüht sich die chinesische Regierung, diese elitäre Haltung auszurotten. Die *Xia-fang*-Kampagne, in deren Verlauf in den siebziger Jahren junge Leute aus der Stadt aufs Land geschickt wurden, damit sie das Leben der Bauern kennenlernten, zielte ebenfalls in diese Richtung. Doch als ich die Verachtung in Mr. Lis Tonfall höre, wird mir noch einmal klar, wie schwierig es ist, die Kluft zu überbrücken, die sich seit Tausenden von Jahren in China zwischen Stadt und Land aufgetan hat.

Mr. Li spricht noch immer von seinem entwürdigenden Leben auf dem Lande und schimpft über die schrecklichen Bauerntölpel, die er kaum ertragen konnte. Ich frage mich, wie sie ihn ertragen haben – diesen arroganten jungen Mann, der sie und ihre gesamte Lebensart aus vollem Herzen haßte, der sich, seinen eigenen Worten nach, bei der körperlichen Arbeit äußerst ungeschickt anstellte und letztlich für sie nur ein weiteres Maul darstellte, das es zu füttern galt?

Schließlich steht Mr. Li auf; er sagt, er müsse zu einem äußerst wichtigen Treffen. Es täte ihm leid, mich zu verlassen, aber wir könnten in Zukunft ja noch oft Spaß zusammen haben. Dann grinst er. Anscheinend ist ihm eine neue Idee gekommen.

«Ich lade Sie höflich ein, mit mir das Neujahrsfest zu verbringen», erklärt er und zieht seinen weißen Mundschutz über die Nase. Während unseres gesamten Gesprächs baumelte der Mundschutz über seinem Ohr und klappte jedesmal, wenn er den Kopf bewegte, über sein Gesicht.

«Ich bin sicher, daß Sie noch nie einen so höflichen Menschen kennengelernt haben wie mich», flötet er, sein Gesicht nah an meinem.

«Nein, Mr. Li.»

«Gut.»

«Aber ich kann nicht kommen. Ich habe einigen meiner Schüler versprochen, mit ihnen zu feiern.»

«Was?»

«Ich kann nicht kommen.»

Er sieht geknickt aus. Vielleicht will er aber auch nur, daß ich ein schlechtes Gewissen habe. Jedenfalls läßt er nicht locker. «Dann das Frühlingsfest.»

«Gut, abgemacht.»

Während ich ihm zuschaue, wie er sich für die Kälte wappnet – Lederjacke, Lederhandschuhe, «Qualitätsarmbanduhr» –, frage ich mich, wie es seiner Bauernfamilie im Vergleich zu ihm heute gehen mag.

«Zehn verlorene Jahre», seufzt er noch einmal auf dem Weg zur Tür. «Ah, wie ich gelitten habe. Jeden Tag, wissen Sie – jeden Tag hätte ich mich fast aufgehängt und Selbstbedienung begangen.»

Eigentlich hatten wir uns vorgenommen, Weihnachten in diesem Jahr einfach zu ignorieren. Im Jahr davor hatte ich den 25. Dezember in einem Zug auf einer Fahrt durch Südchina im oberen Bett eines Waggons der Holzklasse verbracht; in einem ständigen Kampf gegen das Ruckeln und Rattern des Zuges hatte ich meine Gedanken nach Hause gerichtet, hatte an Weihnachtskuchen, Glühwein und Mitternachtsmessen gedacht und an die Berge von Geschenkpapier am Weihnachtsmorgen. Aber unsere Schüler in Lhasa waren davon überzeugt, daß wir unter Heimweh litten. Seit Wochen hatten sie westliche Touristen angesprochen und darüber ausgefragt, wie wir Weihnachten feierten. Es wurde eine Party geplant, und Mitte Dezember lieferte ein Lastwagenfahrer, der gerade mit der Apfelration seiner Einheit aus Kongpo gekommen war, bei uns einen Nadelbaum ab.

Am 24. Dezember erschien eine aufgeregte Abordnung in unserem Zimmer. «Uns war nicht klar, daß morgen Weihnachten ist», ertönte eine Stimme, noch ehe ich die Tür geöffnet hatte. Es war der Schüler, der die Idee mit der Party ausgeheckt hatte. Er hatte einmal in einem Film ein europäisches Weihnachtsfest gesehen.

Die Party war für den Nachmittag vorgesehen, doch wie sich herausstellte, fiel Weihnachten ausgerechnet mit dem Tag der politischen Schulung zusammen. Vor Arbeit konnte man sich drücken, Unterricht konnte man schwänzen, aber niemand in Lhasa konnte es sich erlauben, der politischen Schulung am Donnerstagnachmittag oder der Gemeinschaftsarbeit am Samstag fernzubleiben. Die Staatsangestellten wurden von den Parteisekretären ihrer Arbeitseinheit zur

Schulung einberufen, normale Bürger von den Führern ihrer Nachbarschaftskomitees.

Die Politik hinge ihnen zum Hals heraus, stöhnten die Schüler, und ihre Worte erinnerten uns an die ewigen Klagen unserer Studenten in Wuhan. Den örtlichen Parteisekretären schien es nicht besser zu gehen. Donnerstag für Donnerstag wurden die neuesten Direktiven vor einem Publikum abgespult, das in Romane, Strickzeug oder den letzten Klatsch vertieft war. Nahm man nicht an den Sitzungen teil, mußte man öffentlich Selbstkritik üben. Hatte einen der Parteisekretär jedoch erst einmal auf der Anwesenheitsliste abgehakt, konnte man machen, was man wollte.

Unsere Schüler waren besorgt. Sie wollten nicht glauben, daß es uns nichts ausmachte, Weihnachten schon am Heiligabend zu feiern. Aber nach fünf Tassen Tee hatten wir so überzeugend auf sie eingeredet, daß sie plötzlich dachten, sie hätten sich von Grund auf geirrt und wir machten uns überhaupt nichts aus Weihnachten.

«So ist das nun auch wieder nicht. Wir wollen bloß nicht, daß ihr unseretwegen die politische Schulung verpaßt», tröstete ihn Rosemary. «Wir können morgen allein feiern.»

Lachend schlug ich vor, wir könnten ja bei der Schulung feiern, und sie gingen kichernd davon.

Selbst in der relativ entspannten Atmosphäre jener Zeit hätte man uns nie erlaubt, an den politischen Schulungen teilzunehmen. Wir hatten schon in Wuhan danach gefragt, und man hatte uns zu verstehen gegeben, daß die Schulungen für uns nicht von Interesse seien. Zu oft betrafen die Direktiven Ausländer oder die Bösartigkeit des westlich orientierten, bürgerlichen Liberalismus, und mit enervierender Schnelligkeit änderte sich die jeweilige Linie der Partei.

In Wuhan hatten wir nur das Leben in der staatlichen Arbeitseinheit kennengelernt. In Lhasa, wo der größte Teil der tibetischen Bevölkerung keiner Arbeitseinheit angehörte, war das Nachbarschaftskomitee wichtigstes Organ politischer Kontrolle. Doch zu jener Zeit verliefen auch diese Versammlungen relativ locker. Sie wurden in den Innenhöfen der Häuser abgehalten. Die Führer waren weniger mit ideologischen Fragen als mit lokalen Angelegenheiten beschäftigt. Die Menschen wurden ermahnt, die Straßen sauberzuhalten, ihre Häuser abzuschließen und Vorkehrungen gegen den Ausbruch von Bränden zu treffen. Die Treffen waren zu einer Routineaufgabe geworden, ein weiteres Überbleibsel aus den sechziger und siebziger Jahren, als die Überwachung jedes einzelnen die wichtigste Aufgabe der Nachbarschaftskomitees darstellte. Damals waren die Schulungen das typische Forum für die *pi dou hui* (Tibetisch *thamzing*) gewesen, die berüchtigten «Kampfsitzungen», wie sie auch Mr. Lis Schuldirektor über sich ergehen lassen mußte.

Niemand wollte mehr an diese Zeit erinnert werden. «Die Schrecken der Kulturrevolution sind vorbei und kommen niemals wieder», lautete eine Lieblingsparole jener Zeit. Aber bereits im folgenden Sommer gab es erste Anzeichen dafür, daß der Apparat der politischen Kontrolle keineswegs zerschlagen war. Die politischen Schulungen bekamen wieder einen ernsteren Charakter. Es hieß, die Menschen sollten «ihr Denken vereinheitlichen», die ideologische Schulung sollte verbessert werden. Es war ein Vorgeschmack auf zukünftige Entwicklungen. Gegen Ende 1987 ähnelten die politischen Schulungen zunehmend dem aus der Zeit der Kulturrevolution gewohnten Bild. Während der Versammlungen wurden wieder Menschen verhaftet, weil sie sich der Parteilinie nicht unterwerfen wollten.

Einer von Lhamos Freunden kannte einen Muslim, der uns ein besonders gutes Stück Hammelfleisch für die Party verkaufen wollte. Yak-Fleisch war nicht festlich genug, und Geflügel war, wie uns Mr. Li erklärte, in Lhasa nur sehr schwer aufzutreiben. Tibeter aßen kaum Geflügel, denn verglichen mit einem Yak, von dem sich eine ganze Familie unter Opferung eines einzigen Lebens wochenlang ernähren konnte, galt Geflügel vom religiösen Standpunkt aus gesehen als höchst unökonomisch. Zwar erlaubte das rauhe Klima den Tibetern nicht, dem buddhistischen Gesetz zu folgen und ganz auf Fleisch zu verzichten, das Schlachten überließen sie jedoch grundsätzlich den Muslimen.

Also gingen Lhamo und ich am Morgen des 24. Dezember noch vor Sonnenaufgang auf den Markt. Die Kälte reinigte die Luft von allen Marktgerüchen, nur gelegentlich wurden wir von warmen Duftschwaden umfächert. Zwischen den Tierkadavern und den in Häuten aus Yak-Darm zusammengehaltenen Butterblöcken verrichteten die Menschen, ehe das Marktgeschäft begann, ihre Gebete.

Wir fanden Lhamos Freund auf dem Barkhor, wo er gerade mit einer *korwa*, einer Umrundung des Jokhang-Tempels, beschäftigt war. Fünf Stunden lang hatte er sich bereits unermüdlich auf den gefrorenen Boden geworfen. Um sich besonders verdient zu machen, zögerte er die Umrundung dadurch hinaus, daß er sich nicht der Länge nach, sondern seitwärts voranrobbte. Sein nackter Oberkörper war beschmutzt, und er wirkte erschöpft. Ein religiöser Anstecker, den er sich in die nackte Schulter gesteckt hatte, zeugte von ungewöhnlicher Hingabe an den Glauben.

Lhamo ging auf ihn zu.

«Sollen wir nicht warten?» fragte ich, denn ich wollte ihn nicht unterbrechen.

«Warten!» Sie lachte. «Wozu?»

Wozu? Ich wußte es nicht. Der Mann machte nicht den Eindruck, als ob wir ihn gestört hätten.

«Das Schaf?» Er lächelte und führte uns am Ende der Fleischgasse an einen Stand, an dem zwei muslimische Frauen sich auf ihre Ellenbogen stützten und mit Wedeln aus Yakschwänzen träge nach imaginären Fliegen schlugen.

«Wir möchten etwas Schafsfleisch», sprach Lhamos Freund eine von ihnen an.

«Wir brauchen nicht sehr viel.» Auf der Suche nach dem besten Stück drehte Lhamo das tote Schaf hin und her. Für mich sah es nicht anders aus als die anderen Tierleiber um uns herum, aber die Muslime genossen seit dem siebzehnten Jahrhundert in Lhasa den Ruf, hervorragende Schlachter zu sein.

Wabarling, das muslimische Viertel, war ihnen vom Fünften Dalai Lama zugeteilt worden. Der Überlieferung nach schoß er vom Dach des Potala einen Pfeil ab und erlaubte ihnen, an der Stelle, wo der Pfeil auf den Boden traf, einen Tempel zu bauen und ihrer eigenen Religion nachzugehen. Heute kommen immer mehr Einwanderer aus den chinesischen Provinzen Qinghai und Gansu nach Lhasa, um hier ihr Glück zu versuchen, und die Mitgliederzahl der muslimischen Gemeinde hat stark zugenommen.

Die Tibeter haben sich nie in die Religion der Muslime eingemischt, und es hat von beiden Seiten nur sehr wenige Übertritte gegeben.

«Das Leben war für sie nicht leicht», sagte Lhamos Freund, als wir zu den Gebetsperlen zurückkehrten, mit denen die Stelle markiert war, an der er die Umrundung des Jakhong-Tempels unterbrochen hatte. «Anfang der sechziger Jahre war ihre Situation fast schlimmer als unsere.»

«Schlimmer als unsere?» Lhamo schaute ihn an.

«Nun ja, jedenfalls ziemlich schlimm», sagte er und wandte sich wieder seinen Gebeten zu. Jetzt war ich diejenige, die ihn unterbrach. Ich hatte vor nicht langer Zeit mit einigen muslimischen Mädchen über die Arabischstunden gesprochen, die es seit der Liberalisierung an den Grundschulen gab. Von Neugier getrieben, fiel ich mit der Tür ins Haus:

«Haben sie während der Kulturrevolution stärker gelitten als andere Bevölkerungsgruppen?»

«Nein, das war noch vor der Kulturrevolution», sagte er und wickelte die Gebetsperlen um sein Handgelenk. «1962 sagten die Muslime, sie wollten zurück nach Kaschmir gehen. Die gesamte muslimische Gemeinde hat vor dem Regierungsgebäude demonstriert. Sie meinten, sie seien keine Chinesen, und weigerten sich, irgend etwas mit den Chinesen zu tun zu haben. Ihre Kinder gingen nicht zur Schule, und die Staatsangestellten blieben der Arbeit fern. Selbst die Muslime, die man auf chinesische Universitäten geschickt hatte, kehrten zurück. Mehrere Jahre lang verweigerten sie chinesische *hukou* und Lebensmittelrationen. Sie beschränkten sich auf körperliche Arbeiten und halfen sich gegenseitig bei der Versorgung mit Lebensmitteln.»

«Und während der Kulturrevolution? Konnten sie sich da auch abseits halten?»

«Nein. Sie hatten Kampfsitzungen und Straßenkomitee-treffen wie alle anderen auch.»

Wir standen da und schauten ihm noch eine Weile bei der Umrundung des Jakhong-Tempels zu. Jedesmal, wenn er die Hände über den Kopf erhob, wiederholte er sein Gebet, und während er dann zu Boden fiel, sank auch seine Stimme. Ich lauschte angestrengt. Noch Jahre später erinnerte ich mich an das Sinken seiner Stimme, und dieser einzige Ton rief die ganze Szene wieder in meinem Gedächtnis wach.

Ich konnte Lhamos Begeisterung über die ausgezeichnete Qualität des Fleisches, das inzwischen vom Staub der Fahrt bedeckt war, nicht teilen. Rosemary, die uns am Tor entgegenkam, ging es ähnlich. Aber Lhamo kannte sich besser aus als wir, und wir vertrauten ihr. Als wir zu Hause ankamen, strömten die Nachbarn herbei, um unseren Kauf zu inspizieren. Sie brachten kleine Hackbeile mit, um uns beim Zerkleinern zu helfen.

«Was wollt ihr mit dem Fleisch machen?» fragte Lhamo, als wir alle Knochen durchschnitten hatten.

«Na ja… kochen, nehme ich an.»

Unsere Nachbarn rümpften nicht nur über unsere Kochkünste die Nase, sondern auch über unsere häuslichen Fähigkeiten insgesamt. Wir scheuerten unsere Töpfe nicht stundenlang mit Sand aus, der Betonfußboden in unseren Zimmer glänzte nicht wie poliertes Holz, und auf unseren Betten lagen Bücher und Papiere. Wir registrierten mitleidige Blicke, bekamen aber nie Vorwürfe zu hören. Sie entschuldigten uns und erklärten einander, daß wir viel zu hart arbeiten müßten.

«Wozu kochen?» fragte Lhamo. «Das Fleisch ist doch frisch.» Sie schnitt ein Stück ab und steckte es sich in den Mund.

Als Lhamo gegangen ist, gesellen Rosemary und ich uns zu der Menschentraube, die sich um die Pumpe versammelt hat. Wir kennen die Leute nicht, aber wir bemerken ihre musternden Blicke und genießen es, ihren Gesprächen zu lauschen, also waschen wir das Fleisch etwas gründlicher, als wir es sonst vielleicht getan hätten.

«Midons Mann hat aus Peking geschrieben. Er will mehr Geld – sein Stipendium reicht nicht, behauptet er. Na ja, bei ihm weiß man nie. Er tanzt ja so gern… Manche Leute meinen, er kommt nicht mehr zurück. Lhasa ist ihm jetzt zu rückschrittlich. Er ist schon wie ein Chinese.»

In dem Steintrog neben der Pumpe bearbeitet ein kleines Mädchen einen Teppich mit den Füßen. Über den Socken sind seine Beine schon ganz rot vom eiskalten Wasser. «Sie sollte wirklich nicht so hart arbeiten. Diese Familie behandelt sie wie eine Sklavin.»

«Ja, dabei tut Yudon immer so, als sei sie wunder wie religiös. Ständig liegt sie allen damit in den Ohren, wie großherzig es von ihr war, die Kleine aufzunehmen!»

«Also eine kleine Dienerin», sagt Rosemary zu mir, während das Mädchen weiter auf den Teppich stampft, als hätte es die Bemerkungen der anderen gar nicht gehört. Mehrere der tibetischen Adels- und Kaderfamilien, die wir in Lhasa kennenlernten, hatten Dienerinnen – Mädchen vom Lande, die von ihren Eltern in der Hoffnung auf ein besseres Leben nach Lhasa geschickt worden waren. Nicht alle wurden so schlecht behandelt wie dieses Kind. Eine uns bekannte Familie nutzte ihre *guanxi* (Beziehungen), um ihrem Kindermädchen einen Job als Sekretärin zu verschaffen, damit ihre *hukou* (Aufenthaltserlaubnis) auf Lhasa übertragen werden konnte. Der Versuch schlug fehl, da das Mädchen kein Chinesisch sprach.

Jetzt wendet sich das Gespräch einer hochgewachsenen Amdowan zu, die sich, gerade außer Hörweite, über eine Schüssel mit kaltem Wasser beugt und die Haare wäscht. An den kaum bedeckten Brüsten erkennt man die Unbekümmertheit eines Mädchens vom Lande.

«Na, das ist mal eine, die eine gute Partie gemacht hat. Die Familie hatte Beziehungen in Lhasa, ein Cousin hat die Heirat arrangiert.»

«Mit Erfolg, wie man sieht.»

«Ja, und jetzt haben sie auch noch ihre Schwester zu sich geholt, damit sie zur Schule gehen kann.»

Ich schaue zu, wie der Ehemann ihr dabei hilft, das Haar aus den mit Korallen und Türkisen besetzten Broschen zu lösen und die Silbermedaillons abzustreifen, die ihren Scheitel schmücken. Sie ist atemberaubend schön. Ihr Mann ist alt und macht stets ein mürrisches Gesicht, aber er hat eine *hukou*, die auf Lhasa ausgestellt ist. Angesichts der extremen Armut in den ländlichen Gebieten ist die Anziehungskraft der Hauptstadt groß, obgleich es selten vorkommt, daß jemand soviel Glück hat wie diese junge Frau. Aber auch ihr Mann hatte Glück. Lhamo sagte uns, die Tibeterinnen vom Lande seien sehr viel bessere Ehefrauen als die Mädchen aus Lhasa: Sie erwarteten weniger und arbeiteten härter.

Nach einer Weile verstummen die Gespräche, und es sind nur noch die typischen Arbeitsgeräusche zu hören: Kleider werden eingeseift, geschrubbt und gegen die Steine geschlagen; Reis wird in Emailschüsseln ausgewaschen; der Pumpengriff quietscht. Als die Sonne über die Mauer kommt, halten die Leute inne, um sich in den ersten wärmenden Strahlen auszuruhen. In der Stille ist nur das tauende Eis zu hören, das um uns herum auf dem Boden bricht.

Am Nachmittag des 24. Dezember dröhnten plötzlich «Wham's Greatest Hits» aus unserem Lautsprecher. Einer unserer Schüler hatte die Kassette aus Shanghai mitgebracht. Die Musik löste unsere eigenen Stimmen ab, die vorher über den Platz geplärrt hatten: «Na-se, Mu-hund, Fu-huß, Ze-he». Die Studenten unten im Park hatten die Worte im Chor nachgesprochen, und zumindest uns war es so vorgekommen, als hätte ihr Refrain ziemlich spöttisch geklungen.

Gegen sechs Uhr schoben wir die Betten zurück und verbannten den Weihnachtsbaum in eine Ecke. In der Mitte des Zimmers verrenkten sich einige der Männer im Takt der Musik, um mit improvisierten Discotänzen ihre Weltgewandtheit unter Beweis zu stellen. Die Mädchen fanden sich zu einem eleganten chinesischen Foxtrott zusammen. Die Mutigsten ließen sich von den Männern in die Mitte des Zimmers ziehen, wo sie die Augen niederschlugen und mit steifem Rücken zu tanzen begannen.

«Lehrerinnen, zeigen Sie uns den Discotanz! Bringen Sie uns bei, wie man richtig tanzt.»

Die Tanzfläche war plötzlich leer. Alle schauten uns erwartungsvoll an.

«Die Musik ist zu langsam», sagte Rosemary in der vagen Hoffnung, sie damit ablenken zu können.

«Miss Rosemary, Miss Catriona, Sie müssen tanzen. Sie sind bestimmt gute Tänzerinnen.»

«Disco kann man nicht lernen», widersprach ich. «Man bewegt sich einfach nach Lust und Laune.»

Es gab kein Pardon. Verlegen kichernd fanden wir uns auf der Tanzfläche wieder, die uns plötzlich riesig groß erschien, während unsere Studenten lässig an den Wänden lehnten und unsere stümperhaften Bewegungen analysierten.

«Seht ihr? Da gibt es nichts zu lernen.»

«Lehrerinnen, weitermachen, sehr interessant.»

«Für die vielleicht», stöhnte Rosemary.

Schließlich fand dieser peinliche Auftritt ein Ende, wenn auch mit einem disharmonischen Schlußakkord. Obgleich die meisten Gäste Tibeter waren – die Party war ihre Idee gewesen –, hatten wir auch einige chinesische Freunde eingeladen, unter ihnen Siu, den Schüler, dessen Aufsatz mich so bewegt hatte. Wir hatten ihm versprochen, ihn mit unseren tibetischen Freunden bekanntzumachen. Während wir noch tanzten, sah ich ihn mit einer Gruppe anderer Chinesen vor der Tür stehen. Sie waren zu schüchtern, um hereinzukommen. Die Tibeter boten ihnen Tee und Bier an, aber ihre Höflichkeit wirkte aufgesetzt.

«Kommt und tanzt mit uns», sagte Rosemary in der Hoffnung, damit die Spannung etwas abzubauen.

In unserem kleinen Zimmer zusammengepfercht, tanzten die Partygäste streng getrennt nach Nationalitäten: die Chinesen richteten die Gesichter auf Rosemarys Bett, die Tibeter auf meins. Ich nahm Sui am Arm und stellte ihn Lhamo vor, weil ich dachte, von allen Anwesenden wäre sie vielleicht am ehesten in der Lage, ihm die Befangenheit zu nehmen. Doch sie murmelte nur ein paar Worte und drehte sich um. Selbst die gemeinsame Verachtung für das englische Essen stellte kein Bindeglied dar. Nach einer Stunde waren außer Sui alle Chinesen wieder gegangen.

Kurz darauf kam er zu mir, um sich ebenfalls zu verabschieden. Ich wollte ihn aufhalten, aber sein gekränkter Gesichtsausdruck ließ mich verstummen; es hatte wenig Zweck, auf einen zweiten Versuch zu bestehen. Ich begleitete ihn zum Tor.

«Kennen Sie die Sterne?» Ich zeigte halbherzig auf den klaren Himmel.

«Einige davon.»

Er schaute mich an. Ich hatte das Gefühl, ihn furchtbar enttäuscht zu haben. Ich wollte ihn umarmen, wollte ihm zeigen, daß ich ihn verstand, aber er schob sein Fahrrad an, schwang graziös ein Bein über den Sattel und verschwand in der Dunkelheit.

Hinterher versuchten wir uns einzureden, es habe daran gelegen, daß unsere Partygäste sich untereinander nicht kannten. Gleichzeitig ahnten wir, daß mehr dahintersteckte, und die bittere Erfahrung wiederholte sich, bis wir es aufgaben, Tibeter und Chinesen gemeinsam einzuladen. Im Unterricht und bei der Arbeit arrangierten sich Tibeter und Chinesen, weil ihnen nichts anderes übrigblieb. Doch da auf beiden Seiten unendlich viel Mißtrauen herrschte, wurde in der Freizeit jeder Kontakt zur lästigen Pflicht.

Uns war die Partylaune gründlich vergangen. Unsere Schüler hingegen waren bereit, bis in die Nacht weiterzufeiern. Sonam, ein Freund von Lhamo, hatte sich rote Seidenquasten ins Haar geflochten, um den Nikolaus zu spielen. Wir waren ihm dankbar, weil er sich als einziger von unserem Hammeleintopf aufgefüllt, vom Weihnachtskuchen gegessen und den Pudding aus Yakbutter gelobt hatte. Alle anderen hatten dankend abgelehnt. Wieder einmal kämpften wir mit der Etikette zweier verschiedener Kulturen. Um den Regeln der tibetischen Höflichkeit zu entsprechen, hätten wir ihnen das Essen aufdrängen, ja, sie förmlich zum Essen zwingen müssen. Dagegen stand unser englischer Vorbehalt, das Essen könnte ihnen vielleicht nicht schmecken. Jetzt stand es kalt und unappetitlich auf den Tischen im Zimmer herum.

Ich ging nach nebenan, um den Ofen zu schüren, und stieß auf Sonam, der vor *chang* glühte. «*Maya khoroshaya uchitel-*

nitsa.» Meine gute Lehrerin. Weil er kein Englisch konnte, machte er mir auf Russisch Komplimente.

«Aber ich bin doch gar nicht Ihre Lehrerin.»

Dieses Argument beeindruckte ihn nicht im geringsten. Er wandte sich an den alten Mann, der neben ihm saß: «*Ona maya khoroshaya uchitelnitsa.*» Sie ist meine gute Lehrerin.

Der alte Mann schaute mich beschwichtigend an. «Er ist betrunken.»

«Du verstehst nicht, was ich sage. Aber sie versteht mich.» Sonam grinste mich an. Wir verständigten uns in einer Mischung aus dem Russisch, das er nach Stalins Annäherung an China gelernt hatte, meinem mageren Tibetisch und ein paar Brocken Englisch.

«Kamerad.» Er zeigte auf den alten Mann und hob den kleinen Finger – die chinesische Geste für Mißbilligung.

«Du solltest langsam daran denken, die Geschenke zu überreichen», grummelte der Alte. «Du bist ja schon so betrunken, daß du kaum noch stehen kannst.»

«*Maya*...» Sonams Kopf fiel nach vorn, so daß man die schmutzgefüllten Falten in seinem Nacken sehen konnte.

«Er ist hinüber.» Der alte Mann nahm die Flasche mit *chang* und trottete davon, um im anderen Zimmer weiterzufeiern.

Bildungsprobleme

Es gab Zeiten, in denen das Unterrichten rein körperlich sehr anstrengend für uns war. Bei einem Vortrag in fast 4000 Meter Höhe rang man garantiert schon nach wenigen Sätzen nach Luft. Wenn wir vor der Tafel herumsprangen, um ein Wort pantomimisch darzustellen, anstatt es einfach zu übersetzen, liefen unsere Gesichter manchmal puterrot an, was bei unseren Schülern große Heiterkeit hervorrief.

Besonders die Abendkurse waren kräftezehrend. In der ersten Stunde brachte ich einer siebzigköpfigen Klasse die Buchstaben A, B, C, D, E und F bei, schüttelte eifrig Hände und wiederholte endlos «Guten Tag, ich heiße...» Hinterher war ich völlig geschafft. Sechs Abende in der Woche unterrichteten wir, weil meistens der Strom ausgefallen war, bei Gaslicht oder Kerzenschein. Die Privatabendkurse wurden in ganz Lhasa angeboten. Der Preis war hoch, aber auch die Anreize konnten sich sehen lassen: die mögliche Aussicht auf einen besseren Job sowie eine alternative Abendgestaltung, wobei für einige unserer Schüler letzteres ausschlaggebend war.

Die Regierung gab zu, daß es mit dem Bildungssystem in Tibet nicht zum besten stand. Die Volkszählung von 1982, die Mr. Li so gern zitierte, hatte eine Analphabetenquote von 23 Prozent ergeben. In Tibet konnten 78 Prozent der Bevölkerung weder lesen noch schreiben. Bis 1985 sei der Anteil der Analphabeten auf 51 Prozent gesunken, sagte Mr. Li und lobte damit indirekt sich selbst sowie die restlichen Mitglieder seiner Kantoner Abordnung. Schließlich gewährten sie Tibet «intellektuelle Unterstützung», wie eine der gängigen Parolen lautete.

Alle waren sich einig, daß hinsichtlich des Bildungssystems in Tibet einiges im argen lag, doch auf der Suche nach der Ursache des Problems wies jeder in eine andere Richtung. Eine Tatsache ließ sich nicht bestreiten: Tibets dünnbesiedelte, zerklüftete Weiten wären für jede Regierung ein Alptraum. «In Tibet gibt es zwei Menschen pro Quadratkilometer, in Zentralchina leben auf jedem Quadratkilometer hundertfünf Chinesen» (Mr. Li).

Wie viele Chinesen, die wir kennenlernten, erwies sich Mr. Li als unerschöpfliche Quelle statistischer Daten. In den wöchentlichen politischen Schulungen spielten Statistiken eine große Rolle. Die Behörden streuten gern in dieser Form Erfolgsmeldungen aus und ließen sich von der Autorität der Zahlen tragen.

Seit Ankunft der Chinesen waren in Tibet drei höhere Bildungseinrichtungen, 14 Mittelschulen, 64 Hauptschulen und 2380 Grundschulen geschaffen worden. Insgesamt befanden sich 147 910 junge Menschen – Tibeter und Chinesen – in der Ausbildung.

Da sich unsere eigenen Erfahrungen nur auf Lhasa beschränkten, war es schwierig, in diesem Strudel von Statistiken festen Grund unter den Füßen zu gewinnen, zumal sich viele Chinesen unbewußt vom Sog der Daten mitreißen ließen, während sich viele Tibeter weigerten, an die Zahlen zu glauben.

Auf der akademischen Ebene wurde offenbar eine ernsthafte volkskundliche Forschung betrieben, obgleich dies aufgrund der Notwendigkeit, sich an die offizielle Linie zu halten, nicht immer ganz einfach war. Die sozialwissenschaftliche Akademie konzentrierte sich fast völlig auf die Erforschung der Geschichte und Sprache Tibets, und an der Universität waren ganze Abteilungen dem Studium der tibetischen Kunst, der tibetischen Medizin und der tibetischen Geschichte vorbehalten. Es schien sich um einen dynamischen Forschungszweig zu handeln, der es sich zum Ziel gesetzt hatte, Tibets kulturelles Erbe zu bewahren.

Kam die Sprache jedoch auf Fächer wie Naturwissenschaften und Technologie, klafften Rhetorik und Realität weit auseinander. Von offizieller Seite hieß es dazu, es würden genug junge Tibeter zur Ausbildung nach Zentralchina geschickt. Es stimmte, daß einige Tibeter ihr Studium in China absolvierten. Doch wenn wir nachfragten, warum an der Universität Tibet in den naturwissenschaftlichen Fächern und im Fach Mathematik fast ausschließlich Chinesen eingeschrieben seien, bekamen wir die alte Leier zu hören: Die Tibeter seien eben zu dumm.

Trotz des ständigen Geredes über Reformen waren sich alle darüber einig, daß die Situation schlecht war. Wie schlecht, das war für uns schwer zu beurteilen. Und wen oder was traf dabei die größte Schuld? Die Zentralregierung? Den Han-Chauvinismus? Die bürokratische Ineffizienz? Die Tibeter? Die Reformen selbst?

Die Tibeter wollten gar nicht studieren, erzählten uns die Chinesen. Für ländliche Gegenden, wo die Kinder noch immer dringend als Arbeitskräfte gebraucht wurden, mochte das durchaus zutreffen. Was unsere Schüler anging, beobachteten wir das Gegenteil.

Im Laufe der Monate bombardierte man uns mit einem solchen Sperrfeuer von Statistiken, daß die Besessenheit anstekkend wirkte. 65 Prozent aller Schüler an den tibetischen Mittelschulen seien Tibeter, sagte man uns. Wenn diese Statistik stimmen sollte, hielt ich dagegen, bedeutete dies, daß die chinesischen Kinder, die nach der Volkszählung von 1982 nur 3,8 Prozent der in Tibet lebenden Kinder ausmachten, 35 Prozent der Plätze in den Mittelschulen besetzten. Mr. Li lachte nur, wenn ich solche Argumente vorbrachte. Aber ich blieb hartnäckig. Ich wußte, daß in den besseren Schulen Lhasas weit mehr als 35 Prozent der Schüler Chinesen waren. Die Schule Yi Zhong, an der ich in den Sommerferien Kurse gab, hatte siebenundzwanzig Klassen, von denen nur zwölf für Tibeter reserviert waren. Die chinesischen Lehrer erklärten mir, diese Aufteilung sei zwar nicht ideal, aber es gebe nun mal nicht genug Klassenzimmer, um an der Schule mehr Tibeter aufnehmen zu können.

Trotz aller anderslautenden offiziellen Lippenbekenntnisse drückten die meisten Chinesen, die wir kennenlernten, ähnliche Ansichten aus. Sie fanden es nur natürlich, daß ihre Kinder bevorzugt wurden. Für sie war es schon hart genug, daß sie überhaupt in Tibet leben mußten, und sie sahen nicht ein, warum sie noch weitere Nachteile in Kauf nehmen sollten.

Für tibetische Kinder begannen die Probleme schon sehr früh, meist schon vor der Schulzeit. Wenn sie es dennoch schafften, in eine Grundschule aufgenommen zu werden, verlief ihr Leben bis zu ihrem zwölften Lebensjahr relativ ruhig. In den meisten Grundschulen in Lhasa wurden die Klassen nach Nationalitäten getrennt. Tibeter wurden auf tibetisch unterrichtet und bekamen vom neunten Lebensjahr an drei Stunden Chinesischunterricht pro Woche. Chinesische Kinder wurden auf chinesisch unterrichtet, und sie bekamen drei Wochenstunden Tibetischunterricht. Doch dann folgte die Aufnahmeprüfung für die Mittelschule. Die Eltern traten an die Schulleitungen heran und ließen ihre *guanxi* spielen, die oft zitierten Beziehungen. Da die meisten Führer Chinesen waren, war es für tibetische Kinder ziemlich unwahrscheinlich, daß ihre Eltern gute *guanxi* hatten. Aber natürlich kam es nicht nur auf Beziehungen, sondern auch auf die Prüfung an. Die Schüler mußten in allen Fächern schriftliche Tests ablegen, auch in Tibetisch und Chinesisch. Doch während der Tibetischtest kaum berücksichtigt wurde – chinesische Kinder konnten das Fach in der Mittelschule ohnehin abgeben –, war der Chinesischtest von ausschlaggebender Bedeutung – schließlich ist Chinesisch an allen Mittelschulen die einzige Unterrichtssprache.

Dieses Verfahren legte für viele den Schluß nahe, tibetische Kinder seien dumm: Nach nur drei Jahren Chinesischunterricht mußten sie mit Kindern konkurrieren, die in ihrer Muttersprache geprüft wurden.

Doch das war nur der Anfang. Hatten sie es trotz aller Hürden erst einmal auf die Mittelschule geschafft, mußten die tibetischen Kinder feststellen, daß das, was sie auf der Grundschule gelernt hatten, völlig nutzlos war, weil sie es nicht in der Sprache ihrer Lehrer ausdrücken konnten. Der Unterricht wurde ständig dadurch aufgehalten, daß die Lehrer ihren

Schülern erst die notwendigen chinesischen Vokabeln beibringen mußten, ehe sie zum eigentlichen Unterrichtsstoff
übergehen konnten.

Aus diesem Grund wurden chinesische und tibetische
Kinder wiederum in verschiedenen Klassen zusammengefaßt. Und weil oft die Hälfte einer Stunde darauf verwendet
wurde, chinesische Begriffe zu erklären, anstatt zum Beispiel Geschichte zu lernen, fielen die tibetischen Klassen im
Pensum rasch zurück.

In ganz China werden die gleichen Lehrbücher benutzt,
und die Abschlußprüfung, die über die Zulassung zu einem
Universitätsstudium bestimmt, hängt davon ab, ob man in
allen Fächern die Lehrbücher durcharbeiten konnte. Die Kinder in den tibetischen Klassen können unmöglich darauf hoffen, jedes Jahr sämtliche Bücher durchzuarbeiten. Und so stoßen sie bei der Abschlußprüfung, die zentral durchgeführt
wird, auf noch größere Probleme als beim Übergang von der
Grund- zur Mittelschule: Ihre chinesischen Klassenkameraden werden nicht nur in ihrer Muttersprache geprüft, sie können auch Fragen über Themen beantworten, die die tibetischen Schüler nie bearbeitet haben.

Uns kam es unglaublich vor, daß die chinesischen Lehrer
dieses Handikap ignorieren konnten. Viel schlimmer war jedoch, daß auch die Behörden es nur indirekt anerkannten.
Während der Abschlußprüfung wurde den tibetischen Schülern eine finanzielle Unterstützung gewährt – damit sie im
Leben besser vorankamen, lautete die offizielle Begründung.
Daß man sie damit für Prüfungsthemen, die nicht im Unterricht abgedeckt worden waren, entschädigen wollte, sagte
man uns nicht. Die einmalige finanzielle Unterstützung – die
für die Mehrheit der Tibeter, die sowieso niemals zur Abschlußprüfung gelangte, völlig irrelevant war – wurde als
großmütige Geste der Regierung herausgestellt. Den tibetischen Kindern sollte mit Geld geholfen werden, weil sie angeblich weniger intelligent waren.

Die Auswirkungen dieses strukturellen Ungleichgewichts
im Bildungswesen waren in Lhasa deutlich zu spüren. Da sie
schlechtere Ergebnisse vorzuweisen hatten als ihre chinesi-

schen Klassenkameraden, kamen Tibeter nur schwer in staatlich geführten Arbeitseinheiten unter, in denen, trotz anderslautender offizieller Parolen, Chinesisch noch immer Arbeitssprache war. Wenn sie es schafften, überhaupt eine Arbeit zu finden, mußten sie also auf die Privilegien der Staatsangestellten – Bonus, Urlaub, höhere Rationen – verzichten. Viele Ausländer meinen, die Chinesen bekämen in Lhasa automatisch bessere Wohnungen und höhere Löhne als ihre tibetischen Kollegen. Die Löhne sind in Tibet jedoch für alle Staatsangestellten höher als in Zentralchina. Die Tibeter bekommen nicht grundsätzlich weniger Geld für die gleiche Arbeit, und ihnen werden auch nicht schlechtere Wohnungen zugeteilt als Chinesen in vergleichbaren Positionen. Das Problem besteht darin, daß nur wenige Tibeter jemals einen Ausbildungsstand erreichen, der ihnen erlauben würde, mit den Chinesen gleichzuziehen.

Allerdings war es auch nicht so, daß die Regierung dieses Problem völlig ignoriert hätte. In Tibet wurden offenbar mehr Gelder für Bildung ausgegeben als in jeder anderen Region, in der Minderheiten lebten. Offenbar existierten jede Menge Pläne, die jedoch schlecht koordiniert waren. Tibetische Grundschulen gehörten ebenso zu dem Reformprogramm wie die Auflage, daß tibetische Kinder an Mittelschulen sechs Stunden Tibetischunterricht pro Woche bekommen sollten. Im Prinzip waren dies Schritte in die richtige Richtung. Aber während die Tibeter Tibetischunterricht hatten, lernten chinesische Kinder Englisch. Beide Reformen halfen den Tibetern also nicht wirklich, sondern schufen zusätzliche Hürden in einem Rennen, das von vornherein unfair war.

Wir waren davon ausgegangen, daß unsere Abendkurse für die meisten Teilnehmer vor allem wegen des Unterhaltungswerts reizvoll waren. Für einige Schüler war das tatsächlich so, andere waren todernst bei der Sache. Sie wollten die Universität besuchen, und für die meisten Studienfächer – besonders für die Naturwissenschaften – galten Englischkenntnisse als unabdingbare Voraussetzung.

Zu den Reformen gehörte auch eine Quote von Studienplätzen an chinesischen Universitäten für Studenten aus Tibet. Es war jedoch keine ethnisch definierte Quote; sie bezog sich lediglich auf Einwohner der Autonomen Region Tibet. Die meisten Plätze wurden natürlich von den Kindern der in Tibet ansässigen Chinesen in Anspruch genommen.

Angesichts der vielen Hindernisse in der Schullaufbahn der meisten tibetischen Kinder – sie wurden nicht in ihrer Muttersprache unterrichtet, arbeiteten nie den gesamten Lehrplan durch und konnten nicht am Englischunterricht teilnehmen – kam es uns wie ein Wunder vor, daß es an den Universitäten überhaupt tibetische Studenten gab. Sie waren entweder außerordentlich intelligent – oder sie hatten entsprechende *guanxi*.

Natürlich gab es auch Tibeter, die über *guanxi* verfügten. Tibeter, die in der chinesischen Verwaltung arbeiteten, schafften es oft, ihre Kinder in chinesischen Klassen mitlaufen zu lassen. Das war in vieler Hinsicht vorteilhaft: Sie hatten nicht nur die Chance, in der Schule Englisch zu lernen, sie bekamen auch – und daraus wurde kein Hehl gemacht – die besseren Lehrer und die besseren Ausstattungen. Dafür hatten sich die Eltern dieser Kinder mit anderen Problemen auseinanderzusetzen.

«Sie werden wie Chinesen», sagte einmal ein tibetischer Kader zu mir. Er wollte, daß seine Kinder gleichwertige Jobs und einen ähnlichen Lebensstandard erreichten wie die Chinesen. Aber sie wuchsen auf, ohne in ihrer eigenen Sprache lesen und schreiben zu können. «Sie gehen mit chinesischen Kindern zur Schule und schnappen chinesische Angewohnheiten auf», sagte er. Seiner Meinung nach hatten seine Kinder die traditionelle tibetische Bescheidenheit und kindliche Ergebenheit bereits verloren.

Dieser Verlust war jedoch in keiner Weise mit dem zu vergleichen, den manche Eltern erlitten, deren Kinder in Zentralchina ausgebildet wurden. Zu Chinas Bildungspolitik gehörte es nämlich, eine gewisse Anzahl tibetischer Kinder in Internaten im Mutterland aufzuziehen. Sie wurden im Alter von zwölf Jahren nach China geschickt, und obgleich sie jede Woche Tibetischstunden hatten, verbrachten sie ihre prägenden Jahre in einem chinesischen Umfeld. Für manche Familien wogen die Vorteile die Nachteile auf, und sie ließen ihre Kinder freudig gehen. Andere weigerten sich und nahmen dafür negative Folgen in Kauf – Tadel durch die Behörden und oft genug auch Ablehnung durch die eigenen Kinder.

Viertausend tibetische Kinder absolvierten damals gerade eine Ausbildung in Zentralchina. Unzweifelhaft profitierten diese Kinder im akademischen Sinne von der Regelung. Angesichts des noch immer recht dürftigen Bildungsangebots in Tibet tat sich hier kurzfristig die Möglichkeit einer effektiven Ausbildung junger Tibeter auf. Dahinter stand allerdings die Politik der fünfziger Jahre, die sich als erschreckend hartnäckig erwies: Statt die Anzahl der in China ausgebildeten Kinder zu reduzieren und mehr Geld in die Verbesserung der Bildungseinrichtungen in Tibet selbst zu investieren, verkündete die Regierung vor kurzem, bis zum Jahr 1993 zehntausend Kinder nach China schicken zu wollen.

Für viele Tibeter, die wir kennenlernten, stellt diese Art von Bildungspolitik die schwerste Bedrohung der tibetischen Identität dar. Man befürchtet, es werden nun immer mehr junge Erwachsene nach Tibet zurückkehren, die die tibetischen Traditionen weder kennen noch achten, und viele sehen darin ein Komplott der Regierung, um die kulturellen Werte Tibets von innen auszuhöhlen.

Für die Behörden waren diese Vorwürfe natürlich gegenstandslos. Es ließ sich nicht leugnen, daß sie versuchten, die tibetische Kultur zu bewahren. Doch selbst in den begrüßenswerten akademischen Forschungen über Tibets Geschichte, seine Religion und angestammten Traditionen lag deutlich die Gefahr, die einzigartige Kultur dieses Landes ins Volkskundemuseum zu verbannen und gleichzeitig den mit ihr verbundenen Lebensstil ein für allemal zu zerstören.

Graupelkinder

Seit Stunden explodierte die Dunkelheit mit sadistischer Schadenfreude, die Geister des alten Jahres kämpften mit den Geistern des neuen. Es war Silvester. Der Lärm kannte kein Erbarmen; selbst in den Momenten der Ruhe lebte man schon in Erwartung der nächsten Attacke. «Mach bloß nicht den Mund zu, sonst tun dir die Ohren weh», hatte Lhamo mich lachend gewarnt, als sie unser Zimmer verließ, um durch ein Minenfeld von Knallkörpern nach Hause zu stapfen. Ich lag wach und dachte an die Vergangenheit, dachte an folgenschwerere Böllerschüsse und sah durch mein Fenster den Potala aufleuchten, grün, gelb und rot.

«Es ist nicht unser Neujahr», erklärte Lhamo trotzig, als sich Rosemary am nächsten Morgen auf den Weg zu einer Feier mit ihren chinesischen Schülern machte. Lhamo und ich hatten vor, den Tag mit ihren Freunden zu verbringen, die es sich trotz allem nicht hatten nehmen lassen, ebenfalls eine Party zu veranstalten.

In den Gassen der Altstadt lagen ausgebrannte Knaller auf dem Schlamm wie weißlicher Mehltau auf einem Rosenblatt. Kinder durchwühlten die Überreste des Silvesterfeuerwerks nach Knallern, die noch nicht explodiert waren; wenn sie fündig wurden, stießen sie Freudenschreie aus, um sich dann ausgiebig darüber zu zanken, wer den Knaller anzünden dürfe.

Ihr Anführer, ein großgewachsener Junge von sechs oder sieben Jahren, besaß bereits den Habitus eines echten Bürokraten. «Ein Kadersohn», murmelte Lhamo, während wir beobachteten, wie sich die anderen Kinder seiner Autorität beugten.

Er ließ zufriedene Blicke über sein Gefolge schweifen. Offenbar fragte er sich, wem er als nächstes seine Gunst erweisen sollte. Dem Jungen neben ihm? Da fiel sein Auge auf ein kleines Mädchen, das ein wenig abseits stand. Ein Hauch von Böswilligkeit huschte über sein gelassenes, selbstgefälliges Gesicht. Er drückte dem Mädchen den Rest des Knallers in die Hand.

«Wirf ihn aber rechtzeitig in die Luft, bevor er explodiert», warnte er und zündete ein Streichholz an. Das kleine Mädchen blinzelte. Am liebsten hätte es sich wohl zurückgezogen, aber es sah das spöttische Lächeln auf seinem Gesicht. Einen Moment lang schwankte es zwischen Angst und Scham. Es schaute sich um, und als es die prüfenden Blicke der anderen sah, gab es sich einen Ruck und warf den Knaller ungeschickt in die Flamme.

«*Kupa!*» Idiot!

Das nun folgende Gelächter klang in meinen Ohren sehr schrill, aber Lhamo lachte ebenfalls, und ihr mochte ich keine Boshaftigkeit unterstellen. Ich sah den Knaller noch immer unexplodiert auf dem Boden liegen; in der eigentümlichen Geste, mit der die Tibeter Verlegenheit ausdrücken, rieb sich das Mädchen den Nacken wie eine Katze.

«Ich wußte, daß du dich nicht trauen würdest, den Knaller festzuhalten.» Lachend warf der Junge den explodierenden Kracher in die Luft.

Das enge Netz kleiner Gassen, die strahlenförmig vom Jokhang-Tempel ausgingen, hatten es mir an diesem Morgen besonders angetan. Die engen Durchgänge, der schlammige Boden und die tief unter den Schutt der Jahrhunderte gesunkenen Hauseingänge erschienen mir wie eine Verkörperung unzähliger phantasierter Szenen: mittelalterliches London oder gar Gogols Rußland mit Pfützen und Schweinen und barfüßigen Kindern.

Wir schlitterten über die glatten Ränder der Gassen, wo Eis und Schlamm noch halb gefroren waren. Einige Damen in hochhackigen Schuhen hielten sich an den Mauern fest und stützten einander, um nicht mit den Abwässern in Berührung zu kommen, die in der Mitte herunterliefen. Nomadenkinder kauerten neben ihren schicklich unter langen *chubas* versteckten Müttern. Die Männer erleichterten sich in Steintröge in den Wänden, plauderten und beäugten die Passanten. Die neuen öffentlichen Bedürfnisanstalten wurden von diesen Menschen verschmäht. Doch nicht nur aus purer Gewohnheit – die Barrikaden aus Exkrementen, die sich vor den Türen häuften, mahnten an das Sakrileg, das die Chinesen begangen hatten, als sie in den Ruinen der tibetischen Tempel Latrinen bauten.

«Yangzoms Vater ist Chinese», sagte Lhamo, als wir uns dem Haus ihrer Freunde näherten. Ich hatte Yangzom und ihren Bruder bereits kennengelernt. Schon ehe Rosemary aus Hubei zurückgekehrt war, hatten sie mich gemeinsam mit Lhamo mehrmals in unserem Zimmer besucht. Ich war davon ausgegangen, daß sie Tibeter waren.

«Ihre Mutter ist Tibeterin, aber ihr Vater war Soldat in der Volksbefreiungsarmee», klärte Lhamo mich auf.

«Nein, nein, es war keine erzwungene Ehe», fügte sie rasch hinzu, als hätte sie meine Gedanken gelesen. Sie hatte mir erst vor kurzem erzählt, daß in den fünfziger Jahren tibetische Frauen gegen ihren Willen mit Angehörigen der chinesischen Armee verheiratet wurden.

«Yangzoms Eltern haben aus Liebe geheiratet. Für ihre Kinder ist es natürlich schwer. Sie fühlen sich als Tibeter, und das sind sie ja auch, weil ihre Mutter Tibeterin ist, aber die anderen betrachten sie trotzdem als Halbchinesen. Die Führer nennen das ‹Freundschaftsnationalität›, aber wir haben ein anderes tibetisches Wort dafür. Ich glaube nicht, daß du es verstehen würdest.»

«Welches Wort?»

«*Khang ma char.* Das heißt, sie sind weder Regen noch Schnee.»

Verwässerte Tibeter. Ich lachte. In der tibetischen Umgebung kam mir der Vergleich höchst treffend vor.

«Graupel heißt das bei uns.»

«Graupel ... Graupel ...» Lhamo kicherte und ließ das Wort auf der Zunge zergehen, als würde sie die unverständlichen Laute einer kritischen Prüfung unterziehen.

«*Yar pé.*» Herein, ruft eine Stimme vom Balkon, als wir das schwere Tor aufdrücken und den Hof überqueren, auf dem schwere Säcke mit *tsampa*, große irdische Töpfe mit *chang* und eine Reihe Fahrräder stehen, die vor regelmäßiger Pflege glänzen. Eine Kuh rülpst zufrieden, als wir an ihr vorübergehen; sie kaut an einer Portion fermentierter Gerste und schaut träge zu uns auf.

«*Yar pé.*»

Wir tauschen Begrüßungen aus, legen die Hände zusammen und verbeugen uns. Yangzom, die sich für die Party in eine lange tibetische *chuba* gekleidet hat, führt uns zur Wohnung ihrer Familie hinauf. An den anderen Türen erscheinen neugierige, runde Gesichter – Kinder der acht Familien, die das Haus bewohnen, in dem früher eine einzige Adelsfamilie residierte. Im Wohnzimmer von Yangzoms Familie angekommen, folgt das Gespräch einem zeremoniellen Muster:

«*Söcha chö.*» Tee?

«*Mei.*» Nein danke.

«*Chö, chö.*» Bitte, nehmen Sie doch von dem Tee.

«*Mei, mei.*» Nein, danke.

«*Dikts chö.*» Nur ein bißchen.

«*Mei, oné mei.*» Nein, wirklich nicht.

«*Chö.*» Nehmen Sie doch von dem Tee.

«*Mei.*» Nein.

«*Chö, chö.*» Nehmen Sie doch von dem Tee.

«*Mei.*» Nein.

Yangzom steht leicht vornübergebeugt vor uns und hält uns mit beiden Händen eine Schale mit schäumendem Buttertee entgegen. Schließlich siegt ihre Beharrlichkeit. Ich nehme die Schale in die eine Hand und lasse, wie es die tibetische Etikette verlangt, die Finger der anderen Hand leicht auf dem Rand der Schale ruhen. Ich bin satt, denn ich habe am Morgen bereits fünf Schalen Tee getrunken. Jeder Widerstand wird jedoch nur als Formalität angesehen, und eine wirkliche Weigerung gilt als Beleidigung. Nur Feinde weisen eine Schale Tee ab, erinnere ich mich mit Schrecken, und nur Feinde sagen bei der zweiten Schale nein.

«Mmmmm…» Der Tee schmeckt gut.

Yangzom steht neben mir und lauert schon darauf, die Schale neu zu füllen. «Mmmmmmmmm», ahmt sie verständnislos mein Geräusch nach.

«*Shimbu shirra du.*» Er ist köstlich, sage ich und genieße dabei den lautmalerischen Klang der Worte.

«Wer ist köstlich?»

«Der Tee.»

Yangzom schaut mich verwirrt an.

Lhamo lacht. «Alle Ausländer machen diese Geräusche, und dann sagen sie, es wäre köstlich. Das ist im Ausland so Sitte. Danke.» Lhamo bekommt einen neuen Lachanfall. Sie ahmt meine Aussprache nach: *Tooocheeechay*. «Danke ist für Ausländer wie ein Punkt. Sie hängen es an jeden Satz.»

Wenn ich mich manchmal gegenüber den Anforderungen tibetischer Höflichkeit verständnislos zeigte, war Lhamo sofort zur Stelle, um mir die Absurdität meiner eigenen Höflichkeit vor Augen zu führen. Was die tibetischen Worte für «danke» und «köstlich» anging, benutzte ich sie wahrscheinlich deshalb so oft, weil mir ihr Klang so gut gefiel. Die tibetische Sprache war noch immer Musik in meinen Ohren. Obgleich wir regelmäßig Unterricht nahmen und auch große Fortschritte machten, war uns die Sprache noch nicht so vertraut, daß der magische Klang ihrer Worte hinter die Bedeutung zurückgetreten wäre. Ich konnte noch immer stundenlang dem melodiösen Fluß der Gespräche lauschen, ohne ein Wort dabei aufzunehmen.

Yangzom verschwand in der Küche und überließ Lhamo die Aufgabe, meine Schale aufzufüllen.

«Gib mir nichts mehr», bat ich sie. «Ich habe genug.»

Sie füllte meine Schale bis zum Rand. «Du wirst nie eine echte Tibeterin werden. Yangzoms Mutter kocht den besten Tee von ganz Lhasa.»

«Sind ihre Eltern zu Hause?» Ich brannte darauf, dieses Elternpaar kennenzulernen, das eine echte «Freundschaftsehe» geschlossen hatte, das aus Liebe geheiratet hatte in einer Zeit, als viele tibetische Frauen zur Ehe mit einem Chinesen gezwungen wurden.

Sie haben Glück gehabt, sagte Lhamo. Sie dachte dabei vor allem an Yangzoms Mutter, aber auch Yangzoms Vater konnte sich glücklich schätzen. In den fünfziger Jahren wurden Tausende von chinesischen Soldaten nach Tibet geschickt, von denen viele nicht nach Hause zurückkehrten. Doch nicht alle bekamen Frauen oder fanden sogar eine Braut, die sie liebten, so wie er.

Ob sich die Situation inzwischen verbessert hatte? Ich dachte an Sui. Er hatte mir erzählt, die Leute glaubten, mit ihm würde etwas nicht stimmen, weil er noch immer nicht verheiratet war. Mit dreißig galt er schon fast als alter Mann. Aber es gebe nicht genug Frauen in Lhasa, beklagte er sich, zumindest nicht genug chinesische Frauen. Seine Einheit habe ein paar Treffen mit tibetischen Mädchen arrangiert, aber keines von ihnen habe Interesse gezeigt.

Für tibetische Frauen hatte sich die Situation seit den fünfziger Jahren bestimmt verbessert, obwohl längst nicht alle Frauen, die chinesische Soldaten heirateten, dies gegen ihren Willen taten. Mädchen aus Familien, die als reaktionär galten, hofften, daß eine familiäre Verbindung zur Armee ihnen helfen könnte. Viele faszinierte aber einfach auch das Prestige, das mit einer Freundschaftsehe verbunden war.

«Die Soldaten waren höflich», sagte Lhamo. «Es heißt noch immer, die Chinesen seien bessere Ehemänner als die Tibeter.» Sie kicherte.

«Wirklich?»

«Nein, nicht so…» Sie wurde rot. «Sie helfen eher mal bei der Hausarbeit.»

Ich schaute mich im Zimmer um. Die Einrichtung ließ kaum chinesische Einflüsse erkennen. Die gepolsterten Sofas drängten sich um einen niedrigen Mitteltisch, an den Wänden standen verzierte Anrichten. Die Holzsäulen links und rechts der Fenster waren mit einem religiös inspirierten Blumenmuster bemalt, und über den Fenstern flatterten Rüschen aus bunter Seide. All das war typisch tibetisch. Yangzoms Vater begann mich zu faszinieren. Wer war dieser Mann, der sein Leben in Tibet verbracht und auf sein eigenes Haus so wenig prägenden Einfluß genommen hatte?

Auf einer Kommode stand ein Foto von ihm. Es war eine Studioaufnahme, er trug die khakifarbene Kappe mit dem roten Stern der Volksbefreiungsarmee, und sein Gesichtsausdruck war ungerührt. Sein Gesicht verriet nichts, offenbarte nichts, was ich nicht schon wußte. Über ihm schaute Dolma, die Göttin der Weisheit, allwissend von ihrem offensichtlich neuen, geschnitzten Altar, aber sein Blick blieb gelassen. Duldete er stillschweigend den tibetischen Glauben? Teilte er ihn sogar? Ich betrachtete die Kappe mit dem roten Stern, umgeben von traditionellen tibetischen Opfergaben: ein Häufchen *tsampa*, Wasser in Silberschüsseln und zwei dünne Räucherstäbchen, die offenbar schon so lange in dem vergitterten Halter auf dem Boden steckten, daß die Möbel ihren Duft aufgesogen hatten. Ich suchte in seinem Gesicht nach Hinweisen auf seine Persönlichkeit, aber die Kamera hatte eine Maske geschaffen. Ein Soldat der Volksbefreiungsarmee, der aussah wie alle anderen Soldaten der Volksbefreiungsarmee, erwiderte ausdruckslos meinen Blick.

Auf dem Balkon war ein Kind damit beschäftigt, den Blumengarten der Familie zu pflegen. Das Gesicht ernst unter der Last der Verantwortung, arrangierte es die verbogenen Töpfe und gesprungenen Schüsseln an der Wand. Als die Sonne wenig später über das Dach stieg, fielen ihre ersten Strahlen auf eine Wolke bunter Blüten. Ich wollte die Kleine fragen, wessen Kind sie war, aber ihr Gesichtsausdruck sagte mir, sie sei zu beschäftigt und könne unmöglich gestört werden.

Gegen einen ganzen Stapel von Kissen gelehnt, folgte ein kleiner Junge mit trägem, verträumtem Blick ihren Bewegungen. Neben ihm lagen seine unvollendeten Hausaufgaben; er hatte willkürlich die Buchstaben des tibetischen Alphabets auf seine Schiefertafel gezeichnet. Als ich mich zu ihm setzte, musterte er mich von oben bis unten, dann versank er wieder in seinen Tagträumereien und zeichnete mit den Fingern die filigranen Schatten der Aprikosenzweige auf dem Boden nach. Auch ich lehnte mich zurück und ließ meine Gedanken schweifen. Nach einer Weile gab ich mich ganz den sinnlichen Eindrücken hin, folgte einem Geräusch, einem

Geruch, einem Blick. Unter der wärmenden Kraft der Sonne wurde mein Kopf bald wohltuend leer.

Einige Zeit später rief mir Lhamo zu, Yangzoms Eltern seien zurückgekommen. Ich sah den beiden zu, wie sie den Hof überquerten. Yangzoms Mutter ging voraus. Sie war größer als ihr Ehemann, und über ihren Rücken baumelten graue, drahtige Zöpfe. Als Yangzoms Vater mich bemerkte, sprang er die Stiege hinauf.

«Willkommen in meinem Haus», sagte er auf Englisch und schüttelte mir die Hand. Er sah älter aus als auf dem Foto, in die glatte Maske der Autorität hatten sich zahlreiche Falten eingegraben. Er lächelte herzlich.

«Sprechen Sie Chinesisch?»

«Ja, aber nicht besonders gut.»

«Dafür spreche ich nur wenig Englisch.»

Obgleich er seit vierzig Jahren nicht mehr dort gewesen war, schwang in seiner Stimme noch immer der satte Tonfall der Küstenbewohner der Provinz Fujian.

«Vermissen Sie Ihre Heimatstadt?» fragte ich ihn, weil ich wußte, wie eng in China die Bindung an die Heimat ist und mit welcher Wehmut die Chinesen meist von ihr schwärmen, auch wenn sie nie dort gelebt haben.

«Warum sollte ich? Ich habe hier alles, was ich brauche.»

Ich hatte erwartet, auf meine konventionelle Frage eine konventionelle Antwort zu bekommen, hatte insgeheim mit den üblichen Klagen über das Leben in Tibet gerechnet. Ich schaute ihn erstaunt an. «Sie würden nicht mal für einen Urlaub dorthin zurückkehren?»

«Ich habe es mir überlegt. Ich könnte jetzt alle zwei Jahre reisen, die Einheit würde meine Fahrkarte bezahlen. Aber ich bin ein alter Mann, wissen Sie, und die Reise ist mir viel zu anstrengend.»

Er zog eine Packung Zigaretten aus der Jackentasche und bot mir eine an.

«Ich rauche nicht», sagte ich und registrierte seinen zustimmenden Blick: In China rauchen nur ‹schlechte› Frauen.

«Natürlich gibt es jetzt eine Straße, die aus Tibet herausführt», nahm er den Faden wieder auf. «Und ein Flugzeug nach Chengdu. Als ich damals nach Tibet kam, gab es nichts. Nichts als Berge, Kälte, Krankheit, Hunger und endlose Märsche.»

Er schaute mich an, sah durch mich hindurch, blickte vielleicht zurück auf seinen jahrelangen Marsch nach Lhasa mit der Volksbefreiungsarmee.

Am Neujahrstag des Jahres 1950 habe Peking seinen Plan verkündet, Tibet von den ausbeuterischen Grundbesitzern und dem Einfluß ausländischer Imperialisten zu befreien, erzählte mir Yangzoms Vater. Kurze Zeit darauf habe man Tausende von Soldaten an die östlichen Grenzen Tibets geschickt, die lange Zeit von den Nationalisten kontrolliert worden seien. Die Volksbefreiungsarmee habe damals noch in den Kinderschuhen gesteckt, die Truppe sei für die schwierigen Bedingungen in Tibet schlecht ausgerüstet gewesen. Der Winter, die extreme Höhenlage und die Auswirkungen der Schneeblindheit hätten rasch ihren Tribut gefordert. Am schlimmsten sei jedoch der Mangel an Lebensmitteln gewesen. Die Männer seien angewiesen worden, nichts von den Tibetern zu nehmen; sie selbst hätten nur wenig tragen können, und die Lebensmittelpakete, die von Flugzeugen abgeworfen wurden, seien oft in Schluchten gefallen oder beim Aufprall auf die Felsen zerborsten. Monatelang seien die Rationen auf weniger als 200 Gramm am Tag reduziert gewesen, trotz der Gewaltmärsche durch immer kargeres Land. Die Banden der Khampa-Guerillas seien im Laufe der Zeit zusehends besser bewaffnet gewesen, und als die Moral der Truppen nachließ, seien die Angriffe immer häufiger erfolgt. Die Zahl der Toten sei sehr hoch gewesen. Nur durch eiserne Disziplin und die zahlenmäßige Übermacht hätten die ersten Bataillone der Volksbefreiungsarmee Lhasa gegen Ende 1950 erreicht.

Yangzoms Vater verfiel in Schweigen. Ich wollte ihn nach seiner Ankunft in Lhasa fragen. Damals hatten, wie man mir erzählt hatte, klatschende Tibeter die Straßen gesäumt – doch nicht, wie die Chinesen meinten, um sie willkommen zu heißen, sondern um nach einem uralten tibetischen Ritual die bösen Geister zu vertreiben. Was mochte in ihm vorgehen, während er schweigend neben mir saß und sein Gesicht der Maske auf dem Foto immer ähnlicher wurde?

«Wie haben Sie…?» begann ich vorsichtig. Ich war hin- und hergerissen zwischen meiner Neugier und dem unangenehmen Gefühl, in der Vergangenheit eines anderen Menschen herumzustochern.

«Ach, das ist jetzt alles schon entsetzlich lange her.» Er machte eine wegwerfende Handbewegung. Das Thema war für ihn abgeschlossen.

Dann gesellte sich Yangzoms Bruder zu uns. Er war gerade vom Markt zurückgekommen. Ich schaute ihn prüfend an und forschte in seinen Gesichtszügen nach chinesischen Spuren, die mir vorher nicht aufgefallen waren. Er war hochgewachsen wie seine Mutter und hatte ihre vorstehenden Wangenknochen; nur eine gewisse Weichheit der Züge erinnerte an seinen Vater.

«Sie hat kein gutes Herz», seufzte er und tauschte einen wehmütigen Blick mit seinem Vater, als er sich zu uns setzte.

«Wer?»

«Xiao Li. Wir sind fertig miteinander.»

Ich war verwirrt. Tsewang – er benutzte seinen tibetischen Namen – war verliebt. Seine Freundin war nett, hübsch und eine geschickte Haushälterin. Er wollte sie heiraten, aber sein Vater hatte ihm die Zustimmung verweigert. Sie war Chinesin.

All das hatte er mir schon bei einer früheren Gelegenheit erklärt, aber damals hatte ich noch nicht gewußt, daß Tsewangs Vater ebenfalls Chinese war.

«Sie ist ein schlechtes Mädchen», sagte er auf tibetisch zu seinem Sohn. «Kennt keine Moral.»

«Ja, mein Vater hat recht. Als ich…»

Sein Vater unterbrach ihn mitten im Satz. «Die jungen Leute heute taugen alle nichts. Sie denken nur ans Geld. Den jungen Mädchen geht es nicht um Liebe, sie wollen nur eine bessere soziale Position.»

Tsewang versuchte es noch einmal. Aber sein Vater schien es nicht zu merken und fuhr fort: «Tsewang ist zu gutherzig. Es gibt viele Dinge, die er noch nicht versteht.»

«Meine Freundin hat einen Kadersohn kennengelernt», erklärte Tsewang mit ruhiger Stimme. «Er besucht die Universität in China. Ich bin nur ein Arbeiter, verstehst du?»

«Und deshalb will dein Vater nicht, daß du sie heiratest?»

«O nein, das ist nicht der einzige Grund. Er will nicht, daß ich sie heirate, weil sie Chinesin ist.»

«Aber...»

«Na ja, nicht unbedingt, weil sie Chinesin ist, sondern...»

«Mein Sohn ist viel besser als ein Kadersohn.» Das Gesicht des alten Mannes war plötzlich voller Zorn.

Tsewang errötete. «Nein, er will es nicht, weil sie zurück nach China will. Mein Vater sagt, er könne es nicht ertragen, daß ich meine Heimat verlasse.»

«Könntest du denn überhaupt nach China gehen?» fragte ich, und mein Blick fiel auf seine spitzen, hochhackigen Schuhe und die ausgestellten Shanghai-Hosen.

«Ich weiß es nicht genau. Es wäre bestimmt schwierig, eine Versetzung zu bekommen. Aber meine Freunde, die in China gewesen sind, haben mir alle gesagt, sie hätten Tibet jeden Tag vermißt. Andererseits ist Tibet sehr rückständig. Für junge Menschen gibt es hier wenig Möglichkeiten.»

«Nein, ich werde ihm nicht erlauben, sie zu heiraten.» Der alte Mann schaute mich an, als hätte ich seine Entscheidung in Frage gestellt. «Und zwar nicht nur, weil sie zurück nach China will.»

«Xiao Li hat sich nicht mit meiner Mutter verstanden», erklärte Tsewang. «Sie mochte Tibet nicht, und sie hat sich ständig über alles beschwert. Aber ich habe sie geliebt, verstehst du?»

«Es gibt viele Menschen wie Xiao Li, die keinen Respekt vor den Tibetern haben», sagte der alte Mann zu mir, und in seinen Augen glühte die Empörung des Pioniers, der zu lange gelebt hat und nun zusehen muß, wie seine Ideale von der nächsten Generation mit Füßen getreten werden. «Sie hören nicht auf die Partei. Wir sind hier, um Tibet zu helfen, aber sie kritisieren alles, beschweren sich nur und tun nichts dafür, daß es besser wird. Als ich nach Tibet kam, habe ich Tibetisch gelernt, aber viele Chinesen weigern sich, die Sprache des Landes zu lernen, in dem sie leben. Einige sind schon seit Jahren hier, ohne ein Wort Tibetisch sprechen zu können. Die Partei sagt, alle Han-Kader müßten Tibetisch lernen. Das Radio strahlt jeden Tag Tibetischstunden aus. Und wer nutzt die Programme? Tibeter, die versuchen, auf diese Weise Chinesisch zu lernen.»

Ich wußte, daß er recht hatte. Ich dachte an die Handvoll Wörter, mit denen Sui prahlen konnte. Er war der einzige Chinese in unserem Bekanntenkreis, der überhaupt ein wenig Tibetisch sprach. Aber konnte man tatsächlich von den Chinesen erwarten, daß sie die fremde Sprache lernten, fragte ich mich. Die meisten von ihnen mochten weder Tibet noch die Tibeter. Sie waren nicht aus freien Stücken nach Tibet gekommen. Ich dachte an Wales, Indien, Afrika: Wann hatten die Vertreter einer Kolonialmacht je die Sprache ihrer Kolonien erlernt?

Tsewangs Vater unterbrach meinen Gedankenfluß. «Aber es gibt auch viele schlechte Tibeter, wissen Sie. Reaktionäre, die Tibet nicht helfen und das Han-Volk nicht mögen.»

Er beugte sich vor und senkte die Stimme. «Wissen Sie…?» Er zögerte. Vielleicht fragte er sich, ob er nicht doch allzu offen mit dieser Ausländerin sprach. «Wissen Sie, daß sich bis vor kurzem viele Chinesen nicht allein auf die Straße wagten? Sie hatten Angst… Aber jetzt ist das anders», fügte er rasch hinzu. «Die Situation ist entspannt, die Menschen sind glücklich. Das haben Sie doch selbst gesehen – die Tibeter können in die Klöster gehen und ihre Opfer bringen, können ihre Gebete sprechen… Schauen Sie sich nur in diesem Zimmer um.» Er streckte die Hand aus und zeigte auf den Altar. Dabei hielt er die Handfläche nach oben – die tibetische Geste für tiefen Respekt. Ich bildete mir ein, in seiner Stimme Ehrfurcht zu hören, als er auf die Göttin zeigte, die verschiedenen Opfergaben, die Räucherstäbchen. Ich schaute noch einmal das Foto an, das dazwischen stand, seine junge, atheistische Maske. Dann wanderte mein Blick wieder zu dem alten Mann zurück. Ob ich es wagen konnte, ihn direkt zu fragen?

Tsewang ging hinaus. Eine ganze Weile lang saßen wir

schweigend da. Er rauchte noch eine Zigarette, und ich betrachtete ihn nachdenklich. Irgendwie mußte er meine Gedanken erraten haben, denn plötzlich lächelte er, und sein Gesicht verzog sich in amüsierte Falten.

«Ich glaube nicht an den Buddhismus, falls Sie das denken.» Er lachte. Ich glaube, er war nicht schockiert, sondern ganz zufrieden damit, daß ich seinen Respekt mit religiöser Ehrfurcht verwechselt hatte. «Die Tibeter haben jetzt die Freiheit, an den Buddhismus zu glauben, wir vom Han-Volk dürfen sie deshalb nicht verachten. Respekt ist sehr wichtig. Ich glaube, es geht überhaupt nur mit gegenseitigem Respekt, wenn wir die Probleme in Tibet lösen und ein höheres Stadium des Kommunismus erreichen wollen. Wir müssen dem Volk dienen, die Partei lieben und hart fürs Mutterland arbeiten.» Er schloß mit einer vertrauten Phrase. Und doch schwang in diesen Worten, die bei anderen Menschen leer und kraftlos klangen, bei ihm eine gewisse Wahrhaftigkeit mit.

Den restlichen Tag über fühlte ich mich von seinem Idealismus getragen. Es kamen immer mehr Gäste an, von denen ich nur wenige kannte. Es waren Freunde von Lhamo, die zum größten Teil aus Kongpo stammten und als Pilger nach Lhasa gekommen waren. Wir saßen zusammen, unterhielten uns, tranken Tee. Und später, sehr viel später, setzten wir uns endlich hin, um zu essen.

Auf dem Tisch häufen sich *momos*, mit Yakfleisch gefüllte Klöße, und Teller mit verschiedenen Gemüsesorten; auf einem kupfernen Kohlebrenner mongolischer Herkunft brodelt ein Eintopf vor sich hin. Jeder nimmt sich selbst – nur mir häufen auch alle anderen etwas auf den Teller. Von allen Seiten recken sich Eßstäbchen nach besonderen Leckerbissen, die ich von meinem Platz aus schlecht erreichen kann: Currykartoffeln, eingelegte Rettiche, Pilze, getrocknetes Yakfleisch, Paprikaschoten mit Rind. «Danke, danke, ich habe genug», versuche ich abzuwehren. «Nein, nein, dieses Stück müssen Sie probieren… nein, wirklich… unbedingt.»

Sie selbst halten sich höflich zurück und nehmen sich nur

spärliche Portionen. Das Gespräch verebbt, der Rhythmus der Eßstäbchen verlangsamt sich – noch ein paar halbherzige Bissen Reis, dann werden die noch immer vollen Teller wieder abgetragen.

Der Nachmittag vergeht, die Augenblicke verschmelzen. Wie in einem Tableau von Tschechow ist bald jedes Zeitgefühl verloren. Einige Gäste spielen Mahjong, andere dösen in den Ecken, unterhalten sich oder tun gar nichts. Nach einer ganzen Weile, es könnte mittlerweile Abend sein, wird eine zweite Mahlzeit aufgetragen: das gleiche Essen, die gleichen Trinksprüche, begleitet von einer allmählich einsickernden, sanften Trunkenheit. Ein Pokal mit *chang* wird von Gast zu Gast gereicht, gefüllt, weitergegeben und wieder gefüllt. Wie bei einem höfischen Ritual wird beim Trinken jeder Mann von den Frauen und jede Frau von einer Gruppe Männer besungen. In meinen Gedanken sind sie noch immer um mich versammelt, kühn, mit einer magischen Ausstrahlung durch die Nebel des Alkohols, in der Romantik eines anderen Zeitalters befangen. In ihren Liedern sind die Erinnerungen an das alte Tibet noch lebendig, und langsam senkt sich die Nacht über ihre *chang*-geschwängerte Melancholie, voll von Geistern halbvergessener Träume.

Die Vertreibung
der Dämonen ━━━━━━━━

Als uns endlich jemand sagen konnte, wann es genau gefeiert würde, stand Losar, das tibetische Neujahrsfest, auch schon vor der Tür. Diese Woche, nächste Woche, ungefähr Anfang Februar... Lange Zeit hatte uns jeder eine andere Auskunft gegeben. Unsere Verwirrung wurde dadurch vergrößert, daß man sich in Lhasa zwar nach der westlichen Zeitrechnung richtet, die traditionellen Feste jedoch noch immer nach dem tibetischen Kalender berechnet werden. Dieser tibetische Kalender ist jedoch in sich keine feststehende Größe. Es handelt sich um einen Mondkalender, in den ungefähr alle tausend Tage ein Schaltmonat eingefügt wird, um mit den Jahreszeiten in Einklang zu bleiben. Jahr für Jahr berechnen die tibetischen Astrologen die günstigen Tage, die dann zweimal auftreten können. Dafür werden alle ungünstigen Daten aus dem Kalender getilgt. Im folgenden Sommer würde es zum Beispiel zweimal den Monat Juli geben, während der August, der achte Monat, einfach gestrichen worden war.

Für das Neujahrsfest wird Lhasa gründlich herausgeputzt. Die eisigen Flußufer sind aufgewühlt von unzähligen Menschen, die sich selbst, ihre Kleider und ihre Teppiche waschen. Die fadenscheinigen Stoffrüschen, die das ganze Jahr über von außen die Fenster der Stadthäuser schmücken, werden heruntergerissen und durch leuchtende neue ersetzt. In den Geschäften wimmelt es von Menschen, die Stoffe kaufen, um sich neue Kleider und Decken zu nähen. Soll das neue Jahr richtig begrüßt werden, muß alles bunt und sauber sein. Aus dem Dunkel der Schneiderläden dringt das Surren von Nähmaschinen; eilig werden *chubas*, Blusen und Hüte zusammengestichelt. In den Küchen werden Tausende von *khabse*, traditionelle Losar-Kekse, gebacken – ein Teil davon für den Neujahrsaltar, ein Teil für die Bettler und Armen und der Rest für die Gäste, die in der Festwoche erwartet werden.

Anfang Februar stehen wir plötzlich vor einem leeren Klassenzimmer: Wir haben Ferien. Alle bereiten sich auf das Losar-Fest vor und werden erst nach dem Gebetsfest in zwei Wochen zurückkehren. Rosemary erwartet für den zweiten Tag des Losar-Festes Besuch, und da die *lingdao* noch immer äußerst zurückhaltend sind, wenn es darum geht, anderen Ausländern den Aufenthalt in unserer Einheit zu gestatten, wird sie den größten Teil der Ferien im Banak Shol verbringen.

Am Tag vor dem Losar-Abend bin ich bei einer Tibeterin eingeladen, die ich vor nicht allzu langer Zeit durch Lhamo kennengelernt habe.

Deyang ist eine klassische tibetische Schönheit: hochgewachsen, mit hohen Wangenknochen und langem Haar, das ihr fast bis zu den Knien reicht. Sie hat vor sechs Jahren geheiratet, aber ihr Mann wurde zur Arbeit nach Dram geschickt, einem Ort, der vier Tagesreisen entfernt an der nepalesischen Grenze liegt. Deyang ist stolz auf ihre feinen *khabse;* von ihren Freunden wird sie besonders für ihre ausgefeilten Entwürfe gerühmt. Wir verbringen den Tag in ihrer dunklen, verrauchten Küche, spritzen den dünnen Teig in kochende Butter und ziehen ihn dann in die Form feiner Lotusblüten, bootsförmiger Buddhaohren und anderer, komplizierter Muster. Ihr Bruder hilft uns, die rußgeschwärzten Ränder mit Mehlzeichnungen von den Acht Günstigen Vorzeichen zu versehen: Gehäuse von Meeresschnecken, die Buddhas Erleuchtung ankündigen, Dharma-Räder und ewige Knoten von Liebe und Harmonie. Die Haustür ist mit einem Hakenkreuz aus Kreide geschmückt, dem Symbol für Glück und Ewigkeit; weiße Punkte auf den Dachbalken verheißen Langlebigkeit und eine gute Ernte.

Am Tag vor dem Losar-Abend werden die bösen Geister des alten Jahres vertrieben. Deyangs Mutter fegt mit großem Schwung durchs ganze Haus und stöbert mit ihrem Besen die

Dämonen auch in den dunkelsten, staubigsten Ecken auf. Sie fegt den Staub in eine zerbrochene Schüssel und legt kleine Bildnisse der Dämonen aus Teig darauf.

Deyangs Mutter ist Mitte Sechzig, nach tibetischen Maßstäben also schon recht alt, aber noch sehr schön. Zur Feier des Tages hat sie sich neue Quasten ins Haar geflochten, und ihre Zahnlücken verleihen ihrem ausdrucksvollen Lächeln einen spitzbübischen Charme. Nach ihren strengen Anweisungen hasten alle – Sohn, Tochter, Neffen, Nichten – durchs Haus, um das Neujahrsfest vorzubereiten. Niemand darf sich ausruhen, bis wir uns endlich gegen Abend am Tisch niederlassen, um *guthuk*, die Suppe des 29. Tages, zu essen.

«Schaut nur, sie hat ein schwarzes Herz», ruft Deyangs Sohn, streckt die Hand über den Tisch und taucht einen rußigen Finger in meine Suppe.

«Catriona la ist schlecht, nicht wahr?»

Ich bin auf dieses Spiel nicht vorbereitet und schaue verwirrt zu, wie er ein in Teig gehülltes Stück Kohle aus meiner Suppenschale zieht. Deyang lacht und erklärt mir die alte tibetische Tradition, die mich an das Einbacken eines Talismans in den englischen Weihnachtspudding erinnert; in jeder Suppenschale ist ein bestimmtes Symbol versteckt.

«Jetzt kannst du dich nicht mehr herausreden, heute wird dein wahrer Charakter entdeckt», neckt sie mich.

«Pu! Benimm dich!» schilt Deyangs Mutter ihren Enkelsohn und fährt sich mit dem Finger über die Wange – die tibetische Geste für eine sanfte Ermahnung: Du solltest dich schämen. Pu – Junge, wie er von allen genannt wird – macht ein trotziges Gesicht und schielt weiter reihum in die Suppenschalen.

In der Schale seines Onkels findet er nichts. «Onkel! Rühr deine Suppe um.» Deyangs Bruder Dawa gehorcht pflichtbewußt. «Eine Peperoni», kreischt der Junge. «Ama la, was bedeutet das, wenn der Onkel eine Peperoni in der Suppe hat?»

Alle lachen. «Eine Peperoni bedeutet, daß dein Onkel geschwätzig ist und gerne streitet.»

«Ist das wahr?» frage ich Pu und schaue Dawa an, der nachdenklich lächelt.

«Äh…» Er schaut seinen Onkel an, dann seine Mutter und schließlich wieder mich. Seine Stirn ist gerunzelt. «Ist das wahr, Ama la?» fragt er. Er weiß nicht, wem er mehr Glauben schenken soll, der Suppe des 29. Tages oder dem Gesicht seines Onkels.

Als ich mich durch die obligatorische neunte Schale mit Suppe kämpfe, finde ich ein Stück Wolle. Ich bin sanft und weich wie Wolle. Und habe gleichzeitig ein schwarzes Herz?

Pu ist verwirrt von diesen Widersprüchen. Als in seiner eigenen Schale ein Klumpen Salz zum Vorschein kommt, bricht er in zorniges Geheul aus. Salz bedeutet, daß man faul ist, erklärt seine Mutter. Der Hintern eines faulen Menschen ist so schwer wie Salz, deshalb sitzt er den ganzen Tag herum und tut gar nichts.

Pu schreit, stößt seine Schale vom Tisch und tritt den beleidigenden *guthuk* in die Furchen des schlammigen Bodens. Ich versuche ihn aufzuheitern und streiche ihm über den Kopf, der wie bei so vielen tibetischen Kindern kahlgeschoren ist, damit das Haar im Erwachsenenalter um so kräftiger wachsen kann. Aber das verwirrt ihn nur noch mehr, und er entzieht sich trotzig meiner Berührung. Dawa trinkt schweigend seine neunte Schale aus, alle anderen lachen. Nur die Großmutter macht ein strenges Gesicht.

«Pu, du mußt deinen *guthuk* wieder aufheben», warnt sie und stellt die zerbrochene Schüssel mit dem Staub und den Dämonen aus *tsampa* in die Mitte des Tisches. «Wenn du deinen letzten *guthuk* nicht den Dämonen opferst, werden sie hungrig und wütend und kehren nicht in die Hölle zurück.»

Pu starrt sie einen Moment lang an. Seine schmalen, dunklen Augen werden rund vor Angst, dann beginnt er schweigend, auf dem Boden herumzukratzen. Schließlich leeren wir unsere Suppenschalen über den Dämonen.

Nun lehnt Deyangs Mutter sich auf der mit Teppichen ausgelegten Couch zurück und ruft uns einen nach dem anderen zu sich. Mit dem Ausdruck matriarchalischen Stolzes verreibt sie einen Klumpen *tsampa*-Teig auf unseren Körpern, um damit alle Geschwüre, Kopf- und Rückenschmerzen sowie alle spirituellen Gebrechen herauszuziehen, die uns im letzten Jahr gepeinigt haben. Die ganze Zeit über betet sie für unsere gute Gesundheit im neuen Jahr.

«*Tonsha ma! Tonsha ma! Tonsha ma!*» Hinaus! Hinaus! Hinaus! Plötzlich springt sie von der Couch auf, nimmt die Schüssel mit dem Staub und den Dämonen vom Tisch und verschwindet durch den Türvorhang in die mondlose Nacht.

«Wohin gehen wir?» frage ich, als wir ihr durch den Hof und auf die Gasse hinaus nachlaufen.

«Wir schicken die Teufel in die Hölle zurück. Hier, nimm das.» Deyang drückt mir eine Strohfackel in die Hand und läuft vor, um ihre Mutter einzuholen.

«Hinaus! Hinaus! Hinaus!» rufen wir und nehmen die Dämonen und all das Übel mit, das sie im vergangenen Jahr ins Haus gebracht haben.

«Schau nicht zurück», ruft Deyang, «sonst kommen sie im neuen Jahr wieder.»

«*Tonsha maaa…*» Schreiend laufen wir durch die Dunkelheit bis zum Ende der Gasse, zu einem günstigen Ort, an dem sich drei Straßen kreuzen.

Andere Familien eilen mit ihren Teufeln und brennenden Fackeln herbei. Ich erkenne einige meiner Schüler, aber es bleibt keine Zeit, sie zu begrüßen. Auf der Kreuzung wird der Staub in Form eines Hakenkreuzes auf die Straße geschüttet, und die Dämonen werden in die Flammen eines gemeinsamen Feuers geworfen. Alle heulen und schreien beim Anblick der schrumpfenden Teiggebilde und zünden Feuerwerkskörper, um die Hunde zum Bellen anzustacheln – alles in allem genug Lärm, um die Teufel ein für allemal von dieser Welt zu vertreiben.

Eine Gruppe von Schülern feuert eine Salve von Raketen auf uns ab. Ich suche hinter der Wand der alten Bank Schutz. Pu kommt zu mir, in der Hand einen «blühenden Regenbogen». «Hier, Catriona la, damit kannst du sie bewerfen.» Das Ding explodiert, ehe ich es loslassen kann, und übersprüht meine Hand mit Funken. Von der anderen Straßenseite kommt eine neue Salve von Raketen auf mich zu, und ich sinke hinter der Wand in die Knie. Mein Herz klopft, stelle ich erstaunt und nicht ohne Scham fest, während ich den Erwachsenen und Kindern zusehe, wie sie sich mit Leuchtkugelröhren, Katharinenrädern und Knallern bewerfen, als seien es harmlose Spielsachen.

Der Rauchnebel von den explodierten Feuerwerkskörpern macht die Dunkelheit undurchdringlich. Die Teufel sind in der Asche des Feuers verschwunden. Beim kurzen Aufflakkern eines Streichholzes leuchten Gruppen von Menschen auf, die die Köpfe zusammenstecken und neue Pläne aushekken, dann verschwinden sie wieder in der Dunkelheit. Eine Rakete zischt an meinem Ohr vorbei und trifft auf die Wand, Knaller explodieren um mich herum wie zerberstende Sterne. Plötzlich merke ich, daß meine Tasche heiß wird. Zu spät. Es explodiert. Ein Knaller springt aus meiner Jacke.

«Pu!» Ich drehe mich vorwurfsvoll um, aber er ist schon verschwunden. Er läuft mit dem Rest der Familie nach Hause, um zu verhindern, daß die Teufel in unserer Abwesenheit dorthin zurückkehren.

Das Losar-Fest ——————————

Losar, früher einmal der wichtigste Feiertag im tibetischen Kalender, vibrierte von Echos aus der Vergangenheit. Im Potala zeigten Pilger auf den Balkon über dem großen Innenhof, von dem aus der Dalai Lama den rituellen Tänzen am Vorabend des Losar-Fests zugeschaut hätte. Alte Menschen erzählten von Pferderennen, Wettbewerben im Bogenschießen, vom Aufmarsch der Soldaten in zeremonieller Rüstung. Von diesem mittelalterlichen Gepränge war nichts mehr geblieben. Erst vor kurzem hatte man den Tibetern überhaupt wieder gestattet, ihr traditionelles Neujahrsfest zu feiern. Doch trotz der ständigen Beschwörung der glanzvollen Vergangenheit war kaum vorstellbar, daß die Aufregung früher noch größer gewesen sein könnte. Ich fragte mich, ob die Feierlichkeiten heutzutage nicht über ihre eigentliche Bedeutung hinausgingen. Bei manchen Menschen spürte ich einen gewissen Trotz, eine Entschlossenheit, die jahrelang mit einem Bann belegten Traditionen aufrechtzuerhalten – Traditionen, die von vielen Chinesen als Beweis für die Rückständigkeit der tibetischen Gesellschaft angesehen wurden.

«Ihr müßt früh aufstehen, um das neue Jahr zu begrüßen», hatte Deyangs Familie uns gesagt. Und um sicherzugehen, daß wir ihren Ratschlag auch befolgten, besuchten sie uns in unserem Zimmer und brachten uns *goldan*, einen alkoholhaltigen, aus Weizen und *chang* gemischten Getreidebrei, der traditionell am Neujahrsmorgen getrunken wurde.

«*Tashi delek! Tashi delek!*» riefen mehrere Stimmen durch den Türvorhang.

«*Tashi delek*», murmelten wir. Wir waren bei der Benutzung dieses Grußes vorsichtig geworden. Allerdings hatte ich, nachdem Lhamo uns zurechtgewiesen hatte, die Erfahrung gemacht, daß es kein echter Fehler war, ihn auch zu anderen Gelegenheiten zu benutzen. Als wir einmal mit einem Freund zu Abend aßen, dessen Cousine aus Indien zu Besuch gekommen war, wurde uns klar, daß wir nicht die einzigen waren, die unter einer gewissen Sprachverwirrung litten. Auch zwischen Tibetern gab es Mißverständnisse. Die Cousine erklärte uns den Grund für diese Ungereimtheiten: Das Tibetisch der Exiltibeter begann, sich von der Sprache, die in Lhasa gesprochen wurde, fortzuentwickeln. Bestimmte Begriffe aus dem Englischen und dem Hindi stahlen sich in das Vokabular der Exilanten, chinesische Begriffe in die Sprache der Daheimgebliebenen.

«Keine Bange, heute könnt ihr *Tashi delek* sagen.» Deyang lachte über unsere Verlegenheit, als sie uns jeweils einen *katag* um den Hals legte. Rosemary machte eine anerkennende Bemerkung über die Reinheit der Seide.

«Ihr seid unsere Gäste, deshalb ist es uns eine Ehre», sagte Deyang und erklärte, daß es unterschiedliche Klassen von Schals gab, je nach dem Rang der Person, die man damit grüßen wollte. Die feinsten schenkte man nur den hohen Lamas oder legte sie um religiöse Statuen, um damit die Götter zu grüßen.

«Es ist schwer, heute gute *katags* zu bekommen», fügte sie hinzu. «Ihr habt ja gesehen, was auf dem Barkhor verkauft wird – billige Dinger aus Gaze oder minderwertiger Seide.»

Hinter Deyangs Familie traten Lhamo, Yangzom und Tsewang in unser Zimmer. Auch sie hatten uns *goldan* mitgebracht, und die beiden Familien wetteiferten darin, uns unaufhörlich von dem Getränk einzuflößen. Dawa reichte mir ein Glas.

«*Chö, chö.*» Trink.

Ich tauchte die Spitze meines Mittelfingers dreimal in das Getränk und spritzte die Tropfen als Opfer für die Götter in die Luft. Während ich trank, sang Dawa ein Lied zum Ruhm dunkeläugiger Frauen und lächelte geheimnisvoll. Er hatte mich in einem schwachen Moment erwischt. Zu Ehren des Neujahrsmorgens war er in ein traditionelles tibetisches Gewand gekleidet: eine bodenlange *chuba*, die an den Hüften mit einer roten Seidenschnur zusammengebunden war, dazu hohe Stiefel und einen Seidenhut mit Pelzspitze und Ohrklappen, der auf seinem frischgewaschenen Haar hin und her rutschte. Ich betrachtete ihn, doch offenbar zu lange, denn sein Lied war längst verstummt, und er wirkte verlegen: «*Gen la, chang chö da.*» Lehrerin, trink den *chang*, sagte er, wandte sich ab und beschäftigte sich damit, die Falten der *chuba* seines Neffen zu glätten.

Deyang bot mir die *chima* an – das hölzerne Opferkästchen mit Weizen und *tsampa*. Das Getreide war mit kleinen Fahnen aus Silberpapier und gefärbter Butter geschmückt. Ich nahm jeweils eine Prise und warf sie in die Luft. Das war offenbar falsch. Rosemary nahm eine Prise und steckte sie in den Mund. Auch sie hatte es offenbar falsch gemacht, aber die Tibeter waren zu höflich, um es uns zu sagen. Erst als wir das Ritual in anderen Häusern der Nachbarschaft sahen, lernten wir, daß man jeweils eine Prise nimmt, sie dreimal als Opfer für die Götter in die Luft wirft und dann den Rest aufißt.

Deyangs Familie war auf dem Weg zum Potala und lud uns ein, mit ihnen zu gehen. Früher war der Jokhang-Tempel der zentrale Ort für die Feierlichkeiten des Losar-Festes gewesen, doch jetzt besuchten viele Menschen auch den Potala, um seinem im Exil weilenden Bewohner damit eine besondere Ehre zu erweisen.

Dawa bot mir an, mich hinten auf seinem Fahrrad mitzunehmen, da das Rad, das mir Mr. Li geborgt hatte, einen platten Reifen hatte. «*Terge!*» Laß uns fahren, rief er und bedeutete mir, ich solle auf den Gepäckträger springen. Während wir durch die holprigen Straßen sausten, drehte er sich um, um sich mit mir zu unterhalten, fuhr in abenteuerlichen Schlangenlinien und streifte die anderen Fahrradfahrer. Ängstlich umklammerte ich seine Taille und bewunderte die tibetischen und chinesischen Mädchen, die mit beneidenswerter Gelassenheit hinter ihren Männern im Damensitz saßen.

Die Stadt war voll mit Gruppen feiernder Tibeter. Die unsichere Prahlerei vieler junger Menschen wie Dawa ließ darauf schließen, daß sie zum erstenmal tibetische Kleider trugen. Manche Mädchen hatten geschnürte Taillen, und ihre Hände waren unter Seidenärmeln versteckt, die über die Fingerspitzen ragten – eine Tracht, die sie früher als Damen des Müßiggangs ausgewiesen hätte. Und auch die traditionelle Lhasa-Tracht sah man zwischen den Schaffellen der Pilger aus Kham und Amdo; zu Ehren des Neujahrsfests hatten viele Hauptstadtbewohner die chinesische Kleidung abgelegt.

«Alle sagen, sogar Wu Jinghua würde heute tibetische Kleider tragen», bemerkte Dawa, als wir an der hohen Mauer vorbeifuhren, hinter der sich die Wohnung des obersten Führers von Tibet verbarg. Von Wu Jinhua, einem Yi aus Südchina, hieß es, er sympathisiere mit den Tibetern. Der Partei ging diese Sympathie schließlich doch zu weit. Er bekam den offiziellen Spitznamen «der Lama-Sekretär» und wurde zwei Jahre nach meiner Rückkehr aus dem Amt entfernt, weil es ihm nicht gelungen war, die Unruhen in Tibet niederzuhalten.

«Warum trägt er tibetische Kleider?» fragte ich.

«Die Leute glauben, er will damit zeigen, daß er die tibetischen Traditionen unterstützt. Ihm ist es zu verdanken, daß heute so viele Leute aus Lhasa tibetische Kleider tragen.»

Viele, aber längst nicht alle. Nicht weit vom Potala entfernt trafen wir einen meiner Schüler, der statt des dicken tibetischen Wollmantels eine dünne chinesische Baumwolljacke trug. Als ich ihn fragte, warum er keine *chuba* anhabe, murmelte er ein paar unverständliche Worte. Er war Parteimitglied und hegte offenbar Vorbehalte gegen eine Zurschaustellung nationalistischer Gefühle. Vielleicht teilte er aber auch die Angst vieler Menschen, die liberale Phase könne rasch vorübergehen und das Tragen traditioneller Kleidung werde ihm später einmal zur Last gelegt. Oder er hatte für die gegenwärtige Politik der Regierung nur Zynismus übrig.

«Sie glauben, wenn wir alle wie richtige Tibeter aussehen, könnten sie beweisen, daß die Freiheit nach Tibet zurückgekehrt ist», hatte mir einer meiner Schüler gesagt, als unser Unterricht zum zweitenmal von einem chinesischen Reporter unterbrochen wurde, der die Schüler nach Hause schickte, damit sie ihre *chubas* holten – er wollte Fotos für die Zeitung machen. Viele folgten seiner Aufforderung nur widerwillig; sie sahen darin eine reine Zeitverschwendung, und die Anwesenheit des Reporters war ihnen unangenehm. Einige Schüler drückten echte Empörung aus. Sie seien stolz auf ihre Tracht, erklärten sie mir, aber es sei erniedrigend, zum Tragen der traditionellen Kleider gezwungen zu werden, nachdem man ihnen jahrelang gepredigt habe, daß es ein Zeichen der Rückschrittlichkeit sei, und viele Chinesen noch immer so dächten. Während sich die meisten Schüler einige Tage später gespannt über die Zeitung beugten, um zu sehen, wer auf dem Foto zu erkennen sei, hielten sich diese Schüler abseits und pafften mit demonstrativer Gleichgültigkeit ihre Zigaretten. Dawa hörte aufmerksam zu, als ich ihm von der Sache berichtete, aber er ließ sich nicht in eine Diskussion verwickeln. Heute war er stolz auf seine *chuba*.

Unterhalb des Potala ließen wir das Fahrrad stehen. Der große Palast ragte über uns auf wie ein riesiger weißer Vogel, der sich an einen einsamen Berggipfel schmiegt. Dawa drehte sich zu mir um und lächelte.

«Wenn die große Flut kommt, die die Welt beendet, wird der Potala sich auf seinen Flügeln über die Wasser erheben und davonfliegen.»

Wir blieben eine Weile stehen und beobachteten die Pilgerschar, die wie ein weitverzweigtes Netz mit großen dunklen Knoten über den hellen Stein nach oben zog. Auf dem halben Weg ruhten wir noch einmal aus und schauten hinunter. Unter uns breitete sich das Tal mit seinen glänzenden Blechdächern aus. Die Konturen der Berge hoben sich scharf vom Himmel ab.

«Von mir aus könnte die Flut das alles unter sich begraben», murmelte Dawa in einer plötzlichen Anwandlung von Zorn. «Obwohl es noch immer tausendmal besser ist als Ngari.» Er runzelte die Stirn.

Die meisten Tibeter sprachen in einem ehrfürchtigen Tonfall von Ngari. In der Provinz Ngari lag das Zentrum der buddhistischen Welt, und jeder religiöse Mensch träumte von einer Pilgerfahrt zum heiligen Berg Kailash, auf Tibetisch

Khang Rinpoche genannt. Doch Dawa konnte diesem Namen nichts Mystisches abgewinnen. Man hatte ihn dazu vergattert, für den Rest seines Lebens dort zu wohnen und zu arbeiten. Alle zwei Jahre stand ihm, so wie jetzt, ein dreimonatiger Urlaub in Lhasa zu, und er versuchte, die Zeit zu nutzen und eine Versetzung an eine Arbeitseinheit in Lhasa zu erwirken. Ohne Erfolg.

«Sollen wir weitergehen?» Er zuckte mit den Schultern und lenkte das Gespräch wieder auf den Potala. Er zeigte auf den Roten Palast, der sich über dem Weißen Palast erhob. Die preißelbeerfarbenen Backsteine und die sieben Stockwerke tief herunterwallenden Vorhänge aus Yak-Haar zeugten von seiner besonderen Heiligkeit. Dort befanden sich die Wohnräume der Dalai Lamas sowie die meisten Kapellen und Heiligtümer.

«In diesem Teil», er deutete vage in Richtung Westen, «war die klösterliche Gemeinschaft des Dalai Lama untergebracht. Aber die Mönche fungieren jetzt nur noch als Hausmeister. Der Potala ist heute kein Kloster mehr.»

Wir ruhten uns im lichten Schatten eines Baumes aus, der sich in einer Maurerritze angesammelt hatte. Die Treppenstufen waren so hoch, als seien sie nicht für Sterbliche, sondern für die Götter gebaut, die das «Paradies der Buddhas» bewohnten. Wir sind fast da, sagte ich mir und richtete meine Augen fest auf einen riesigen Portikus am oberen Ende der Treppe. Doch als wir näher kamen, sah ich Gras und Unkraut über den Rändern des Tores wuchern. Die alten Stufen waren schon halb zerbröckelt. Die Treppe, auf der wir nach oben stiegen, wandte sich in die andere Richtung und führte weiter bergauf.

Ich gab dem *chang* die Schuld an meiner Kurzatmigkeit. Als wir endlich oben angekommen waren, gesellte ich mich zu den anderen und überließ es Dawa, die große Gebetsmühle zu drehen. Geölt mit Butter und vollgestopft mit Opfergaben, drehte sie sich ächzend um die eigene Achse. Ich fragte ihn, welche Gebete sich im Innern des Rades befanden und mit jeder Umdrehung in den Himmel geschickt wurden. Aber er hörte mich nicht, so sehr konzentrierte er sich auf das Drehen der Mühle und auf seine eigenen Gebete.

«Lehrerinnen, guten Tag!» Sonam und Kelsang, zwei unserer Mönch-Schüler, standen am Eingang zum Innenhof. In ihrer klösterlichen Aufmachung waren sie kaum wiederzuerkennen. Sie trugen neue, kastanienbraune Gewänder und gelbe Hahnenkamm-Hüte, die sie lässig über die Schultern geworfen hatten. Ihre Häupter waren frisch geschoren.

«Ihr seht phantastisch aus.» Rosemary ging bewundernd um sie herum. Sonam strahlte. Ich dachte an den schmutzigen, gelben Strickhut, den er normalerweise über seinem Stoppelhaar trug, und an die braunen, von Butterflecken schon ganz steifen Nylonhosen.

«Heute keine Arbeit», sagte Sonam auf Englisch. «Heute Mönch.»

«Mönch und Fremdenführer.» Kelsang trat zu ihm. «Wir zeigen Lehrerinnen Potala.»

«Kommen Sie.»

Sie gingen mit uns über den sonnengebleichten Innenhof zur linken Seite der drei Treppenfluchten, die zum Palast hinaufführten. Eine Gruppe von Kadern von der Bildungsbehörde in Kunming – so verkündeten es jedenfalls die roten Anstekker an ihren Brusttaschen – schlenderte gegen den Strom auf der anderen Seite herunter; angesichts des blendenden Lichts im Innenhof griffen sie alle gleichzeitig nach ihren Sonnenbrillen. Die mittlere Treppe war abgesperrt und glänzend poliert.

«Sie ist bereit für den Dalai Lama», sagte Kelsang, als wir im nächsten Stockwerk angelangt waren.

Sonam, der hinter mir ging, zeigte auf die bemalten Wände. «Hier können Sie sehen, wie der Potala gebaut wurde.»

Von der Zeit vor den Dalai Lamas, als die Welt noch ein großer Ozean gewesen war, von der Zeit des ersten Königs von Tibet, der an einer Schnur vom Himmel kam, bis zur Inthronisierung des vierzehnten Dalai Lama im Jahre 1939, bei der inmitten der Menschenmenge selbst der britische Botschafter bis ins kleinste Detail mit Armbanduhr und einem kleinen *Union Jack* am Revers abgebildet ist, wird Tibets religiöse Geschichte an den Wänden seiner Klöster wieder lebendig.

«Das ist König Songtsen Gambo.» Mit der Handfläche nach

oben zeigte Sonam auf eine mit einem Turban bekleidete Gestalt. «Er hat vor eintausenddreihundert Jahren eine Festung auf dem Potala-Berg erbaut.»

Aber es war der fünfte Dalai Lama, den man in Tibet auch den Großen Fünften nannte, der für die einzigartige Pracht des Potala-Palastes verantwortlich war. Der Palast ist dreizehn Stockwerke hoch und über vierhundert Meter lang. Der Bau wurde 1645 begonnen und dauerte vierzig Jahre. Der Dalai Lama starb, ehe der Palast vollendet war, doch sein Regent, der wußte, daß die Arbeiter die beschwerlichen Bauarbeiten für niemand anderen ertragen würden als für den Dalai Lama, hielt seinen Tod fünfzehn Jahre lang geheim.

Deyangs Mutter hatte es eilig, zu den Heiligtümern zu kommen, und hatte bereits eine Butterlampe und eine Handvoll Münzen aus ihrer *ambac*, der großen Brusttasche ihrer *chuba*, hervorgeholt. Wir reihten uns in die Schlange ein, die sich, Stiege für Stiege, bis zum Dach des Potala wand. Als wir endlich aus der stickigen Dunkelheit und dem Gedränge warmer Schaffelle wieder auftauchten, fanden wir uns zwischen herrlichen Pagodendächern unter dem freien Himmel wieder. Ich hielt den Atem an. Das Durcheinander von Farben, Bildern und Gerüchen verwandelte sich plötzlich in die klaren Konturen von Gold und Kobaltblau. Rosemary schien von der schlichten Größe ebenso beeindruckt wie ich. Wir standen am Rand des Daches und schauten über die eisigen Berggipfel jenseits des Klosters Sera.

Kelsang holte uns. Er hatte Angst, wir könnten die Besichtigung der Wohnräume des vierzehnten Dalai Lama verpassen. Er hatte einen alten Mönch überreden können, sie für uns zu öffnen.

«Hier entlang bitte, Lehrerinnen», grinste er und machte eine westlich übertriebene, schwungvolle Handbewegung. Ich schaute Rosemary an.

«Aus der Englischstunde von gestern?»

Sie lachte.

Die anderen hatten sich bereits auf dem polierten Holzfußboden im Audienzsaal des Dalai Lama niedergeworfen. Es gab keinen Altar, von dem man sich verbeugen konnte, nur den hohen, seidenbedeckten Thron, auf dem der Dalai Lama bei seinen Audienzen zu sitzen pflegte. Auf dem Thron lag ein safrangelbes, kegelförmig zusammengefaltetes Gewand – als hätte sich sein Besitzer, in intensive Meditationen vertieft, nur vorübergehend vergeistigt.

Deyangs Mutter stand auf und schaute uns an. Ich schaute zu Rosemary und fragte mich, ob wir uns auch auf den Boden werfen sollten. Die Tibeter fragten uns oft, ob wir an eine Religion glaubten. Daß es eine andere Religion als die ihre sein mußte, war dabei für sie selbstverständlich. Einmal erschien ein westlicher Mönch in einem meiner Abendkurse. Die Schüler starrten ungläubig auf seine Kutte und seine blasse Kopfhaut. «An welche Religion glaubt er?» fragten sie mich später. Er konnte kein Buddhist sein, denn er war kein Tibeter.

Die Vorstellung der Bekehrung ist dem tibetischen Buddhismus fremd. So fremd sogar, daß man einer Gruppe Kapuzinermönche, die im achtzehnten Jahrhundert in Lhasa eintraf, um die Tibeter zum Christentum zu bekehren, erlaubte, in den Klöstern Messen zu feiern. In dreißig Jahren bekehrten die Mönche gerade sechsundzwanzig Menschen: ihre Diener. Tibeter zu sein hieß Buddhist oder Bonpo zu sein, und damit war die Sache erledigt.

Doch sich auf den Boden zu werfen war ein Zeichen des Respekts, und da alle um uns herum auf dem Boden lagen, schien es ein Affront, einfach daneben zu stehen. Deyangs Mutter erwartete offenbar von uns, daß wir uns ebenfalls hinlegten, dachte ich, während ich mich etwas ungeschickt auf dem Boden ausstreckte. An diesem Tag schien es besonders passend zu sein, jenen Mann zu ehren, den aus der Familie nur Deyangs Mutter noch mit eigenen Augen gesehen hatte, der jedoch in unseren Phantasien allgegenwärtig war. Dawa zeigte auf das seidenbedeckte Fenster, von dem aus der Dalai Lama früher den Neujahrstänzen im Innenhof zugeschaut hatte. Deyang sprach von den Pilgern, die an diesem Tag ehrfurchtsvoll am Thron vorbeigegangen waren, um entsprechend ihrem Status entweder mit einem seidenumwickelten Stock oder mit den Händen des Dalai Lama gesegnet zu werden. Mir kam eine Szene aus den Memoiren des Dalai Lama in den Sinn: ein kleiner Junge, der verloren auf seinem riesigen Thron sitzt, vom Lesen müde geworden ist und an den Wänden die Ereignisse aus einem seiner früheren Leben studiert, die dort abgebildet sind.

Durch die Privaträume des Dalai Lama gingen wir zurück aufs Dach. Dann reihten wir uns wieder in die langsam vorwärtsrückende Schlange ein und stiegen durch die verschiedensten Kapellen und Wohnräume anderer Dalai Lamas hinab. Tausende von Eindrücken stürzten auf uns ein. Von jeder Wand sahen uns gemalte Gottheiten entgegen. Auf Lotusthronen, dem Symbol für Reinheit, sitzend, schauten sie mit sanftem Mitgefühl auf uns herab. Andere waren mit abgeschlagenen Menschenköpfen umkränzt oder mit menschlicher Haut umhüllt und tanzten auf lebenden Körpern, um das menschliche Ego zu vernichten. Doch diese Wandgemälde bildeten nur den Hintergrund für die vergoldeten Bildnisse von Göttern, Königen und Dalai Lamas, die die engen Kapellen bevölkerten. Behängt mit *katags* und diversen Opfergaben – gekochten Süßigkeiten, Plastikarmreifen und in die Falten ihrer Gewänder geklemmten Gerstenkörnern –, geschwärzt vom Schweiß unzähliger Stirnen, die sich inbrünstig an sie preßten, forderte jedes einzelne von ihnen unsere Aufmerksamkeit.

In einer besonders dunklen Kapelle war nur das Gesicht eines Mönchs zu sehen; es glühte im Widerschein unzähliger Flammen, die in einem großen Butterfaß flackerten. Er beugte sich über die Kerzen und richtete die Dochte mit einer Silberzange auf. Als wir an ihm vorbeikamen, schüttete er uns safrangelbes Wasser in die hohlen Hände. Wir nahmen einen kleinen Schluck und sprenkelten den Rest über unsere Köpfe. Es reinigte Körper und Geist, erklärte mir Deyang. In einer anderen Kapelle erzählte uns ein Mönch, der mit einem großen Wolltuch den Boden polierte, von einem Feuer, das im vorigen Jahr ausgebrochen sei und viele der *thangkas*, der religiösen Gemälde, zerstört habe.

«Aber wir haben die Bücher retten können», sagte er mit offensichtlichem Stolz und glitt auf dem Wolltuch zum anderen Ende der Kapelle, eine glänzende Spur aus Ruß und Butter hinter sich lassend. «Hier sind die gesammelten Werke des fünften Dalai Lama.» Er nahm einen langen, schmalen Band aus einem Wandregal und entfaltete den Stoffeinband. Wie bei allen tibetischen Büchern lagen die fasrigen Innenseiten lose zwischen zwei mit reichen Schnitzereien verzierten Holzdeckeln. Deyangs Mutter berührte das Buch mit der Stirn und forderte uns auf, es ihr gleichzutun. Ebenso wie die Nadeln, die sie in die Gewänder der Statuen gesteckt hatte, würde dies dazu beitragen, unseren Verstand zu schärfen. Als wir langsam weitergingen, unter Bücherregalen durchkrochen und verschiedene Reliquien mit dem Kopf berührten, hatte ich das Gefühl, an einer Art religiösem Hindernisrennen teilzunehmen. Dann fiel mir ein, daß es in allen Religionen Menschen gab, deren Glauben sich auf Handlungen wie diese konzentrierte, und andere Menschen, die in ihnen nur eine Möglichkeit sahen, ihre Gedanken zu bündeln, deren religiöses Verständnis jedoch weit über die konkreten Rituale hinausging.

Kelsang verschwand. Sonam führte uns weiter und stellte uns den verschiedenen Mönchen vor, die für die einzelnen Kapellen verantwortlich waren. Gelegentlich blieb er bei einem von ihnen stehen, um eine persönliche Bemerkung oder einen Scherz auszutauschen. Die älteren Mönche schienen ihn sehr gern zu mögen, und er hatte keine Skrupel, sie in ihren Meditationen zu stören, um uns jedes einzelne Bild zu erklären. Auch die Buddhas behandelte er mit der gleichen jovialen Vertraulichkeit.

«Das hier ist Tsongkhapa, der Gründer der Gelukpa-Sekte», sagte er, als er uns zwischen den kahlen Säulen einer verlassenen Zeremonienhalle hindurchführte, und tätschelte der Statue lässig das Knie.

Am Ende der Galerie tauchte Kelsang wieder auf. «Bitte hier entlang, Lehrerinnen!» rief er und leitete uns an der Schlange von Pilgern vorbei, die bereits zum hellen Ausgang drängten. Wir stiegen durch dunkle Flure weiter hinab. Trotz des Durcheinanders verschiedenster Eindrücke registrierte ich, daß wir nur einen Bruchteil der Reichtümer des Potala gesehen hatten. Irgendwo jenseits dieser Flure mußten sich die unzähligen Vorratskammern befinden, die einst mit kostbaren Schriftrollen und uralten Rüstungen angefüllt gewesen waren; die Bibliotheken mit den illuminierten Manuskripten, die in einer aus wertvollen Metallen gewonnenen Tinte geschrieben waren; die Keller, in denen die Regierungsvorräte an Butter, *tsampa,* Tee und Stoffen gelagert hatten...

Was wohl davon noch übrig war? Die Frage war unmöglich zu beantworten. Zhou Enlai hatte die Armee geschickt, um den Potala während der Kulturrevolution zu schützen, doch ich erinnerte mich daran, daß mir jemand erzählt hatte, der Potala habe, ebenso wie der Jokhang-Tempel, den Hintergrund für Kämpfe zwischen verschiedenen Fraktionen der Roten Garden gebildet. Anläßlich der Feier eines Sieges im chinesisch-sowjetischen Grenzkonflikt habe der Lian He Pai (Vereinigungsflügel) den auf einem Berghang unter ihm lagernden Zhao Fan Pai (Revolutionsflügel) mit Steinen beworfen. Der Schüler, der mir davon erzählte, war damals gerade auf dem Weg ins Krankenhaus gewesen, hatte sich jedoch stundenlang versteckt, weil er es nicht wagte, den Graben, der in der Mitte der Peking-Straße ausgehoben worden war, zu betreten. Der Lian He Pai besaß, wie man allgemein glaubte, die Unterstützung der Volksbefreiungsarmee, die ihn auch heimlich mit Waffen belieferte. Wichtigster Umschlagplatz war das Kino: nach dem Film «vergaßen» die Soldaten ihre Waffen, und die Mitglieder des Lian He Pai warteten schon darauf, sie zu stehlen.

Ich war dem Gespräch eine Weile lang nicht gefolgt und hatte meinen eigenen Gedanken nachgehangen. Deshalb hatte ich nicht mitbekommen, wohin man uns führte. Als wir an das Ende eines langen Gangs kamen, schaute ich überrascht auf. Eine massive, rote Tür mit einem uralten Schloß und einem Türklopfer in Gestalt eines Schneelöwen schien uns den Eintritt zu verwehren.

«Das ist das Grabmal des dreizehnten Dalai Lama», flüsterte mir Rosemary zu, als wir im schwachen Schein der Butterlampe von Deyangs Mutter warteten. «Keiner von ihnen hat es bisher gesehen.»

Um uns herum glänzte dunkles Gold. Mit schweren Türkisen und Rubinen besetzt und von einer stattlichen Anzahl von Pagodendächern gekrönt, ragte es vierzehn Meter in die Höhe.

«Das Grabmal des dreizehnten Dalai Lama», verkündete Sonam voller Stolz.

«Mehr als eine Tonne Gold waren nötig, um es in dieser Form zu errichten», fiel Kelsang ein, der sich nicht von seinem Freund in den Schatten stellen lassen wollte. «Es stammt von den Geschenken, die der Dalai Lama im Laufe seines Lebens bekommen hat.»

«Auch das waren alles Geschenke.» Sonam zeigte auf die Krüge aus Porzellan, Cloisonné und Silber, die rings um den Fuß des Grabmals standen. «Der dreizehnte Dalai Lama hatte ein sehr langes Leben, und er hat viele Geschenke bekommen. Deshalb ist sein Grabmal so schön.»

Aber die verkohlten Dochte waren längst in den Butterfässern ertrunken; in den silbernen Opferschalen lag Eis. Selbst der Geruch von Räucherstäbchen und Butterlampen war verflogen, und die Wandbehänge strömten keine vertrauten Düfte aus. Vergeblich schaute sich Deyangs Mutter nach einem Platz um, an dem sie ihre Opfergaben hätte lassen können. Keine Lampen, die sie mit Butter füllen konnte, kein *tsampa*-Häufchen, dem sie hätte etwas hinzufügen können, kein wachsamer Mönch. Es war ein Ort für Touristen geworden, ein Museum, ein Mausoleum.

Die folgende Woche war mit Festlichkeiten ausgefüllt. Schüler, Freunde, Bekannte – alle luden uns ein, mit ihnen zu Hause zu feiern. Aus Unwissenheit nahmen wir alle Einladungen an, bis sich herausstellte, daß sie alle davon ausgingen, daß wir jeweils einen ganzen Tag mit ihnen verbrachten. Verwirrung, peinliche Erklärungen und endlos hinausgezögerte Abschiede waren die Folge. Wir waren gezwungen, uns von einem vierstündigen Festessen ins nächste zu stürzen.

Im Hause einer tibetischen Adelsfamilie wurden zu unseren Ehren gebratene Hähnchen und gebackene Kartoffeln auf einem Silberteller serviert, der zu Beginn des Jahrhunderts in

London gestempelt worden war. Eine andere Adelsfamilie lud uns zu einem traditionellen tibetischen Festessen ein, das, der alten förmlichen Küche der Oberklasse entsprechend, stark von der chinesischen Küche beeinflußt war.

Ausgerechnet bei Jampa, einem Parteimitglied, bekamen wir eine echte, fast provokativ tibetische Mahlzeit. Das chinesische Ehepaar, das mit uns eingeladen worden war, stocherte verächtlich in Trockenfleisch und *tsampa*-Kuchen mit Käse und Zucker herum und warnte uns vor dem Genuß von *chang*.

Jampa bewohnte eine moderne Wohnung in einem Gebäude seiner Arbeitseinheit. Trotz vieler Privilegien – er hatte fließendes Wasser und einen elektrischen Herd – hätte er lieber in einem tibetischen Haus im tibetischen Teil der Stadt gewohnt. Die Räume waren zu klein für tibetische Möbelstücke, und im Sommer konnte man sein eigenes Wort nicht verstehen, weil der Regen auf das Blechdach prasselte. Die im chinesischen Stil erbauten Häuser seien für das tibetische Klima völlig ungeeignet, erklärte er uns aufgebracht. Anders als die tibetischen Häuser, die mit ihren großen Fenstern und dicken Lehmwänden die Wärme des Tages förmlich aufsogen, war es in den modernen Wohnungen ständig kalt. Der Staat hatte rund um den Jokhang-Tempel ein paar tibetische Häuser gebaut, doch mußte Jampa einräumen, daß die Errichtung dieser Häuser sehr viel teurer gewesen war als der Bau chinesischer Neubaublöcke.

Niemand nannte Jampa *go-niba* – einen Kollaborateur. Schon bei unserem ersten Treffen machte er seine Position deutlich. Leicht berauscht, erklärte er mir mit trotzigen Gesten den Unterschied zwischen Tibetern und Chinesen. Dazu streckte er in einer geraden Linie seine Hand aus. Das sei die tibetische Art, etwas zu tun. Dann bewegte er seine Hand in heftigen Schlängellinien nach vorn. Das sei die chinesische Art, erklärte er mir. Er war überzeugter Tibeter, und wie viele andere begründete er seinen Eintritt in die Partei mit dem Glauben, daß sich das Leben für die Tibeter nur verbessern ließe, wenn man mit den Chinesen zusammenarbeitete.

Ausgerechnet bei einem offiziellen Losar-Empfang wurde

ich dann mit dem alles durchdringenden Charakter tibetischer Unzufriedenheit konfrontiert. Ich wurde zwei tibetischen Parteimitgliedern vorgestellt, die den größten Teil des Nachmittags mit mir verbrachten. Sie hatten in China studiert und arbeiteten jetzt in der Verwaltung. Ich weiß nicht, wodurch es ausgelöst wurde – es könnte der Sänger gewesen sein, der leise nostalgische Weisen aus dem tibetischen Exil zu singen begann. Jedenfalls redeten sich plötzlich beide Männer ihre Bitterkeit von der Seele, offenbarten ihren Groll gegen die Chinesen und berichteten von den Schwierigkeiten, die mit ihrer eigenen Position verbunden waren. Einer von ihnen brach schließlich in Tränen aus, und obgleich wir ziemlich abseits in einer Ecke saßen, drohte sein Schluchzen die Aufmerksamkeit zweier Armeeoffiziere in unserer Nähe zu erregen. Wir flüchteten durch einen Seitenausgang.

Am dritten Tag des Losar-Fests – und nicht am dritten Februar oder am dritten Tag der Woche, wie ich zuerst verstanden hatte – besuchte ich Tsultrim und Ngodrup; ihre Einladung war nicht die einzige, die in der Verwirrung der verschiedenen Kalender untergegangen war.

Tsultrim und Ngodrup waren vor kurzem aus Osttibet nach Lhasa gekommen. Auf den ersten Blick schienen sie die Ängste der älteren Tibeter vor einer Sinisierung der jüngeren Generation zu bestätigen. Im Unterricht unterhielten sie sich auf Chinesisch, und wenn sie versuchten, tibetisch zu sprechen, wurden sie von den anderen geneckt. «Viereinhalb Worte chinesisch, ein halbes Wort tibetisch», witzelten die anderen Schüler, obwohl auch ihr Tibetisch mit chinesischen Begriffen gespickt war.

Da sie in Lhasa keine Verwandten hatten, bewohnten sie in ihrer Arbeitseinheit ein Zimmer am Ende eines Betonflurs. Die Decken auf den schmalen Metallbetten waren auf chinesische Weise gefaltet: übereck zusammengeschlagen, Kopfkissen und Kopftuch ordentlich darüber arrangiert. Die Wände waren mit Kalendern mit chinesischen Pin-ups geschmückt; sie waren bei Juli und August aufgeschlagen, den Monaten mit den hübschesten Fotomodellen. Dazwischen hing ein Bildnis von Tsongkhapa, das wohl als Zugeständnis an das Losar-Fest gedacht war. Doch darunter standen nicht die traditionellen Opfergaben aus *tsampa* und *khabse*, sondern die Silbertrophäen, die Tsultrim in verschiedenen Sportwettkämpfen errungen hatte.

Wir sprachen auf chinesisch über Discomusik und tranken Qingdao-Bier, doch ihre Gefühle gegenüber China waren äußerst vielschichtig. Beide hatten drei Jahre in Peking verbracht, wo man ihnen ständig das Gefühl gegeben hatte, den Chinesen unterlegen zu sein. Ngodrup erzählte, wie er einmal ein Geschäft in der Nähe des Tiananmen-Platzes betreten habe; zwei Chinesinnen seien daraufhin in Panik geraten, hätten ihre Einkäufe auf dem Tresen gelassen und seien hinausgelaufen. «Ich hörte noch, wie sie einander zutuschelten: ‹Laß uns schnell gehen!› Wahrscheinlich dachten sie, ich sei gemeingefährlich.» Aber Ngodrup und Tsultrim waren ehrgeizig. Sie würden jederzeit nach China zurückkehren.

Nach diesem Besuch kehrte ich durch den tibetischen Stadtteil zurück, wo die Menschen inzwischen auf den Dächern feierten. Über den fadenscheinigen Resten des letzten Jahres war ein Wald neuer Gebetsfahnen entstanden. Von den Stöcken an den Ecken der Häuser ausgehend, in neuen, klaren Formen, mit frischen Gebeten versehen, forderten sie die Leuchtkraft des Himmels heraus. Rot, Grün, Blau, Weiß und Gelb – die Farben stimmten jeweils mit den Elementen des Jahres überein, in dem die Familie geboren war.[*] Aber auf Tibetisch werden sie nicht Fahnen genannt. Sie heißen «Windpferde» und tragen ihre aufgedruckten Gebete im Namen aller empfindungsfähigen Lebewesen mit dem Wind in den Himmel empor.

Als ich über den Barkhor nach Hause ging, marschierten

---

[*] Nach dem tibetischen Kalender war 1986 das Jahr 2113 bzw. das Jahr des Feuers und der Tigerin. Die tibetische Zeitrechnung beginnt mit der Geburt Buddhas. Ihr Kalender gründet sich auf einen sechzigjährigen Zyklus. Jeder Zyklus wird nach einem der fünf Elemente – Holz, Feuer, Erde, Eisen und Wasser – und zwei Tieren benannt, wobei das erste weiblich und das zweite männlich ist.

ganze Familien, wie Ketten aus Papierpuppen zusammenge-
fügt, in feierlichen Prozessionen im Kreis über die Dächer ihrer Häuser. In rhythmischen Abständen hob sich ein Arm
über die Köpfe der Menschen, schleuderte *tsampa*-Körner
und *chang*-Tropfen in die Luft.

«*Lha ge lo.*»

«*Lha ge lo.*»

«... *ge lo.*»

«... *lo.*»

Gedämpft vom Wind drangen ihre Rufe zu mir herunter
und erstarben, ehe sie den Boden erreichten. *Sieg den Göttern!*, verkündeten sie mit den Gebeten der Fahnen. Aber im
Hintergrund blähten sich andere Fahnen, rötere und größere,
mit den Sternen der Kommunistischen Partei.

Das große Gebet ━━━━━━━━━━

Morgendämmerung. Ich bin im Jokhang-Tempel. Unter mir, auf den gefrorenen Steinplatten des Innenhofs, kauern tausend Mönche in granatroten Gewändern. Weiche, alternde Gesichter zeugen von einer nachdenklichen Distanz, die stoppeligen Häupter und fein gewölbten Nacken der jüngeren Mönche lassen an Schlaf denken.

Nach oben zum Himmel hin öffnet sich der Jokhang-Tempel mit unzähligen Balkonen und goldenen Dächern, die, wie Blütenblätter, in einem plötzlichen Moment überwältigender Pracht die ersten Sonnenstrahlen auffangen. Es ist eine günstige Tageszeit, sagt eine alte Frau neben mir: Die Sonne steigt auf, und der Geist ist noch unbewölkt. Daß sie die Gebete der Mönche nicht versteht, bereitet ihr wenig Sorgen; sie wird schon dadurch religiöses Verdienst erwerben, daß sie dem Monlam Chenmo, dem Großen Gebet, beiwohnt.

Die Tradition des Monlam Chenmo als jährliche Neuverpflichtung Tibets zum buddhistischen Glauben geht bis ins 15. Jahrhundert zurück. Jahr für Jahr füllte sich der Jokhang mit zwanzigtausend Mönchen aus den Klöstern Lhasas, die drei Wochen lang für die Welt, mehr Wohlstand und reichere Ernten beteten. Wie die meisten Feste wurde Monlam auf die einheimischen Neujahrsfeierlichkeiten übertragen, was ihnen eine zusätzliche esoterische Bedeutung verlieh.

Die Buddhisten sehen die Welt in einer Phase des Niedergangs, in der bei anwachsendem Übel Buddhas Lehre verdunkelt wird. Das Gebetsfest sollte die mit Seuchen, Kriegen und Hungersnöten verbundenen Übel verringern und auf das neue Zeitalter vorbereiten, in dem Jampa, der zukünftige Buddha, in die Welt hinabsteigen wird. Während des Monlam-Festes pflegte die tibetische Regierung unter den Mönchen Almosen von symbolischer Bedeutung zu verteilen: Heilpflanzen gegen Krankheit, Seide gegen die Gefahr der Verletzung durch Waffen – und Fleisch, Suppe und Geld gegen die Bedrohung durch eine Hungersnot. Am letzten Morgen wurde eine Jampa-Statue aus dem Jokhang-Tempel gebracht und in einer rituellen Umkreisung um den Tempel getragen, um das Erscheinen dieses Buddhas am Ende der gegenwärtigen kosmischen Phase des Niedergangs zu symbolisieren.

Zum erstenmal seit 1959 konnte in diesem Jahr das Monlam-Fest wieder gefeiert werden. Es sollte ein kurzes Wiederaufleben sein. Zwei Jahre später, als Jampa in sein Heiligtum und ich nach England zurückgekehrt war, drang die Polizei in den Jokhang-Tempel ein und beendete die Gebete mit einem Blutvergießen, wie es der Tempel seit der Kulturrevolution nicht mehr gesehen hatte.

Als wir in Tibet waren, überdeckte die Aufregung über die Wiederbelebung des Monlam-Fests vorübergehend die Unzufriedenheit. Chinas zentrales Fernsehprogramm zeigte Bilder von Regierungsbeamten, die an die teilnehmenden Mönche Almosen verteilten. Die Fernsehsprecher erklärten der Nation, Lhasas Bevölkerung sei um hunderttausend bunt gekleidete Tibeter angeschwollen, die ihre pittoreske Kultur und Religion in vollen Zügen genössen. «Was für eine inspirierende Atmosphäre der Harmonie!» hieß es in der eigens angefertigten Hochglanzbroschüre für tibetische Besucher aus dem Exil. Doch die Freude über die Wiederbelebung des Monlam-Fests war so groß, daß sich nur wenige über den plumpen Versuch der Behörden empörten, daraus politisches Kapital zu schlagen. Ungeachtet aller politischen Motive war die individuelle Hingabe stark. Lhasa platzte tatsächlich aus allen Nähten, so groß war die Schar der Pilger, die oft eine wochenlange, beschwerliche Reise über vereiste Pässe hinter sich gebracht hatten, um nach Lhasa zu gelangen – für sie noch immer die heilige Stadt.

Die Lagerräume des Jokhang-Tempels quollen über mit ihren Spenden: ganze Yaks, fette Schafe von der nördlichen

Hochebene, Butterblöcke, Säcke mit *tsampa* und Geld. Ich ging mit Yangzom zum Tempel, um eine Spende ihrer Mutter zu überbringen. Der Mann, der vor uns in der Schlange stand, spendete den Gegenwert von vier Jahreseinkommen. Das Amt für Religiöse Angelegenheiten – das staatliche Amt, das die Klöster kontrolliert – schien nur wenige aufgehalten zu haben; die Namen der Spender wurden aufgeschrieben, und sie bekamen Quittungen, die ihnen den Zutritt zum Monlam-Fest garantierten.

Nachts kauerten unzählige Pilger ohne Zelte auf den eisigen Betonbürgersteigen. Ihre Kinder schliefen nackt in den *ambacs* ihrer Schaffell-*chubas*, während sie sich um kraftlose Feuer drängten, tranken, sangen und beteten. Sie schenkten Lhasas eintönigen Straßen Fröhlichkeit, und das Pseudo-Monlam-Fest, wie einige es nannten, wurde durch ihre Hingabe authentisch.

Zunächst bemühe ich mich, die Zeremonien zu verstehen. Ich will wissen, was vor sich geht, warte darauf, daß etwas geschieht. Aber es «geschieht» eigentlich kaum etwas.

Vom frühen Morgen bis in die späte Nacht ist der Innenhof des Jokhang-Tempels angefüllt mit der ständigen Wiederholung gesungener Gebete. «Trockene Zeremonien» gehen über in «feuchte Zeremonien», in denen Tee und Suppe geopfert werden; danach sind wieder «trockene Zeremonien» dran. In Seiden-*katags* und Räucherdüfte gehüllte Spender gehen durch die Reihen und teilen Bittschriften für Gebete aus. Auch wenn sich die Szene verändert, gehen die Gebete weiter. Neue Reihen formieren sich, die Mönche breiten sich fächerförmig um runde Sonnenschirme aus gelber Seide aus, und die Gebete gehen in gelehrte Dispute über. Von den älteren Mönchen befragt, begleiten die *geshe*-Anwärter* ihre Argumente mit theatralischen Schritten und stilisiertem Klat-

---

* Der *geshe*-Grad ist eine Art Doktorgrad der Göttlichkeit. Der Tradition zufolge wurde er erst verliehen, wenn die Mönche ihre gesamte philosophische Ausbildung absolviert hatten, was zwischen fünfzehn und zwanzig Jahre dauerte.

schen. Wieder verändert sich die Anordnung der Mönche, und die Gebete setzen sich fort. Am dritten Tag brauche ich den Ablauf nicht mehr zu verstehen. Ich öffne mich für die Gerüche, Bilder und Geräusche um mich herum, und die Zeremonien haben keine Längen mehr. Ihr ureigener Rhythmus überträgt sich ebenso auf mich wie der Rhythmus ihrer Musik.

Die Gesänge beginnen mit einem langen, dunklen Ton des Vorsängers – so tief, daß man vor dem Geräusch eigentlich erst einmal nur die Bewegung der Luft wahrnimmt. Ich durchforste mein Gehirn nach Vergleichen, aber es wollen mir keine anderen einfallen als die natürlichen Elemente: ein ferner Wind, das Echo eines Donners. Über diesen Ton erheben sich langsam die anderen Stimmen, steigen immer höher bis zu den Sopranstimmen der Kindermönche. Der Gesang schwillt an, wird lauter und schneller, erreicht seinen Höhepunkt und sinkt dann wieder zurück zu der geräuschlosen Tiefe des Anfangstons. Es gibt keine Harmonien, und ein Großteil der Musik kreist um drei immer wiederkehrende Töne, aber der hypnotische Rhythmus verleiht ihr eine emotionale Kraft, die die Seele berührt.

Die ausgebreiteten Teppiche auf dem Nachbardach füllen sich mit den Familien der Spender. Unter uns taucht die Sonne den Innenhof jetzt in warmes Licht. Der Wind weht Gebetstöne und Duftschwaden zu uns herauf, spielt mit den Glocken, die an den Pagodendächern hängen, und vermischt ihr Klingeln mit den Stimmen vom Markt und der rituellen Musik der Mönche.

Später fällt das Sonnenlicht auf zwei Gestalten in bestickten Gewändern und gelben, hakenförmig gebogenen Hüten, die sie ein wenig wie riesige Haubenvögel aussehen lassen. Mit dem unheimlichen, durchdringenden Ruf ihrer Muschelhörner künden sie symbolisch Buddhas Erleuchtung und die nächste «feuchte Zeremonie» an: das Frühstück. Kindermönche brechen ungeduldig in die Reihen der älteren Mönche ein, ihre Gewänder flattern in der Luft, und ihre gelben Hahnenkamm-Hüte verrutschen. In dem eiligen Bemühen, als erster die Küche zu erreichen, stolpert einer von ihnen über einen hinterhältig ausgestreckten Fuß und fällt kopfüber in die Schöße der noch betenden Mönche. Gelächter ertönt und erstirbt erst unter den Schritten des Proktormönchs, der mit seiner weit nach vorn gezogenen, hakenförmigen Mütze und seinen mit dickem Brokat ausgestopften Schultern durch die Reihen stolziert wie ein riesiger Adler.

In einer langen Schlange kehren die Mönche mit Kupfergefäßen voller Tee wieder. Aus den Tiefen ihrer Roben holen sie hölzerne Schalen und kleine Säcke mit *tsampa* hervor. Der Geruch der Räuchereien wird von Butterdüften umhüllt und verliert in der Hitze der Sonne seine Schärfe. Mit diesem durchdringenden Aroma sterben die Leichtigkeit, die Ruhe und der frühe Morgen dahin.

Insgesamt liegt in der Art, wie die Zeremonien durchgeführt werden, eine erfrischende Heiterkeit, die den Eindruck eines tief religiösen Lebensstils noch verstärkt. Hunde laufen herum und lassen sich zwischen den Mönchen nieder, Kinder beugen sich weit über die Ränder der Dächer, um einen besseren Blick zu erhaschen, Männer und Frauen beten, trinken Tee, unterhalten sich und beten wieder. Nichts wirkt in dieser Atmosphäre störend oder unangebracht; alle werden mit der gleichen selbstverständlichen Fröhlichkeit geduldet, als seien sie selbst ein Teil der Zeremonie – was sie auch sind. Denn obgleich der Laienstand nicht an den Ritualen selbst teilnimmt, wird durch seine individuellen Gebete und Akte der Huldigung Verdienst für die ganze Gemeinschaft erworben, deren zukünftiges Wohlergehen ja durch das Ritual sichergestellt werden soll.

Was für ein Unterschied zu der Atmosphäre kirchlicher Gottesdienste daheim! Ich denke an leere Kathedralen, Priester, die mit frömmelnder Feierlichkeit distanziert durch ihre Gemeinden schreiten, Chorknaben, die streng und verächtlich um sich schauen, als wäre die eigene Kindheit unter ihrer Würde und bloße Verspieltheit schon eine Gotteslästerung. Wie fern erscheint mir das alles hier in Tibet, wo spaßige Augenblicke weder verleugnet werden noch von der Ernsthaftigkeit der Zeremonie ablenken. Ich sehe, wie ein Seiden-*katag* von einem Balkon auf einen Mönch herunterflattert, der tief in sein Gebet versunken ist. Alle lächeln. Andere *ka-tags* folgen. Sie enthalten Bittschriften und Geldgeschenke. Von den jungen Mönchen werden sie zum obersten Lama weitergeworfen und fliegen über die Köpfe der Mönche wie bunte Papierflugzeuge.

Der Panchen Lama ━━━━━━━━━━━━

Am zweiten Tag des Monlam-Fests fand ich mich in einer Menschenmenge auf dem Jokhang-Platz wieder. Die Menge wartete offenbar auf irgend etwas. Die Menschen um mich herum sprachen einen fremden Dialekt. Als ich sie fragte, warum sie hier seien, verstand ich ihre Antwort nicht, aber ihre Stimmen verrieten Aufregung. Die Atmosphäre angespannter Erwartung, die, auf typisch tibetische Art, so erfrischend frei von Hektik und Ärger war, zog mich in ihren Bann: Es konnte ja sein, daß irgend etwas passierte.

Ich setzte mich hin. Wir alle setzten uns. Wir waren von Polizisten umgeben. Sie fuchtelten mit ihren elektrischen Schlagstöcken in der Luft herum und riefen durch ihre Megaphone: «*Tongzhimen zuoxia! Zuoxia, zuoxia!*» Genossen, setzt euch! Setzt euch, setzt euch! Nur Polizisten benutzten noch die Anrede «Genossen». Um mich herum spielten Kinder mit Kieselsteinen; die meisten Erwachsenen drehten ihre Perlen und Gebetsmühlen und sahen zum Dach des Jokhang-Tempels hinauf. Es könne sein, daß Panchen Rinpoche herauskäme, hörte ich jemanden sagen. Von Zeit zu Zeit begann die Menge aufzustehen. Die Polizei geriet dadurch sofort in eine seltsame Aufregung, ließ die Megaphone knistern, die elektrischen Schlagstöcke im Sonnenlicht aufblitzen und schrie in einem häßlichen Stakkato auf die Menschen ein. Ihre Aufregung wirkte ansteckend, und in der Menge breitete sich Panik aus.

Die Sicherheitsvorkehrungen für das Monlam-Fest waren gewaltig. Die Armee und die *Wujing* – die bewaffnete Volkspolizei, die für die Niederschlagung der Demonstrationen nach 1987 verantwortlich war – sowie die Zivilbeamten und das weitläufige Netzwerk von Spitzeln hatten vorher schon ein Großteil der Bevölkerung ausgemacht. Vor Beginn des Monlam-Fests wurden zusätzlich noch ganze Flugzeugladungen mit Soldaten und Polizisten aus Chengdu nach Lhasa geschickt. Als ich am Tag zuvor am Linkhor entlanggeradelt war, hatte ich unzählige Menschen Schlange stehen sehen, um den Segen des Panchen Lama zu erhalten. Sie wurden von der anderen Straßenseite von einer ebenso langen Schlange von Polizisten bewacht.

Ich hatte angehalten, um zuzuschauen. Nach einer Weile kam ich mit einem Soldaten der Volksbefreiungsarmee ins Gespräch. Er war gelangweilt. Er hatte den ganzen Tag auf dem Linkhor verbracht und war für ein wenig Ablenkung dankbar. Er stammte aus Chongqing und war vor sechzehn Jahren nach Lhasa geschickt worden. Wann er wieder in seine Heimat zurückkehren durfte, wußte er nicht.

Ich bekundete beiläufig Interesse an dem elektrischen Schlagstock, der an seinem Gürtel baumelte.

«Sieht wie ein ganz normaler Stock aus, nicht wahr?» sagte er und hielt ihn mir entgegen. Er war aus Gummi und hatte etwa die Größe einer Pechfackel. Vorn war eine Metallspitze angebracht. «Aber er ist sehr wirkungsvoll.» Er lächelte. «Sehen Sie die beiden Knubbel hier?» Er zeigte auf das metallene Ende. «Die senden den Stromschlag aus.»

Ich erinnerte mich, daß Mr. Li mir einmal erzählte, der *dian ban* verursache angeblich nur kurze Schmerzen, könne in Wirklichkeit jedoch zu Hirnschäden führen, und ich fragte den Polizisten, ob dies richtig sei. Offenbar wurde ihm klar, daß er auf gefährliches Terrain geriet, jedenfalls zündete er sich eine Zigarette an und drehte sich demonstrativ um.

Im Verlauf des Monlam-Festes wurde die Unangemessenheit der chinesischen Polizeimethoden im Umgang mit größeren Menschenmengen immer offensichtlicher. Ich beobachtete einen krassen Gegensatz zwischen der Aufgeregtheit der Polizisten und der Sanftmut der Menge. Einmal stand ich recht weit vorn und wurde immer wieder auf die Menschen hinter mir gestoßen. Ohne Not setzte die Polizei ihre Schlagstöcke ein und schlug wahllos auf die Menge ein. Die Menschen in den ersten Reihen versuchten natürlich, den Schlägen auszuweichen, drückten dabei jedoch die Menschen hinter sich zu Boden, und es kam Panik auf. Eine psychologische Schulung hatten die Polizisten offenbar nicht erhalten, und die Gesetze der Massenpsychologie waren ihnen fremd. Einmal sah ich sogar, wie ein Polizist eine alte Frau angriff. Ich sagte mir, daß die Aggression und die Angst der Polizisten dem noch immer fest verwurzelten Glauben entsprangen, daß es sich bei den Tibetern um Barbaren handele. Jetzt, wo sich auf dem Jokhang-Platz Tausende von Menschen versammelt hatten, war die Polizei nervöser als je zuvor.

«Wo kommen Sie her?» fragte plötzlich eine Stimme auf englisch. Ich drehte mich um und sah einen großgewachsenen Tibeter, dessen dunkle Haut und widerspenstiges Haar an einen Nomaden erinnerten, doch er erklärte mir, er käme aus Lhasa. Ich war ganz gern allein und antwortete zuerst recht zurückhaltend.

Doch dann wandte sich das Gespräch dem Panchen Lama zu und wurde interessanter. Ich fragte ihn, warum so viele Lhasaer gekommen seien, um ihn zu sehen. Obgleich er seine Gelübde gebrochen und geheiratet habe, erklärte mir der Mann, sei der Panchen Lama noch immer die Inkarnation von Opagme – dem Buddha des Unendlichen Lichts.

«Und außerdem», fuhr er fort und senkte leicht die Stimme, «glauben die meisten, die Chinesen hätten ihn zu dieser Heirat gezwungen.»

Wir waren für unsere Umgebung inzwischen eine kleine Sensation geworden. Die Leute drehten sich um und drängten sich um uns. Sie waren fasziniert von diesem Gespräch, von dem sie kein Wort verstanden.

«Und was halten Sie von ihm?»

«Ehrlich gesagt, ich weiß es nicht. Die Leute in Lhasa verbringen viele Stunden damit, über Panchen Rinpoche zu streiten. Wir sind wütend, wenn er den Dalai Lama kritisiert, und manchmal scheint es, als würde er alles tun, was die Chinesen ihm auftragen. Aber ich glaube, er ist in einer unglaublich schwierigen Lage. Wenn er allzu freimütig ist, vertrauen ihm die Chinesen nicht, und er kann Tibet überhaupt nicht mehr helfen. Er hat ein sehr hartes Leben gehabt. Und jetzt muß er in Peking leben und darf nur selten nach Tibet kommen. Letztes Jahr, zum zwanzigsten Jahrestag der Autonomen Region Tibet, war er hier, und das war erst sein zweiter Besuch seit dem Beginn der Kulturrevolution! Die Leute waren schrecklich aufgeregt. Sie standen den ganzen Tag über Schlange, nur um ihn zu sehen. Anschließend beschwerten sich einige, er habe sie nur mit einer Hand gesegnet, andere sagten, sein Tibetisch sei nicht gut – aber solches Gerede gibt es immer. Ich glaube, er hat Tibet sehr damit geholfen, daß er gekommen ist. Die Führer wollten auf ihn einen guten Eindruck machen. Die Arbeiter haben wochenlang das Sportstadion für die Eröffnungsfeier vorbereitet. Drei Tage vor seiner Ankunft wurde plötzlich entschieden, daß die Feier tibetisch aussehen soll, und es mußte alles vom Stadion in den Volkspalast transportiert werden.»

«Aber das ist doch auch ein chinesisches Gebäude, oder?»

«Ja, aber es liegt unterhalb des Potala. Eine Gruppe von Arbeitern war drei Nächte lang damit beschäftigt, die Fassade eines tibetischen Klosters zu bauen, mit goldenen Dächern und allem Drum und Dran. Dahinter wurden dann die modernen Häuser versteckt. Es gab damals auf dem Barkhor viele Bettler. Einen Tag vor Panchen Rinpoches Ankunft sind sie alle verschwunden.»

«Verschwunden?»

«Ja, es gab von einem Tag zum anderen in ganz Lhasa keinen einzigen Bettler mehr», sagte der Mann.

«Was ist mit ihnen geschehen?»

«Ich weiß es nicht. Man sagt, die Chinesen hätten sie mit Lastwagen aufs Land transportiert.»

Ich schaute mich um. Diesmal hatte man die Bettler nicht verschwinden lassen. Dutzende von drecküberkrusteten Kindern liefen durch die Menge. «*Kuchi, kuchi, kuchi*», bettelten sie, die Hände zusammengelegt, die Daumen nach oben gerichtet.

«*Kuchi, kuchi, kuchi.*»

«Ja, die Führer wollen, daß Tibet für Panchen Rinpoche besser aussieht, als es in Wirklichkeit ist», fuhr der Mann fort. «Bevor man ihn in ein Dorf führte, wurden alle Dorfbewohner neu eingekleidet; neue Thermosflaschen und Radios wurden in ihre Häuser gestellt. Aber die Chinesen konnten Panchen Rinpoche nicht täuschen. Er wußte, daß das alles nicht echt war. Er war sehr freimütig. Bei einer großen Versammlung sagte er, in Tibet lägen viele Dinge im argen, und die Tibeter litten sehr. Da wußte ich, daß Panchen Rinpoche uns nicht vergessen hat. Wissen Sie, was Panchen getan hat?» Der Mann lachte und drückte seine Daumen zusammen wie die bettelnden Kinder. «Er machte so: ‹Kuchi, kuchi›, und bat uns, hart zu arbeiten, um den Chinesen zu beweisen, daß wir kein rückständiges Volk sind, wie sie es immer behaupten.»

Die Menschen um uns herum lachten über die Geste des Mannes; sie dachten wohl, er versuche, mich um Geld anzubetteln. Aber er war so mit seinen eigenen Gedanken beschäftigt, daß er es nicht bemerkte. Zwei junge Amdowaner drängten sich grinsend an uns heran, um die weitere Entwicklung unseres Gesprächs zu verfolgen.

«Sie sehen also, er sorgt sich um uns», sagte der Mann. Die Amdowaner folgten gespannt unseren Bewegungen; wahrscheinlich fragten sie sich, warum ich so stur war und ihm kein Geld geben wollte. «Ich glaube, Panchen Rinpoche hatte ein hartes Leben. Ich glaube, daß er sehr mutig ist. Schon vor der Kulturrevolution hat er offen über die Mißstände in Tibet gesprochen. Er hat einen Bericht an die Zentralregierung geschrieben, in dem er alle Fehler aufzählte, die die Chinesen in Tibet gemacht hatten. Dafür wurde er öffentlich gerügt, und später warf man ihm vor, einen Aufstand gegen das Mutterland angestachelt zu haben. Das war 1964. Ich kann mich noch sehr genau daran erinnern. Ich war im ersten Schuljahr.»

«Was ist damals geschehen?»

«Ich weiß nicht, was tatsächlich geschehen ist, aber er wurde öffentlich gerügt, und es gab eine Ausstellung in der Universität. Dort wurden viele Fotos von sogenannten Konterrevolutionären gezeigt. Die Gewehre, die sie angeblich für ihren Aufstand benutzen wollten, lagen auf den Tischen; außerdem gab es codierte Botschaften und Bilder von ausländischen Spionen, die angeblich mit ihnen unter einer Decke steckten. Wir mußten alle, Einheit für Einheit, in die Ausstellung gehen. Man sagte, wir müßten aus seinen Fehlern lernen. Er wurde öffentlich kritisiert und als antisozialistischer Volksverhetzer bezeichnet. Während der Kulturrevolution wurde er dann neun Jahre lang eingesperrt.»

Ich bekam Angst, daß uns jemand zuhören könnte. Doch unsere Nachbarn hatten uns längst vergessen. Plötzlich stand die Menge auf. Diesmal kreischten die Polizisten umsonst in ihre Megaphone. Die wogende Menschenmenge kümmerte sich nicht um sie.

«*Tongzhimen zuoxia! Zuoxia! Zuoxia!*» Genossen, setzt euch! Setzt euch! Setzt euch! Die harschen Befehle durchdringen die andächtige Stille. Ich spüre Zorn in mir aufsteigen, doch die anderen scheinen von der Polizei keine Notiz zu nehmen. Sie starren gebannt auf eine Gruppe von Beamten und Mönchen, die auf dem Dach des Jokhang erscheinen. Zehn Minuten lang bewegt sich niemand. Die Hüte und sonstigen Kopfbedeckungen, die noch vor kurzem den Platz so bunt erscheinen ließen, sind einem Monolith aus schwarzen Köpfen, erhobenen Gesichtern und gefalteten Händen gewichen. Die Gruppe auf dem Dach schaut stumm zu uns hinunter. Ich frage mich, wer von ihnen wohl der Panchen Lama ist; doch dann öffnen sich die Reihen, und eine in gelbe Seide gekleidete Gestalt bewegt sich auf die Brüstung zu.

Es gibt nicht genug Platz, um sich zu Boden zu werfen. Mit schlafwandlerischem Blick lösen die Männer zum Zeichen der Ehrfurcht ihre Zöpfe. Neben mir umklammert ein Mann seine Gebetsmühle so fest, daß die Sehnen auf seinem Handrücken scharf hervortreten. Der Panchen Lama beginnt zu sprechen. Er erzählt der Menge, wie sehr er Tibet vermisse, wie sehr er die Tibeter vermisse, und plötzlich merke ich, daß die Menschen weinen. Ich schaue auf die schräg geneigten Gesichter der jungen Khampas, die in meiner Nähe stehen, schaue in ihre grobschlächtigen, zerfurchten Gesichter, die bei den Menschen in Lhasa so gefürchtet sind, und sehe Tränen an ihren Wangen herunterlaufen. Eine alte Frau schluchzt still. Welche Wunden hat der Panchen Lama in ihnen aufgerissen, frage ich mich. Welches Leid vermischt sich mit ihrer religiösen Hingabe?

«Er sieht aus wie ein Buddha», flüstert der Mann neben mir, die Augen fest auf die beleibte Gestalt über uns gerichtet. Ich bin zu gerührt, um zu antworten.

Aber der Auftritt des Panchen Lama ist nur von kurzer Dauer. Lange nachdem seine gelbe Seiden-*chuba* wieder zwischen den kadergrauen Reihen auf dem Tempeldach verschwunden ist, richten sich die Augen der Zuschauer weiter auf die Brüstung. Es könnte ja sein, daß er zurückkommt, höre ich jemanden sagen. Aber die Lautsprecher haben wieder ihren mürrischen Singsang aufgenommen.

Langsam löst sich die Menge auf.

Fünf Tage lang ließ ich mich von der Aufregung der Tibeter anstecken und schwelgte in der feierlichen Stimmung des Monlam-Fests. Dann sollte mir eines Nachmittags die gute Laune vergehen.

Als ich gerade wieder einmal zum Tempel gehen wollte, erschien Xiao Song in meinem Zimmer. Xiao Song war als Aufseherin für unseren Unterricht zuständig. Sie hatte Verbindungen zum Gong An Ju. Nach dem üblichen Austausch von Liebenswürdigkeiten – ich bot ihr Tee und gekochte Süßigkeiten an, und sie sagte mir, ich solle meinen Urlaub genießen und mich ordentlich ausruhen – fügte sie mit dem gleichen liebenswürdigen Lächeln hinzu: «Ich brauche eine Liste aller Leute, die Sie während des Losar-Fests zu Hause besucht haben.»

Ich starrte sie ungläubig an. Einen Moment lang war ich zu entsetzt, um irgend etwas zu antworten.

«Ich brauche eine Liste aller Leute, die Sie während des Losar-Fests zu Hause besucht haben», wiederholte sie.

Ich nahm meine letzten Reserven an Liebenswürdigkeit zusammen und fragte sie, wozu sie diese Liste brauche.

«Wozu?» Noch immer lächelnd, dachte sie einen Moment lang nach. «Die Führer wollen den Menschen danken, die Sie in ihren Häusern bewirtet haben – eine reine Geste der Höflichkeit.»

«Machen Sie sich deshalb keine Sorgen», erwiderte ich fröhlich. «Wir haben uns schon selbst bedankt.»

Aber die Bedeutung des Befehls bedrückte mich. Wie konnten wir verhindern, daß unsere Gastgeber in Schwierigkeiten gerieten? Vielleicht hätten wir ihre Einladungen gar nicht erst annehmen sollen. Aber wir hatten vom ersten Tag an Freunde besucht. Die meisten, sowohl Tibeter als auch Chinesen, hatten immer wieder gesagt, daß es nicht gefährlich sei. Tibet sei jetzt offen, hatten sie uns erklärt. Waren sie nur höflich gewesen? Bei einigen Beamten, besonders im Amt für Öffentliche Sicherheit, saß das Mißtrauen gegenüber Fremden noch immer sehr tief. Ich erinnerte mich, daß Sui mir vor nicht allzu langer Zeit erzählt hatte, irgend jemand habe gesehen, wie er einem amerikanischen Touristen beim Tragen seiner Koffer geholfen hatte. Er sei von den Führern seiner Einheit vorgeladen worden. Was er mit dem Fremden zu schaffen habe? Wo er ihn getroffen habe? Wie lange er ihn schon kenne? Was er zu ihm gesagt habe? Nach einer Stunde sei er mit der Drohung entlassen worden, beim nächsten Vorfall dieser Art Selbstkritik üben zu müssen.

Xiao Song ignorierte meine Ausreden und sagte, ich müsse die Liste am nächsten Morgen fertig haben. Da ich nicht wußte, was ich sagen sollte, schwieg ich. Ich versuchte, mein naives Lächeln beizubehalten; das ist jetzt das wichtigste, dachte ich.

«Ich muß jetzt gehen», sagte Xiao Song. «Aber Sie sind in meinem Haus jederzeit willkommen.» Sie legte den Arm um meine Schulter. «Sie essen nicht genug. Ich werde Ihnen etwas Gutes kochen.»

Später, auf dem Dach des Tempels, konnte ich an nichts anderes denken. Ich fragte mich fieberhaft, wie wir darum herumkommen konnten, diese Liste zu schreiben, ohne dadurch erst recht Mißtrauen zu erregen. Was würde die Polizei mit dieser Liste anfangen? Würden sie unsere Gastgeber öffentlich kritisieren? Oder wollten sie nur wissen, wer unsere

Rechts: Auf dem Barkhor, Pilgerpfad und Marktstraße rund um den Jokhang

Wacholderfeuer vor dem Jokhang

Auf dem Pilgerpfad rund um Lhasa werfen sich die Pilger
zu Boden

Blick auf Lhasa vom Potala

Rechts: Blick ins Yerpa-Tal. Auf einem Berghang ist mit Steinen das Gebet *Om mani padme hum* ausgelegt

Monlam. Mönche verkünden den Beginn einer Zeremonie
mit dem Ruf des Muschelhorns

Rechts: Monlam Chenmo, das große Gebetsfest

Freunde waren, damit sie uns besser unter Kontrolle halten konnten? Ich dachte an die vorige Woche zurück, an all die Menschen, die wir in den verschiedenen Häusern und Wohnungen getroffen hatten – Tibeter, Chinesen, hochrangige Beamte, gewöhnliche Arbeiter. Alle waren sehr entspannt gewesen, und es schien ganz natürlich zu sein, daß wir mit ihnen gemeinsam feierten. Aber wir hatten in Wuhan ganz ähnliche Erfahrungen gemacht. Wochenlang hatten wir Freunde besucht und ihre Besuche empfangen, da wir geglaubt hatten, das Leben in China sei tatsächlich freier geworden. Dann änderte sich plötzlich die offizielle Linie, und wir wurden dauernd daran erinnert, daß wir für die Menschen um uns herum eine ständige Quelle der Gefahr darstellten.

Vergeblich versuchte ich, mich in die religiösen Zeremonien zu vertiefen. Immer wieder wanderte mein Blick zu den auch von außen reich verzierten Wohnräumen des Dalai Lama hinter dem gegenüberliegenden Balkon. Sie wurden jetzt von Parteiführern und den Beamten vom Amt für Religiöse Angelegenheiten benutzt. Wenn gelegentlich ein Schatten auf das Fenster fiel, verschwand das bunte Spiegelbild der Mönche, und es bot sich ein kurzer Blick auf die Räume, die dahinter lagen. Ich sah die grünen Uniformen des Sicherheitspersonals, die Beamten in ihren kadergrauen Mao-Anzügen, ihre Tische, Spucknäpfe und qualmenden Aschenbecher.

Von dort aus wurde das Monlam-Fest gesteuert. Das Amt für Religiöse Angelegenheiten hatte seine Wiederbelebung inszeniert – das gleiche Amt, dachte ich zornig, das den Eintritt von Mönchen in die Klöster begrenzte und die Lehre und das Studium der buddhistischen Philosophie behinderte. Ich zwang mich zur Konzentration auf die Gebete, die unter mir im Innenhof des Tempels gesprochen wurden. Doch als ich von oben auf die Köpfe der Mönche hinuntersah, wurde mir bewußt, daß es entweder ergraute oder sehr, sehr junge Köpfe waren, und ich dachte an die fehlende Generation, die durch zwanzig Jahre Unterdrückung verloren war. Die religiöse Weisheit mußte eine Generation überspringen. Man erzählte

Links: Kloster Ganden

uns, daß es jetzt schon Zeremonien gab, an die sich nur noch die alten Mönche erinnern konnten. Würde die chinesische Politik der Behinderung von Unterricht und klösterlicher Lehre fortgesetzt, bestünde wenig Hoffnung, daß Tibets klösterliche Traditionen den Tod dieser alten Männer überlebten. Zwar ließen die Behörden zunehmend wieder die populären Praktiken des tibetischen Buddhismus zu. Aber sie schnitten sie von der tieferen Weisheit ab, die diese Praktiken lebendig erhielt. Ich dachte an Mr. Li, der die offizielle Einschätzung der buddhistischen Religion vertrat: ein Aberglauben, der überflüssig werde, sobald die Tibeter ihre Rückschrittlichkeit überwunden hätten. Plötzlich bekamen seine Worte eine bedrohliche Wahrheit. Denn ohne die Gelehrsamkeit der Klöster würde der tibetische Buddhismus genau auf das reduziert, was zu der Beschreibung dieser Religion durch die chinesische Regierung paßte: auf einen blinden Glauben.

Ich starrte auf das Mosaik von Köpfen im Innenhof unter mir. Die Zeit schien knapp zu werden.

Das Butter-Fest ───────────

Ich ging zum Banak Shol, wo Rosemary sich mit ihrem Besuch aufhielt, um ihr von dem Gespräch mit Xiao Song zu erzählen. Sie war besorgt. Eine Woche lang hielt ich mich tagsüber unserem Zimmer fern, in der Hoffnung, Xiao Song hätte die ganze Sache vergessen. Eines Tages sprach sie Rosemary auf der Straße an. Rosemary sagte ihr, sie habe längst vergessen, wen wir alles besucht hätten. Xiao Song muß gewußt haben, daß Rosemary log, doch sie behielt ihr liebenswürdiges Lächeln bei und verzichtete zunächst darauf, die Lüge aufzudecken. Falls es zu einem Punkt kommen sollte, an dem wir wirklich nicht mehr umhinkamen, eine Liste abzugeben, wollten wir nur Namen von Parteimitgliedern aufführen, denn wir gingen davon aus, daß diese die Sicherheitsbehörde schon von sich aus informiert hatten.

Aber wir hörten nichts mehr von der Sache. Und wir konnten nur hoffen, daß unsere Gastgeber ebenfalls nichts davon gehört hatten. Falls doch, würden wir es allerdings von ihnen nicht erfahren: Sie waren viel zu höflich, um uns davon zu erzählen.

Ein herrlicher Vollmond und das Butter-Fest mit den «Opfergaben des fünfzehnten Tages» beendeten die Monlam-Feierlichkeiten. Die Herstellung kunstvoll geformter Butterskulpturen hat seine Ursprünge im Bon-Kult, Tibets präbuddhistischer, animistischer Religion, das Butter-Fest selbst geht jedoch wahrscheinlich auf die Zeit des fünften Dalai Lama zurück. Deyangs Mutter erzählte mir, der Dalai Lama habe vom Paradies geträumt, und um seinen Untertanen den Traum anschaulicher erklären zu können, habe er ihn figürlich in Butter gestaltet. Von jener Zeit an bis in die frühen sechziger Jahre, als religiöse Opfer jeder Art als luxuriöse Verschwendung verboten wurden, hatte jedes Kloster und jede Adelsfamilie eine Skulptur zum Butter-Fest beigetragen.

Seit Tagen gab es die wildesten Spekulationen. Würde die Regierung das Butter-Fest erlauben? Wer würde die Skulpturen herstellen? Gab es noch Mönche, die diese Kunst beherrschten? Geschichten von früheren Festen wurden wie Legenden erzählt. Damals habe es über 80 Skulpturen gegeben, die hoch über den Jokhang hinausragten; einige von ihnen hätten sich sogar wie Spielpuppen bewegen lassen.

Als ich eines Tages den Tempel verließ, sah ich eine Tür offenstehen, die bis dahin immer verriegelt gewesen war. Im Innern des dahinterliegenden Raumes war es kalt, und die wenigen Sonnenstrahlen, die durch die Seidenrollos drangen, schufen eine seltsam unwirkliche Atmosphäre. Die runden Rücken der Mönche, die zwischen großen Butterhaufen auf dem Boden hockten, zeugten von stiller Konzentration. Umgeben von Schüsseln voller Wasser und großen Holzpaletten mit gefärbter Butter, legten sie geschickt letzte Hand an die Verschönerung ihrer Kunstwerke. Der eine verzierte den Saum eines Gewands, der andere formte einen kunstvollen Ohrring. Selbst bei den kompliziertesten Formen benutzten sie als Werkzeuge nur ihre Finger. Unbemerkt beobachtete ich sie eine Weile. Es war andächtig still, die Geräusche der Außenwelt drangen nur gedämpft herein. Von Zeit zu Zeit füllte ein Novize ihre Teeschalen auf, und man konnte das Glucksen der dicken Flüssigkeit hören. Ich hatte das Gefühl, einer geheimen Versammlung beizuwohnen. Die zwangsverordnete Unterbrechung von zwei Jahrzehnten schien ihre Fähigkeiten und den schöpferischen Reichtum ihrer Kunst nicht geschmälert zu haben.

Der Jokhang-Platz ist durch eine Reihe von Bussen abgeriegelt. Die Pilger wissen nicht, daß die Zugänge blockiert sind, und strömen in immer größeren Scharen in die Gassen, die zum Barkhor führen. Wer vorn steht, wird gegen die Barrikaden gedrückt. Ich kann nicht fallen, aber ich kann auch nicht aufrecht stehen. Lhamo habe ich längst aus den Augen verloren. Hinter mir betet eine Frau und dreht ihre Gebetsmühle; bei jeder Umdrehung streicht sie über meinen Hinterkopf. Ich spüre, wie in mir eine gewisse Panik aufsteigt. Doch sie wird überflutet von dem gemeinsamen Hochgefühl der Menschenmenge, deren gefrorener Atem weiß über den Köpfen schwebt.

Als die Busse endlich entfernt werden, ist es schon dunkel. Die Gasse spuckt uns als wimmelnde Menschenmasse auf den Barkhor aus. Ich sehe Rosemary mit ihren Schülern, aber es gibt keine Chance, zu ihr zu gelangen. «Lauf weiter, sonst fällst du hin», ruft mir Lhamo von hinten zu. Dann läßt der Druck der Menge nach: Wir sind auf dem Jokhang-Platz angekommen.

Drachen, deren riesige Schuppen in einem wahren Feuerwerk von Farben glänzen, schauen mit finsteren Gesichtern von ihren Holzgerüsten auf uns herab. Blumen erstrahlen in herrlichen Rot- und Rosatönen. Religiöse und mythologische Gestalten tanzen auf den Altären. Und dazwischen sitzen Buddhas in allen denkbaren Manifestationen – vom gutmütigen Dickbauch bis zum zornigen Dämon mit roten Augen und furchterregendem Gesicht.

«Das kann doch unmöglich alles aus Butter sein!» staunt die Menschenmenge. Lhamo schaut ungläubig zu den Skulpturen auf. Nach den kleinen, detailgetreuen Stücken, an denen ich die Mönche am Vortag hatte arbeiten sehen, hätte ich nie mit einem so großen, überwältigenden Spektakel gerechnet.

«Es sieht alles so echt aus!» Lhamos Bewunderung kennt keine Grenzen.

Auf den Altären vor den Skulpturen trotzen Tausende von Flammen dem Wind, der sie jeden Moment auszulöschen droht. Sie werden von Mönchen bewacht, deren gebogene Hauben sich vor dem vollen Mond besonders eindrucksvoll abheben. Übermütig strecke ich die Hand aus, um eine Jampa-Statue zu berühren. Sofort erhebt einer der Mönche seine Stimme und stößt mich mit einem ziemlich unheiligen Rippenstoß zurück in die Menge. Ich stolpere und reiße ein tibetisches Mädchen mit mir zu Boden.

Die Pilger hinter uns lachen, und mehrere jüngere Mönche schauen kichernd von ihren Gebeten auf. Der Wächter schimpft noch immer auf mich ein. Das Mädchen steckt seinen Teevorrat und ein Bündel Trockenfleisch zurück in seinen *ambac* und geht ziemlich wütend weiter.

«Ich dachte immer, die Buddhisten seien für Gewaltfreiheit.» Leider kann ich mich dieser spöttischen Bemerkung nicht enthalten. Der Mönch schaut mich böse an – auf seinem Gesicht liegt eine fast theatralische Grimmigkeit. Aber das ist nun mal seine Arbeit. In der Vergangenheit übernahm die *dop-dop*, die Mönchspolizei, während des Monlam von den zivilen Behörden die Verantwortung für Recht und Ordnung und jagte der Bevölkerung Lhasas Angst und Schrecken ein. Obgleich sie auch den religiösen Zeremonien beiwohnten, waren diese Mönche hauptsächlich mit den äußerlichen Aspekten des Klosterlebens beschäftigt: Kochen, Säubern, Bereitstellen einer Ehrengarde usw. Mit den hochgeistigen Beschäftigungen der anderen Mönche hatten sie wenig zu tun.

«Na, sind sie aus Butter?» witzelt Lhamo munter. Aber der Mönch hat seine Aufmerksamkeit längst einem anderen vorwitzigen Pilger zugewandt, mit dem er genauso unsanft umspringt wie mit mir.

Wir bleiben die ganze Nacht über auf dem Barkhor und schlendern kreuz und quer durch die Menschenmenge. Es herrscht eine Atmosphäre des Triumphes und des Jubels. Überall hört man das Summen von Mantras. Aus neugebauten Räucheröfen dringen Wolken von Wacholderduft. Die Pilger werden zu Schatten im Licht der vielen Flammen, die an den Wänden der Häuser tanzen.

Aber die Morgendämmerung kommt rasch. Die Sonne geht hinter dem Jokhang auf, die Götter steigen von ihren Sockeln und fallen zu einem matschigen Haufen schmelzender Butter zusammen. «Was für eine Verschwendung», sage ich zu Lhamo, während um uns herum die Menschen nach Resten heiliger Butter suchen.

Aber meine Bemerkung geht am Kern der Sache vorbei. Diese Menschen haben ihre Götter verehrt, nicht die feine

Handwerksarbeit ihrer Mönche. Und die verschmierten Butterhaufen, die unrühmlichen Überreste monatelanger Arbeit, zeugen von der Vergänglichkeit alles Irdischen.

Am letzten Tag des Monlam treffen Lhamo und ich uns bei Sonnenaufgang wieder. Diesmal wollen wir die feierliche Prozession der Jampa-Statue um den Barkhor sehen.

Als die ersten Sonnenstrahlen auf die Zinnen des Potala fallen, erscheint Jampa, von einer Gruppe von Mönchen getragen, vor dem Jokhang. Sie werden von allen Instrumenten des traditionellen tibetischen Orchesters begleitet. Wir folgen der Prozession, quetschen uns durch die engen Gassen, in der die eigentümliche Musik unheimlich widerhallt. Allmählich erliege ich ihrer Kraft. Alles um mich herum ist von diesen Lauten durchdrungen, vom dumpfen Grollen der Trommeln, vom Dröhnen des riesigen *radung*, vom Tröten des Muschelhorns, vom durchdringenden Heulen der Oboen. Als Meister in der Kunst der zirkulären Atmung lassen die Mönche ihre Töne ineinanderfließen, lassen sie scheinbar endlos anschwellen und dann allmählich wieder verebben. Ich weiß nicht, ob es diese Technik ist, die der Musik ihre Kraft verleiht, oder ob es an den Vibrationen der Trommeln und des *radung* liegt. Was auch immer es sein mag – diese Musik rührt die Seele an.

Als wir zu den Toren des Jokhang zurückkehren, verschwindet der in zahlreiche *katags* gehüllte Jampa wieder im Innern des Tempels. Die Sing- und Tanzgruppe Lhasa gibt eine Vorstellung, doch die Menschenmenge ist so groß, daß wir kaum etwas sehen können. Hinter mir heben sich die Menschen gegenseitig hoch und klettern auf Betonblumenkästen und Lampenmasten, um einen Blick auf die Vorstellung zu erhaschen. Ein Mann, den Kleidern nach zu urteilen ein Nomade aus Amdo, steigt an einem gerüstähnlichen Holzrahmen in einer Ecke des Barkhor empor.

Ich schaue ihm zu und bewundere die Geschicklichkeit, mit der er nach oben klettert. Er greift mit den Händen weit über seinen Kopf und schwingt sich dann mit geradezu lustvoller Mühelosigkeit von Sprosse zu Sprosse.

Endlich ist er oben angelangt, sitzt hoch über uns, baumelt vergnügt mit den Beinen und strahlt übers ganze Gesicht. In der einen Hand hält er sein Messer, mit der anderen winkt er seinen Freunden zu. Er muß von dort oben einen phantastischen Blick haben, kann alles sehen, die Tanztruppe mit ihren schönen Kostümen, die Frauen mit ihrem edelsteinbesetzten Kopfschmuck und sogar einen tanzenden Yak!

«Komm, wir versuchen, weiter nach vorn zu kommen», sagt Lhamo. «Ich will mehr sehen.» Ich schaue sie zweifelnd an. Dann bahne ich mir hinter ihr einen Weg durch die Menge.

Plötzlich zerreißt ein scharfer Knall die Luft, rote Blitze sausen über den Himmel. Überrascht schauen die Umstehenden auf, dann erstarren ihre Gesichter zu einem Ausdruck des Schreckens. Lhamo dreht sich zu mir um. «Der Nomade!» Mit Entsetzen sehe ich, wie der Amdowane mit starrem Körper und verzerrtem Gesicht vom Gerüst stürzt. Er scheint unglaublich langsam zu fallen. Wie gebannt schaue ich zu und wünsche inständig, er möge nie den Boden erreichen – ich fürchte mich vor dem dumpfen Aufprall seines Körpers.

Er klingt gedämpft, weit entfernt, fast irreal.

«Ist er tot?» fragt Lhamo.

Ich will es nicht wissen.

Plötzlich reden alle durcheinander und drängen nach vorn, um zu erfahren, was geschehen ist. «Hat er die Balance verloren?» «Warum hat er sich nicht festgehalten?» «Aber woher kam der Blitz?» «Und der Krach?»

«Das ist der Hauptstrommast für den Barkhor», höre ich hinter mir einen Mann zu seinem Freund sagen.

Grüne Uniformen bahnen sich einen Weg durch die Menschenmenge. Kurze Zeit später wird eine Holzkarre auf eine der Seitenstraßen gezogen. Ein Ring des Schweigens umgibt uns. Jenseits dieses Rings wissen die Menschen nicht, daß ein Unglück geschehen ist. Sie drängen noch immer nach vorn, um einen Blick auf die schönen Frauen, ihren Edelsteinkopfschmuck und den tanzenden Yak zu werfen.

Frühling ━━━━━━━━━━━━━━━

Die Ankunft des Frühlings kündigte sich durch wochenlange Staubstürme an. Jeden Nachmittag gegen drei erhob sich der Wind zu dämonischer Größe, und vom Westen rollte eine wahre Staubmauer heran. Sie überragte sogar die Berggipfel und saugte auf ihrem Weg alles auf: die gezahnten Vorsprünge am Ende des Tals, die ausgedehnten Vororte, das Lhasa-Tal. Selbst die sonnenbeschienenen Dächer des Potala wurden trübe und waren schließlich gar nicht mehr zu sehen.

Dann stand die Staubwolke über uns, dunkel und dräuend. Alle griffen nach ihren Masken. Die höhergestellten Siedler aus Peking zogen bedruckte Nylonschals über Köpfe und Gesichter und banden sie wie Plastiktüten am Hals fest. Die meisten Menschen suchten im Innern der Häuser Schutz, bis die Wolke vorübergezogen war und sie mit staubgefüllten Nasenlöchern und Ohren zurückließ.

Als die Berge dann plötzlich grün wurden, waren wir ganz überrascht. Seit Oktober hatten wir in einer Wüste gelebt. Das faszinierte mich an diesem Land fast am meisten: Es war eine auf ihre wesenhafte Reinheit reduzierte Welt, in der die nackte Gewalt der Natur ungebändigt herrschte – und doch hatte diese Welt eine Menschenrasse von seltener Sanftheit und Kultiviertheit hervorgebracht.

Daß diese Landschaft überhaupt Leben barg, erschien mir manchmal unglaublich. Daß in ihr Menschen überleben konnten, die nicht von der gleichen, rohen Grimmigkeit waren wie die sie umgebende Natur, kam mir wie ein Wunder vor. Vielleicht trafen hier tatsächlich das Weltliche und das Himmlische, Riesin und Affe, aufeinander. Die Tibeter selbst fanden die Erklärung in ihrer Religion. Der Buddhismus habe sie sanfter gemacht, sagten sie. Dabei hatten sie eine Form des Buddhismus entwickelt, die sich weniger streng gab als anderswo. Kurz: Tibet war für mich immer wieder voller Überraschungen.

Und jetzt bezeugten die grünen Berge, daß diese wild zerklüftete Landschaft – zumindest vorübergehend – doch auch eine milde Seite besaß. Ich hatte im Winter einmal mit der Frage, ob die Berge jemals grün würden, einen Streit unter meinen Schülern provoziert. Die Berghänge waren zu der Zeit so furchtbar karg, daß nur zwei Schüler wagten, meine Frage zu bejahen, und das auch nur sehr zögerlich. Grün sei vielleicht ein zu starkes Wort. Nein, sie seien eher wie changierende Seide; man müsse sie in einem gewissen Licht sehen, um den Anflug von Grün auf den Felsen zu erkennen.

Bäume, die ich in Lhasas Straßen bisher kaum bemerkt hatte, bekamen dicke Knospen; winzige Triebe verwandelten die Wüste in grüne Felder. Und wie aus dem Nichts tauchten auch plötzlich einige Vögel auf – Spatzen, Drosseln und Wiedehopfe. Ich hatte seit meiner Ankunft so wenig Vögel gesehen, daß ich schon gedacht hatte, sie seien in Tibet völlig ausgerottet. Die chinesische Praxis, auf Vögel zu schießen, die allerdings im Vergleich zu den sechziger und siebziger Jahren deutlich zurückgegangen war, versetzte die Tibeter noch immer in Zorn.

In Rosemarys Kurs gab es einen Mittelschullehrer, von dem es hieß, er habe ständig ein Luftgewehr auf den Baum vor seinem Fenster gerichtet. Seine tibetischen Kollegen nannten ihn *Chyu Seken* – der Mann, der Vögel tötet – und weigerten sich, ihn bei seinem richtigen Namen zu nennen. Das Schießen auf die Vögel wäre für Tibets Vogelwelt allerdings weniger bedrohlich gewesen, wäre sie durch die «Kampagne gegen die vier Schädlinge» nicht schon dramatisch dezimiert worden. Diese Kampagne gehörte zum «Großen Sprung nach vorn», den Mao im Jahre 1958 proklamierte. Mit dieser verheerenden Kampagne versuchte er, Chinas wirtschaftliche Probleme durch arbeitsintensive Industrialisierung in den Griff zu bekommen. Jeder Bürger mußte eine wöchentliche Quote von Vögeln, Fliegen, Ratten oder Moskitos erledigen.

Die Schuljungen wurden mit Katapulten ausgestattet, die Schulmädchen mit Fliegenklatschen. Deyang erzählte mir, sie habe sich damals mit ihren Freundinnen stundenlang in der Nähe der Latrinen herumgedrückt, um die von den Führern festgelegte Fliegenquote zu erreichen. Einmal in der Woche mußten sie mit ihren Gefäßen voller Fliegenleichen antreten, um zu beweisen, daß sie ihr Soll erfüllt hatten. Es war eine langwierige Prozedur. Jeder einzelne mußte seine toten Fliegen auf dem Tisch ausbreiten und sie dem Klassenführer vorzählen. Als die Quoten schließlich immer höher angesetzt wurden, begannen die Kinder, selbst Fliegen zu züchten, um sie anschließend zu erschlagen. Vögel hingegen züchtete niemand; das wäre wohl zu schwierig gewesen. Und anders als in China, wo sich aufgrund des plötzlichen Mangels an natürlichen Feinden eine wahre Raupenplage auszubreiten begann, erfuhren die Vögel in Tibet keine Schonung. Der Frühling erinnerte die Menschen schmerzlich an das Schicksal der tibetischen Vogelwelt. Viele Arten waren völlig ausgestorben. Es gab keine Tauben mehr, und auch viele Entenarten haben sich von den wütenden Angriffen der Chinesen nie erholen können.

Der Frühling mit seinen heißeren Tagen und frostfreien Nächten brachte neue Gerüche mit sich. In den Gassen rund um den Barkhor mischte sich übler Gestank mit duftendem Wacholderrauch. Selbst unsere Latrinen, die täglich gesäubert wurden, begannen zu schwären. Tausende von Maden, die aussahen wie aufgehäufter weißer Reis, erschienen an der Oberfläche. Unser Müll, der sich seit Monaten auf dem Boden der Grube stapelte, brachte die Exkremente in unangenehme Nähe. Bis jetzt hatte ich die Latrinenbesuche immer genossen – sie boten einen herrlichen Blick über die Dächer Lhasas und das Wechselspiel des Lichts auf den Gipfeln der Berge. Außerdem konnte man dort die bizarrsten Gesprächsfetzen aufschnappen. Eines Morgens sprachen alle über den Banküberfall, von dem auch die Lautsprecher schon berichtet hatten – 200 000 *yuan* waren aus der Lhasaer Zweigstelle der Bank von China gestohlen worden, und zwar direkt vor der Nase der schlafenden Wachen. Doch es gab keine näheren Informationen, und da niemand mehr Lust hatte, sich länger als nötig bei den Latrinen aufzuhalten, waren die Unterhaltungen ziemlich kurz.

Nach den Feierlichkeiten zum neuen Jahr kehrte das Leben wieder zur Normalität zurück – jedenfalls so lange, bis zum erstenmal in der Geschichte Chinas die Uhren auf die Sommerzeit umgestellt wurden. Es herrschte das reine Chaos. Nur die staatlichen Arbeitseinheiten stellten sofort ihre Uhren um. Die Klöster weigerten sich, sie überhaupt umzustellen, und alle anderen lavierten dazwischen. Die Hälfte meiner Schüler kam morgens um acht, die andere Hälfte trudelte gegen neun Uhr ein, weil sie sich noch nach der alten Uhrzeit richtete.

«Alte oder neue Zeit?» lautete die obligatorische Nachfrage bei jeder Verabredung. Das alles war jedoch noch gar nichts im Vergleich zu der Verwirrung, die gegen Ende des Sommers herrschte, als die Uhren wieder zurückgestellt wurden. Die neue Zeit wurde nun zur alten, die alte Zeit wieder zur neuen. Bei jeder Verabredung mußte man umständlich erklären, ob man die alte neue oder die neue alte Zeit meinte – oder ob man aus demonstrativem Trotz die alte alte Zeit als einzig gültige Zeit ansah.

Rosemary kam vom Banak Shol zurück. Wir waren erstaunt, wie problemlos wir uns wieder an die Beschränkungen unseres kleinen Zimmers gewöhnten. Die Betten, die wir tagsüber als Sofas nutzten, wurden zu privaten, abgeschotteten Welten, und wir lernten rasch, ungerührt von der Party, die möglicherweise auf der anderen Seite des Zimmers stattfand, zu lesen, Briefe zu schreiben oder unseren Unterricht vorzubereiten. In mancher Hinsicht schien die Beschränkung unser Leben zu vereinfachen. Vielleicht lag es daran, daß uns diese Form des Zusammenlebens große Disziplin abverlangte. Die Harmonie, die zwischen unseren beiden Betten, Schreibtischen und Schränken (bei denen übrigens schon nach einer Woche die Türen abgefallen waren) herrschte, war jedoch in erster Linie Rosemarys Verdienst. Mit ihrem gutmütigen Optimismus war sie stets in der Lage, alle Anzeichen von Uneinigkeit gleich beim ersten Auftauchen abzufangen. Ihr wirksamstes Heilmittel bestand meist darin, der alten Frau, die in der Nähe der Moschee selbstgebrauten *chang* verkaufte, mit unserer leeren Zweiliterkanne einen Höflichkeitsbesuch abzustatten. Und auch die Panda-Riegel aus bröckeliger Schokolade waren in solchen Momenten ein köstlicher Trost.

So kam es, daß unser winziges Zimmer nie zu der Hölle wurde, vor der ich mich an meinem ersten Morgen gefürchtet hatte. Rückblickend frage ich mich, ob es nicht auch daran lag, daß unser Zimmer den Blick nicht nach innen, sondern nach außen lenkte. Durch den Balkon und die rundum laufenden Fenster verwandelte es ständig seinen Charakter: Wenn die Stürme von den Bergen herunterrollten, wenn es von Schnee- und Regenwolken umwirbelt wurde, hatte es etwas von der Freiheit eines Schiffes. Wenn die Nachbarn Besuch von Freunden hatten, bekam es die beunruhigende Durchsichtigkeit eines Aquariums. Doch da wir einen Großteil unserer Zeit notgedrungen bei der Arbeit und in der Stadt verbrachten, war es für uns vor allem ein Zelt – ein Zelt, vor dessen Eingang sich die grenzenlose Einsamkeit Tibets erstreckte. Dorthin konnten wir uns immer flüchten, wenn uns die Enge zu erdrücken schien.

Die meiste Zeit verbrachten wir ohnehin in Klassenzimmern, obgleich die Erinnerungen an den Unterricht, der den alltäglichsten Aspekt unseres Lebens ausmachte, am schnellsten wieder verblaßte. Obgleich in meine Kurse sehr interessante Menschen kamen, fand ich die Tätigkeit des Unterrichtens öde. Die Diskrepanz zwischen den beiden Lehrbüchern, mit denen wir arbeiteten, wurde immer grotesker. Im chinesischen Lehrbuch übten wir das Futur mit Sätzen wie: «Nach einem dritten Weltkrieg wird der Kapitalismus völlig ausgerottet sein.» In dem Lehrbuch, das ich mitgebracht hatte, hieß es: «Elton Kash hat einen Cadillac mit einem Radio, einem Kassettenrekorder und elektrischen Fensterhebern. Aber Elton ist nicht glücklich ... er wünscht sich einen Rolls-Royce.»

Wie sich herausstellte, waren die Tibeter außerordentlich gute Imitatoren. Einmal kam ein englischer Freund nach

Lhasa. Da er unsere Adresse nicht hatte, machte er sich keine großen Hoffnungen, uns dort zu finden. Am zweiten Tag sprach ihn jedoch eine Frau auf der Straße an, um ihr Englisch zu üben. «Ich wußte, ihr konntet nicht weit entfernt sein», sagte er später zu uns. «Ihre Stimme klang unverkennbar nach Bass.»

Die von Tibetern besuchten Kurse wuchsen weiter an, doch Rosemarys Chinesischlehrer, für die die Begegnung mit der englischen Sprache weniger neu war, blieben zunehmend dem Unterricht fern.

«Heute waren nur drei Leute da», sagte Rosemary, als sie eines Nachmittags vom Unterricht kam und sich müde aufs Bett fallen ließ.

«Rosemary, das ist Xiao Wang.» Ich hatte Besuch von einer Chinesin, die ich vor kurzem kennengelernt hatte.

Rosemary schaute auf. «Oh, das tut mir leid», sagte sie herzlich, um den unbeabsichtigten Affront wieder wettzumachen. «Ich freue mich, daß Sie uns besuchen. Catriona hat mir schon viel von Ihnen erzählt.»

«Ja, wir sind gute Freundinnen», sagte Xiao Wang, «obgleich wir uns erst seit kurzem kennen.»

Ich hatte sie vor wenigen Wochen im größten chinesischen Kaufhaus kennengelernt. Sie sagte, sie wolle sich mit mir unterhalten, um ihr Englisch zu üben. Sie kaufte mit einer alten Tibeterin ein, die sie als gute Freundin bezeichnete. Ich war fasziniert und fand sie auf Anhieb sympathisch.

Xiao Wang hegte eine echte Zuneigung für Tibet, obgleich sie, wie die meisten ihrer Landsleute, alles getan hatte, um nicht nach Tibet zu müssen. 1980 hatte sie in Chongqing einen Techniker geheiratet, der für einen dreimonatigen Heimaturlaub aus Lhasa zu Besuch gewesen war. Seine Familie glaubte, durch diese Heirat seine Rückversetzung nach China bewirken zu können, doch es war nicht einfach, vor Ablauf der gesetzten Frist aus den Minoritätsgebieten herauszukommen. Beide Familien brachten ihre *guanxi* ins Spiel, doch die Behörden weigerten sich, ihn rückzuversetzen. Großzügig boten sie der jungen Ehefrau an, sich nach Tibet versetzen zu lassen, wofür sie großes Lob erntete. Jetzt, wo sie beide in

Lhasa waren, war es ziemlich unwahrscheinlich, daß sie jemals nach Chongqing zurückkehren könnten.

Inzwischen schien sie eine bemerkenswert kontroverse Einstellung zu den Tibetern entwickelt zu haben. Während der letzten Wochen hatte ich Rosemary immer wieder von unseren Gesprächen berichtet – daß Xiao Wang meinte, die Lebensbedingungen der Tibeter hätten sich seit dem Einmarsch der Chinesen nicht verbessert und daß es für Tibeter viel schwieriger sei, Arbeit zu finden, weil sie kein Chinesisch konnten oder die chinesischen Führer unweigerlich ihre eigenen Landsleute bevorzugten. Als ich einwarf, daß die Arbeitslosigkeit in ganz China ein Problem sei, entgegnete sie, dies sei in Tibet anders. Ethnische Vorurteile seien hier tatsächlich das Hauptproblem. Da immer mehr Chinesen inoffiziell nach Lhasa kämen und sich durch irgendwelche Hintertüren in staatliche Arbeitseinheiten einschlichen, würde die Situation in Zukunft wahrscheinlich noch schwieriger.

Rosemary hatte mehrfach den Wunsch geäußert, Xiao Wang kennenzulernen. Als sie aufstand, um unsere Teetassen mit frischem heißem Wasser aufzufüllen, bemerkte ich, wie sie meine Besucherin musterte. Xiao Wang war ungewöhnlich groß, und ihr Gesicht wirkte stets ruhig und gelassen. Aber sie sei nicht schön, hatte sie mir unerbittlich erklärt. Ihr Gesicht sei nicht mandelförmig, und ihre Augen seien nicht dunkel genug, um als attraktiv zu gelten. «Vielleicht finden Ausländer mich hübsch, aber für Chinesen bin ich häßlich», hatte sie mir anvertraut.

Xiao Wang fühlte sich unter Rosemarys prüfenden Blicken sichtlich unwohl. Sie fragte, was mit ihrem Kurs schiefgelaufen sei.

«Die Schüler bleiben weg. Ich hatte ein langes Gespräch mit den drei Leuten, die heute gekommen sind. Sie meinten, den anderen würden meine Stunden gefallen, sie hätten bloß zu viel zu tun.» Rosemary schaute uns zweifelnd an.

«Ihre Schüler sollten diese Chance wirklich wahrnehmen – es ist ein Privileg, eine ausländische Lehrerin zu haben», sagte Xiao Wang, und einen Moment klang ihre Stimme wie die einer Führerin der Jungen Liga, die ihre Mitglieder zu Fleiß und Tüchtigkeit ermahnt. Sie hob ihre Tasse und blies die Teeblätter über die Oberfläche.

«Sie sollten zum Unterricht kommen, aber…» Sie hielt inne und nahm rasch einen Schluck, ehe die Blätter wieder zurückschwimmen konnten.

«Aber sie sind zu apathisch. Diese Apathie ist ein großes Problem. Natürlich nicht bei allen. Es betrifft besonders diejenigen, die nur für ein paar Jahre nach Tibet gekommen sind.»

Rosemary nickte. Offenbar wollte sie sie ermutigen weiterzusprechen. Ich lauschte gebannt. Ihre Offenheit verblüffte mich immer wieder.

«Aber man kann ihnen eigentlich keine Schuld geben», fuhr Xiao Wang fort. «Sie sind niedergeschlagen hier in Tibet, sie vermissen ihre Verwandten, und sehr oft fühlen sie sich krank. Es ist nicht einfach für uns, hier zu leben.» Sie starrte aus dem Fenster. Der Wind zerrte an den Gebetsfahnen auf dem Dach des Nachbarhauses. «Wir sind nicht an das Klima gewöhnt. Für Ausländer ist das etwas anders. Ihr seid kräftiger als wir. Ihr könnt euch anpassen.»

Wir lächelten über den herkulischen Eindruck, den viele Chinesen von westlichen Ausländern hatten. In Wuhan hatte uns dieser Eindruck doppelt so viele Unterrichtsstunden eingebracht wie unseren chinesischen Kollegen. Unser Essen sei besser als ihres, hatte man uns erklärt. Damals hatte uns diese Sichtweise überrascht; wir waren es nicht gewohnt, Körperkraft auf die Ernährung zurückzuführen. Aber in China, wo die Essensrationen allgemein einen niedrigen Energiegehalt haben, wird die individuelle Körperkraft direkt (und offiziell) mit der Ernährung in Zusammenhang gebracht. Ich dachte daran, mit welchem Neid unsere Kollegen in Wuhan den Sportlehrern begegnet waren; sie waren kräftiger als sie, weil ihre Reisration achtunddreißig *jin* im Monat statt der üblichen dreißig *jin* betrug. Ich dachte an die Diskussionen meiner Schüler über die Frage, wie viele *liang* Fleisch und Gemüse sie bräuchten, um sich für die Prüfungen fit zu machen. Ich kann mir vorstellen, daß sich die beschränkten Lebensmittelrationen negativ auf ihre Fähigkeit auswirkten, sich an die extreme Höhe zu gewöhnen. Sui erzählte mir, es habe sechs Monate gedauert, bis er sich nach seiner Rückkehr aus Zentralchina wieder in Tibet wohl gefühlt habe.

Xiao Wang sprach nachdenklich weiter. «Drei meiner Kollegen wurden vor kurzem krank. Sie sind herzkrank. Jetzt dürfen sie nach Hause.»

«Wie lange waren sie hier?»

«Ach, ich weiß nicht. Ziemlich lange. Eine Weile ging es ihnen gut, aber das ist oft so.» Sie hielt inne und fügte dann etwas wehmütig hinzu: «Alle haben sie beneidet.»

«Würden Sie Lhasa auch gern verlassen?» fragte Rosemary. Sie stand auf, um die Tür zu schließen; der Wind hatte sie gerade aufgestoßen und eine Ladung Staub ins Zimmer gepustet. Xiao Wang lachte. «Ich glaube, in dieser Jahreszeit würden wohl alle Lhasa am liebsten verlassen. Ständig wird man dreckig. Man geht zehn Minuten raus, und schon muß man wieder seine Kleider waschen.» Sie schnipste ein paar Staubkörnchen vom Ärmel ihrer Jacke.

Rosemary warf mir einen vielsagenden Blick zu und kreuzte die Arme über dem Schoß, um die Flecken auf ihrer Jeans zu verbergen.

«Nein, ich möchte Lhasa nicht verlassen. Ich habe meinen Mann hier, und mir gefällt Tibet. Ich finde die Tibeter sehr nett.» Sie hielt inne. «Aber ich vermisse mein Kind.»

«Ihr Kind?»

Xiao Wang nahm eine Handvoll Sonnenblumenkerne und begann, sie gedankenverloren zwischen den Zähnen zu zerknacken. Sie hatte mir noch nie von ihrem Kind erzählt. Plötzlich hatte sich ihre gesamte Haltung verändert. Die Gelassenheit, die vor wenigen Momenten noch so vorherrschend gewesen war, schien sich vollständig aufgelöst zu haben. Ihre Stirn war von tiefen Falten durchzogen.

«Er ist erst zwei. Es wäre zu gefährlich, ihn nach Lhasa zu bringen.» Die Worte klangen mechanisch. Wie oft mochte sie wohl schon versucht haben, sich selbst von diesem Argument zu überzeugen, fragte ich mich. Eine halbe Stunde lang machte sie der Sehnsucht nach ihrem Jungen in einem detaillierten Bericht von seinem Leben Luft. Er sei sehr hübsch und rundlich, sagte sie und beschrieb jede Eigenheit, jede neue Entwicklung des Kleinen. Sie schwelgte förmlich in den eigenen Beschreibungen, schien uns fast vergessen zu haben. Es war, als hätte sie sich in einem Traum verloren, den sie schon oft beschworen hatte, um den Kummer über die Trennung zu lindern. Er wurde von ihrer Mutter in Chongqing versorgt, und sie hatte ihn nicht gesehen, seit sie vor achtzehn Monaten nach ihrem Mutterschutzjahr nach Lhasa zurückgekehrt war.

«Wahrscheinlich würde er mich jetzt nicht mal mehr erkennen», schloß sie leise. Wir saßen schweigend da und dachten an den hohen Preis, den die Frauen in China zahlten; viele mußten Großmütter werden, um die Freuden der Mutterschaft kennenzulernen. Xiao Wang würde ihren Sohn sicherlich irgendwann nach Tibet holen. Viele Paare ließen ihre Kinder jedoch vollständig von den Großeltern aufziehen.

Später, als Xiao Wang gegangen war und Rosemary ihren Abendkurs unterrichtete, fühlte ich mich schrecklich deprimiert. Ich dachte an all die vielen zerrissenen Familien in meinem Bekanntenkreis, an all die Menschen, die die Tage auf dem Kalender durchstrichen, sehnlichst auf den nächsten dreimonatigen Heimaturlaub warteten und dann alle möglichen Ausreden ersannen, um ihn noch ein wenig hinauszuzögern. Ich dachte auch an die Bitterkeit der Tibeter, die sich benachteiligt fühlten, weil sich ihr Jahresurlaub auf ein paar Tage zu Neujahr beschränkte und ihre Frauen nur zehn Wochen Mutterschaftsurlaub bekamen.

Als Lhamo ins Zimmer kam, grübelte ich noch immer düster vor mich hin. Aber sie hatte wenig Verständnis für meinen Kummer.

«Tibet ist ihnen für ihre kostbaren Einzelkinder nicht gut genug.»

«Aber es ist nicht ihre Schuld.»

Sie lachte. «Vergiß es. Ich war letzte Woche auf einer *Ji-Hua-Shang-Yu*-Versammlung. Es waren drei chinesische Frauen da, die Briefe von Verwandten dabeihatten, in denen es hieß, ihre Kinder seien krank. Ihnen ist jede Ausrede recht, um nach Hause zu kommen.»

«Wie bist du in so eine Versammlung geraten? Ich dachte, man müßte Mitglied einer Arbeitseinheit und verheiratet sein.»

Lhamo schaute mich an und grinste. «Ich habe meine Freundin Mima begleitet. Sie wünscht sich ein Baby. Ich interessiere mich für solche Sachen. Aber es war ziemlich langweilig. Die Parteiführerin hat eine Liste von Leuten vorgelesen, die dieses Jahr geheiratet haben. Sie nannte das Alter der Brautleute und das Datum ihrer Hochzeit, und dann teilte sie Antragsformulare für drei Paare aus, die ein Kind bekommen dürfen. Einige Frauen weinten, weil sie nicht dazugehörten. Mima hat mir erzählt, einmal sei eine Chinesin dagewesen und hätte behauptet, ihr Kind sei geisteskrank – sie glaubte, mit diesem Argument die Erlaubnis für ein zweites Kind zu bekommen. Sie kannte einen Arzt, und der hat ihr die Bescheinigung geschrieben.»

«Sind die Chinesinnen nicht neidisch auf die Tibeterinnen, weil sie zwei Kinder bekommen können?»

«Mag sein», murmelte sie und fuhr – wie so oft, wenn ein Thema sie besonders erregte – unbeirrt in ihrem Redefluß fort. Ihre Freundin Mima sei wütend, weil sie, wie alle Tibeterinnen, die keiner staatlichen Arbeitseinheit angehörte, drei Kinder hätte haben können, wenn sie nicht einen Regierungsangestellten geheiratet hätte. Jetzt würde man ihr nur zwei Kinder genehmigen, und sie müßte auf das zweite Kind vier Jahre warten.

Lhamo lachte. «Nach der Versammlung haben wir überlegt, wie Mima um die Vorschriften herumkommen könnte. Sie hat einen Freund bei der Ji Hua Sheng Yu, der ihrer Schwester ein Jahr nach dem ersten Kind ein Antragsformular für ein zweites Baby besorgt hat. Wir sind gestern zu ihm nach Hause gegangen und haben Zigaretten vorbeigebracht. Aber seine Frau sagte, er sei nach Peking geschickt worden.»

Plötzlich erinnerte sie sich doch noch an meine Frage. «Warum sollten sie auf uns wütend sein? Wir haben viel mehr Grund, uns über sie zu ärgern. Offiziell heißt es zwar, tibetische Staatsangestellte dürften zwei Kinder bekommen. Aber wenn man mehr als ein Kind hat, verliert man das Anrecht auf sämtliche Sonderleistungen. Ohne ‹Ein-Kind-Bescheini-gung› gibt's keinen monatlichen Bonus. Und wenn neue Wohnungen vergeben werden, oder wenn es darum geht, wer zur Lohnerhöhung ansteht, hat man mit der ‹Ein-Kind-Be-scheinigung› viel bessere Chancen.» Sie hielt inne. «Meinst du wirklich, die Chinesinnen hätten den geringsten Grund, uns zu beneiden?» Sie stand trotzig auf.

«Wohin gehst du?»

«Ich muß gehen.»

«Wohin? Und warum bist du gekommen?»

«Um dir ein paar Wahrheiten über Tibet beizubringen!» Sie lachte und trat auf den Balkon. «Und um dir zu erzählen, daß es mit meinem Paß länger dauern wird als geplant. Ich gehe für ein paar Monate nach Kongpo zurück.» Sie ging die Stufen hinunter und war verschwunden.

Tsering

«Bei der Entwicklung der tibetischen Wirtschaft muß der Tourismus eine unserer zentralen Aufgaben sein.» Der Lautsprecher unserer Nachbareinheit plärrt durch die Abendluft. Ich habe es mir auf dem Balkon bequem gemacht, um den Sonnenuntergang zu beobachten und Tagebuch zu schreiben.

«Wir müssen unser Denken vereinheitlichen und versuchen, die touristische Entwicklung Tibets nüchtern voranzutreiben. Ist dieser Prozeß erst einmal erfolgreich abgeschlossen, können wir uns anderen ökonomischen Aufgaben zuwenden.»

Für mich ist es der schönste Augenblick des Tages.

«Es spricht der Genosse Wu Jinghua», verkündet der Ansager.

Auf den Gipfeln ist noch heller Tag, aber die Schatten kriechen unaufhaltsam an den Berghängen empor. Wie ein leckgeschlagenes Schiff sinkt das Tal langsam in Dunkelheit.

Es war Ende April, und Tibets oberster Führer sprach über eine Tourismuskonferenz in Lhasa. Ich legte mein Tagebuch weg und hörte ihm zu. Meine Nachbarn, die sich am anderen Ende des Balkons niedergelassen hatten, unterbrachen ihr Mahjong-Spiel und lauschten ebenfalls. Es war eine wichtige Neuigkeit. Der Frühling hatte bereits eine wahre Flut von Ausländern nach Lhasa geschwemmt – schon jetzt mehr als im gesamten Vorjahr –, und die meisten Menschen hatte diese Entwicklung überrascht. In ganz Lhasa waren, wie ein häßlicher Ausschlag, Baustellen aus dem Boden geschossen; Hotels, Geschäfte und Büros hatten sich zwischen die Häuser der alten Stadtteile gezwängt. Tag und Nacht hörte man Baulärm: die gleichförmigen Schläge der Arbeiter, die aus riesigen Felsbrocken Steine hauten, und die stampfenden Schritte der Frauen, die mit rhythmischen Bewegungen Betonfußböden festtraten und dazu melodiöse Lieder sangen.

Eines Tages kam ich ins Banak Shol und mußte feststellen, daß man mein Klassenzimmer in einen Schlafsaal verwandelt hatte. Eine Gruppe höhenkranker Italiener antwortete schlapp auf die begeisterten Fragen meiner Schüler: «Guten Tag, ich bin Dawa, wie heißen Sie?» Der größte Vorteil der Touristiksaison bestand für uns jedoch in der Tatsache, daß im Banak Shol und in einem angrenzenden Hotel Duschen eingebaut wurden. Die Wasserration bestand aus einem Eimer, der vom oberen Stockwerk mit geheiztem Wasser gefüllt wurde. Einmal duschten wir, natürlich in getrennten Duschkabinen, gleichzeitig mit einem Khampa. Als wir anschließend draußen in der Sonne saßen, beugte er den Kopf weit nach vorn zwischen die Knie und ließ sein aus den festen Zöpfen befreites Haar in glänzenden Locken zu Boden fallen. Da wir glaubten, er könne uns durch sein dichtes Haar nicht sehen, beobachteten wir ihn unverhohlen. Plötzlich teilte er seine Locken und grinste uns an.

Die älteren Tibeter befürchteten, die vielen Ausländer könnten Drogen ins Land bringen. Auf dem Barkhor blühte ein reger Schwarzmarkt, auf dem die harte Touristenwährung gegen die örtlichen *renminbi* eingetauscht wurde. Auch ein *Holiday Inn* besaß Lhasa jetzt. Ein viel ernsteres Problem, jedenfalls für die Tibeter, stellte jedoch das rasche Anwachsen der chinesischen Bevölkerung in Lhasa dar. Die Verheißung eines Touristikbooms lockte gepflegte Geschäftsleute in Lederjacken und zahlreiche Bauern aus Zentralchina an. Sie waren keine Freiwilligen, die von der Regierung nach Lhasa geschickt worden waren, um bei der Modernisierung Tibets zu helfen, sie waren gekommen, um in Lhasa ihr Glück zu machen. Sie waren illegal hier – sie besaßen keine auf Lhasa ausgestellte *hukou* –, und in vieler Hinsicht heizte ihre Anwesenheit die rassischen Konflikte weiter an. Während die Polizei die tibetischen Lager am Flußufer regelmäßig kontrollierte und alle Tibeter, die keine auf Lhasa ausgestellte *hukou* besaßen, zurück in ihre Dörfer transportierte, drückte sie bei den chinesischen Siedlern gern ein Auge zu. Die Tibeter meinten, die Behörden ermutigten diese Leute geradezu, in Tibet zu bleiben, und verschafften ihnen durch die Hintertür Stellen und Geschäftslizenzen. Offiziell lebten in der Autonomen Region Tibet damals 70 000 Chinesen; in den Verlautbarungen der Regierung wurden sie als Facharbeiter bezeichnet, die abgezogen werden sollten, sobald die Tibeter in der Lage seien, ihre Arbeit zu übernehmen – eine weitere Statistik, die im Grunde alles im dunkeln ließ. Aber die chinesische Führung setzte sie dazu ein, die Behauptung des Dalai Lama, es lebten inzwischen Millionen Chinesen in Tibet und die Tibeter seien eine Minderheit im eigenen Land, als völligen Unsinn abzutun. Es war schwer einzuschätzen, wie stark die Einwanderung in anderen Teilen Tibets war, doch in den Straßen Lhasas wimmelte es nur so von chinesischen Soldaten und Händlern, und da, wie gesagt, die Kinder der Chinesen ganze Schulen füllten, war es schwer, die Ängste der Tibeter einfach abzutun.

Immer mehr Stände auf dem Barkhor wurden von Chinesen übernommen. Die Bürgersteige der Hauptstraßen waren ausschließlich chinesisches Terrain. Schlosser, Schneider, Fahrradreparateure und Zahnärzte mit aufgereihten Goldzähnen, fußbetriebenen Bohrern und Plastikgaumen, die die Passanten aus trüben Wassergläsern angrinsten – alle stritten sie sich mit den Neuankömmlingen um den Platz auf den Bürgersteigen. Neue Restaurants wurden eröffnet und luden die Ausländer zu einem westlichen Frühstück ins «Dumpling», «The Testy Restaurant» oder «The Merry-making Dining Room» ein. Eines Tages eröffnete mit einer Salve von Feuerwerkskörpern und westlicher Discomusik ein Geschäft in der Straße der Glückseligkeit, in dessen Schaufenstern Tibets erste Coladosen ausgestellt wurden. Weitere 30 000 Touristen sollten im Sommer kommen, sagten die Leute, und in ihren Stimmen lag keine uneingeschränkte Begeisterung.

Es kamen tatsächlich 30 000 Touristen, und im folgenden Sommer war es ebenso. Doch mittlerweile steht Tibet unter Kriegsrecht, und man traut den Individualreisenden nicht

mehr so recht. Wieder einmal ist Tibet nur für Gruppen-Stipp-
visiten offen.

Aber Tibet braucht den Tourismus. Es ist eine der ärmsten
Regionen Chinas. Trotz der neuesten Reformen zur Förderung
der Produktion ist es noch immer fast vollständig auf Subven-
tionen der Zentralregierung angewiesen. Seine ursprünglich
weitgehend autarke Wirtschaft ist seit Ende der fünfziger Jahre
systematisch zerstört worden. Der ‹Große Sprung nach vorn›,
der überall zu schweren Hungersnöten führte, sowie die
spätere Direktive, Weizen statt der heimischen Gerste anzu-
bauen, hatten fatale Konsequenzen: Der Boden war nach kurzer Zeit vollkommen ausgelaugt. Heute produziert Tibet nur
sehr wenig; fast alles, von den einfachsten Lebensmitteln bis
zu Konsumgütern und Baumaterial, wird auf dem teuren
Landweg von Zentralchina herangebracht. Die riesige Staats-
bürokratie, die Tibet verwaltet, sowie die Löhne für die Beamten, die dreimal höher liegen als in Zentralchina, verschlingen
ebenfalls astronomische Summen.

Die Dollars der Touristen wurden dringend gebraucht, soviel begriff ich, während ich weiter der Stimme aus dem Lautsprecher lauschte. Wu Jinghua pries den Tourismus als Allheil-
mittel für alle Krankheiten Tibets. Die Lautsprecher anderer
Einheiten übertrugen jetzt ebenfalls seine Rede, und gemeinsam füllten die Phrasen von «einem beispiellosen kulturellen
Austausch und vielen wissenschaftlichen Kontakten mit
Menschen aus allen Ländern der Welt» den Abend mit paradiesischen Verheißungen.

«Vielleicht kommt mein Sohn nach England zum Studieren», rief eine Frau vom Balkon über mir.

«Vielleicht», antwortete ich vage. Ich war in Gedanken mit
den Zweifeln beschäftigt, die sich hinter diesem offiziellen
Optimismus verbargen, und mit den Gefahren, die für die chinesische Regierung mit der Öffnung Tibets verbunden waren.
Ich dachte an die Tibeter, die ich kennengelernt hatte, und vor
allem an die Mönche, für die dieser Kontakt mit der Außenwelt eine große politische Bedeutung besaß. In den Klöstern,
aber auch auf offener Straße gingen sie mit einem fast fanati-
schen Eifer auf die Besucher aus dem Westen zu und berichte-

ten ihnen, zur Not in einer improvisierten Gesten- und Zeichensprache, von der Not und Verzweiflung Tibets. Auf diese Weise lernte ich auch Tsering kennen. Er lebte als Mönch in einem Kloster in der Nähe von Lhasa. 1959 war er am Aufstand gegen die Chinesen beteiligt gewesen und hatte die nächsten fünfzehn Jahre im Gefängnis verbracht. Nachdem er seine Strafe abgesessen hatte, mußte er als «Freiarbeiter» im Gefängnis Steine klopfen. Er war nicht frei, aber er bekam einen bescheidenen Lohn, mußte am Sonntag nicht arbeiten und durfte alle anderthalb Jahre seine Verwandten in Lhasa besuchen. Kurz bevor ich ihn kennenlernte, hatte er in sein Kloster zurückkehren dürfen.

Er tauchte ganz plötzlich in einem meiner Abendkurse auf. Der Strom war wieder einmal ausgefallen, und in dem trüben Kerzenlicht wirkte er wie eine Geistererscheinung. Die Flammen der Kerzen duckten sich unter dem Luftzug, den sein Eintreten verursacht hatte, und sein geschorenes Haupt warf einen unheimlichen Schatten. Er setzte sich auf einen freien Platz in der hintersten Reihe und machte mir ein Zeichen, daß ich die Stunde nicht unterbrechen sollte, doch auf subtile Weise veränderte seine Anwesenheit die Stimmung im Kurs. Neben den Maojacken und westlichen Anoraks nahm sich sein Mönchsgewand unweigerlich wie ein Anachronismus aus, aber in dem sichtlichen Bemühen der anderen Kursteilnehmer, vor ihm durch richtige Antworten und rege Teilnahme zu glänzen, spürte ich den traditionellen Respekt, den sie ihm entgegenbrachten.

Er müsse unbedingt Englisch lernen, erklärte er mir später. Er müsse sich mit Ausländern verständigen können. Er lächelte, aber es war ihm sehr ernst. Es war offensichtlich, daß er nicht Englisch lernen wollte, um sein Wissen über die Außenwelt zu vergrößern.

Er kam nur gelegentlich in meine Stunden, weil es für ihn sehr schwierig war, die Erlaubnis zu bekommen, das Kloster abends noch zu verlassen. Eines Abends tauchte er wieder einmal verspätet auf. Wir hatten früher Schluß gemacht, da der Strom schon wieder ausgefallen war und beim Kerzenlicht niemand die Tafel sehen konnte.

Ich tastete mich die hölzerne Stiege zum Erdgeschoß hinunter und lauschte dem Durcheinander von Stimmen und Fahrradklingeln auf der Straße. Er wartete unten auf mich. Als ich auf ihn zuging, legte er die Hände zusammen, beugte den Kopf und murmelte die förmliche Begrüßung:

«*Genla, kaba terga.*»

«Ich gehe heim», antwortete ich und verbeugte mich ebenfalls. Als wir zu meinem Fahrrad gingen, wirkte er irgendwie aufgeregt. Er lachte, als ich meine Bücher mit einem Band befestigte, mit dem Nomaden normalerweise ihre Stiefel schnürten. Eine Weile unterhielten wir uns über nebensächliche Dinge. Er bestand darauf, mein Fahrrad zu schieben, obwohl ihm dabei immer wieder seine Robe ins Gehege kam. Doch in Gedanken schien er mit etwas ganz anderem beschäftigt zu sein. Als wir ein paar Minuten schweigend weitergegangen waren, fragte er plötzlich: «Wissen die Leute im Westen wirklich über Tibet Bescheid?»

Ich zeigte ihm einen Brief von meiner Mutter, den ich am Nachmittag auf dem Postamt abgeholt hatte. Sie hatte ihn mit ihrer großen Handschrift deutlich adressiert: CATRIONA BASS, KONGHA GYATSO, LHASA, TIBET, VOLKSREPUBLIK CHINA. Der Brief hatte über einen Monat gebraucht, und wie bei allen unseren Briefen aus England hatte die Könglich Britische Post die Worte VOLKSREPUBLIK CHINA durchgestrichen und durch INDIEN VIA DELHI ersetzt.

«Da sehen Sie, was die britische Post über Tibet weiß.»

Tsering schaute mich ungläubig an. «Sie meinen, die Leute in England wissen nicht, daß Tibet jetzt von den Chinesen regiert wird?»

Es war schwer vorstellbar, daß das, was für ihn die größte Katastrophe der Geschichte bedeutete, an anderen unbemerkt vorübergegangen war.

Ich fragte mich, wie viele Briefe wohl seit Ende der britischen Kolonialherrschaft nach Tibet gegangen waren. Vielleicht glaubten die britischen Postbeamten, die Briefe würden noch immer von Läufern über den Himalaya nach Tibet gebracht. Tsering lachte trocken, dann schwieg er wieder. Er hielt an und drehte sich mit gerötetem Gesicht zu mir um.

«Ich habe heute über einen ausländischen Freund einen Brief ins Ausland geschickt.»

«An wen?» Ich ahnte das Gewicht seiner Worte.

Er reichte mir ein Stück Papier, das er aus seiner Tasche gezogen hatte. Es war zerknittert; in einer Ecke prangte ein runder Butterfleck. «Das ist eine Abschrift.»

«An wen ist der Brief?» fragte ich wieder, denn ich konnte sein verschnörkeltes Tibetisch nicht lesen. Mit glitzernden Augen beugte er sich zu mir vor. «An die Vereinten Nationen. Soll ich Ihnen den Brief vorlesen?»

Voller Panik schaute ich mich um. Ich hatte plötzlich Angst, daß uns jemand belauscht haben könnte. Seine Kühnheit verblüffte mich. Er hatte in den Augen Chinas gerade ein ernstes konterrevolutionäres Verbrechen begangen. Wenn er geschnappt wurde, mußte er mit einer zehnjährigen Haftstrafe rechnen. Dennoch erzählte er mir, einer Fremden, die er kaum kannte, auf einer der Hauptstraßen Lhasas davon. Die Straße war menschenleer und dunkel, trotzdem fühlte ich mich unwohl. «Lassen Sie uns weitergehen», sagte ich und nahm ihm das Fahrrad ab.

Er ließ sein Auge über das Papier schweifen und suchte einzelne Sätze heraus, die er mir leise vorlas. «Die Welt soll wissen, daß alle Tibeter den Dalai Lama als ihren Führer ansehen... Die Chinesen sprechen von Liberalisierung, sie sagen, die Tibeter hätten es noch nie so gut gehabt wie heute, aber die Tibeter sind noch immer unglücklich. Wir haben keine echte Freiheit... Viele Tibeter leiden noch immer in Gefängnissen für ihre Überzeugung... Sie werden geschlagen und gefoltert und schlimmer behandelt als gewöhnliche Verbrecher...»

Gefangene, die wegen ihrer politischen Überzeugung im Gefängnis sitzen, existieren nach chinesischen Vorstellungen nicht. Die Regierung kontert alle kritischen Bemerkungen und Anfragen mit dem Hinweis, in China gebe es keine politischen Gefangenen. Alle Dissidenten gelten als Kriminelle.

Tsering wendete sein Papier und las die zweite Seite vor. «Das tibetische Volk ist sicher: Wenn die westlichen Länder von dem Leid der Tibeter wüßten, würden sie sie in ihrem Kampf unterstützen.»

Traurig schaute ich ihm zu, wie er den Brief wieder zusammenfaltete. Ich dachte an all die anderen Tibeter in meinem Bekanntenkreis, die sich ebenfalls an die Überzeugung klammerten, nur die Unwissenheit hielte die Außenwelt davon ab, ihnen in ihrer Not beizustehen. Seit den fünfziger Jahren wurden immer wieder Hilferufe an die Vereinten Nationen aus dem Land geschmuggelt. In der ersten Zeit träumten die Menschen von einer Armee, die in ihr Land einmarschieren würde – sie hatten vage vom Einsatz der UN-Truppen in Korea gehört. Aber es kam keine Armee, und die «ernste Besorgnis», die die UN-Resolutionen von 1959 und aus den frühen sechziger Jahren ausdrückten, trugen weder zur Verbesserung ihrer Lebensverhältnisse bei, noch vermochten sie das noch viel größere Leid abzuwenden, das später mit der Kulturrevolution über sie kam. Und doch wurden weiterhin Hilferufe aus dem Land geschmuggelt.

Über die Jahre waren die Vereinten Nationen zu einem Symbol geworden, auf das Tibeter wie Tsering verzweifelt all ihre Hoffnungen richteten; daß ihnen die Vereinten Nationen zur Hilfe eilen würden, war für sie mittlerweile eine Art Glaubensartikel.

Tsering schien meine Gedanken erraten zu haben, denn er lächelte plötzlich und sagte: «Sie halten mich für naiv, nicht wahr? Natürlich weiß ich, daß die westlichen Regierungen nicht plötzlich unsere Sache gegen China verteidigen werden. China ist wichtiger als wir, ist immer wichtiger gewesen. Und jetzt haben die westlichen Länder Angst, daß ihre wirtschaftlichen Beziehungen zu China leiden, wenn sie die chinesische Regierung kritisieren. Habe ich recht?»

Aber irgend etwas mußte Tsering tun. Tibeter wie er hatten keine Angst vor den Chinesen, auch wenn sie am Ende machtlos gegen sie waren.

«Wir *müssen* mit den Touristen sprechen, wir *müssen* der Außenwelt von Tibet berichten. Vielleicht können wir damit auf lange Sicht doch etwas bewirken. Eine andere Möglichkeit haben wir nicht.»

Als wir uns am Ende meiner Straße trennten, wurde mir klar, daß sein Brief im wesentlichen eine Geste des Trotzes war. Was ich für naiven Optimismus gehalten hatte, war in Wirklichkeit eine Art Enthusiasmus für die eigene, verzweifelte Tat. *Ich* war es, die sich naiv vorkam.

Das Tal der Einsiedler ━━━━━━━━━━

Immer wieder versprachen uns die Leute, mit uns ins Yerpa-Tal zu fahren. Es sollte dort zauberhaft sein. Man erzählte uns von üppig blühenden Aprikosen- und Rhododendronsträuchern, riesigen Wacholderbüschen und grasbewachsenen Hängen. Yerpa hatte eine heilige Geschichte. König Songtsen Gambo hatte dort meditiert, ebenso die indischen Meister Padmasambhava (auf tibetisch Guru Rinpoche) und Atisha, zwei der in Tibet am meisten verehrten religiösen Gestalten. Später hatten andere Asketen, von ihrem Beispiel inspiriert, ihr ganzes Leben eingeschlossen in den Höhlen des Yerpa-Tals verbracht. Ein schmaler Himmelsstreif war ihr einziges Licht, und der Arm eines Schülers, der ihre Nahrung durch einen Felsspalt schob, ihr einziger menschlicher Kontakt. In den Sommermonaten kamen junge Mönche von den Lhasaer Tantraschulen ins Yerpa-Tal, um einige Zeit an diesem paradiesischen Zufluchtsort zu verbringen, zu studieren und Heilkräuter zu sammeln. Die Laien kamen, um in den Tempeln Opfer zu bringen und zwischen den Rhododendronsträuchern zu picknicken. In den fünfziger Jahren hatte Deyangs Mutter in jedem Juni eine Woche in Yerpa verbracht. Schon seit Monaten sprach sie davon, daß sie und ihre Familie es uns zeigen würden. Doch offensichtlich verfügte niemand über die erforderlichen *guanxi*, um in einer Arbeitseinheit ein geeignetes Fahrzeug aufzutreiben. Schließlich wurde uns klar, daß wir nie nach Yerpa kommen würden, wenn wir uns weiter auf sie verließen. Deshalb nahmen wir die Einladung von Stephen Batchelor, einem englischen Buddhismusgelehrten, an, mit ihm und seiner Frau Martine ins Yerpa-Tal zu fahren. Sie schrieben an einem Rei-

seführer über Tibet und hatten für ihre Besuche an historischen Orten von der Lhasaer Taxigesellschaft ein Auto ge-
mietet.

Es wird gerade hell, als wir eines Morgens Lhasa in östlicher
Richtung verlassen. Pilger schreiten den Linkhor ab, verbrennen Wacholderzweige, drehen Gebetsmühlen, werfen sich in
den Staub. Auf den Bürgersteigen lagern ganze Pilgerfamilien.
Die Frauen bereiten in langen, hölzernen Butterfässern Tee
zu, die Kinder spielen mit Federbällen. Doch heute stehen für
uns die Bequemlichkeit des Autos, das fast schon vergessene
Gefühl müheloser Fortbewegung und die Gespräche über
England im Vordergrund. Erstaunt stelle ich fest, daß die Sze-
nerie auf Lhasas Straßen für uns zur Normalität geworden ist.

Eine Weile folgen wir dem Fluß, dann beginnt die Straße
anzusteigen und wird immer schlechter, bis sie kaum mehr
ist als eine von Steinen übersäte, aus dem Fels geschlagene
Kante. Gebetsfahnen flattern von einsamen Stöcken, die
Wanderer zwischen die Steine geklemmt haben; unterhalb
der Straße erheben sich *labtse*, Steinpyramiden, zu denen jeder, der dort vorbeikommt, als Opfer für die Götter einen
Stein hinzufügt.

Stephen sitzt vorn neben dem Fahrer und erzählt von Dharamsala, der Residenz des Dalai Lama in Indien, wo er zehn
Jahre als Mönch gelebt hat. Nach zwei Stunden wird die
Landschaft öder. Das Yerpa-Tal muß irgendwo nördlich der
Straße liegen. Wir halten an, um einen Mann mit dicken Zöpfen und Texashut nach dem Weg zu fragen. Durch das Autoge-
räusch nervös geworden, geht ihm sein Yak durch und wirft
die Säcke mit Gerste ab. Zu höflich, um sich nach den Säcken
zu bücken, steht er da und erklärt uns gewissenhaft und de-
tailliert die Reiseroute, während sich der Yak, inzwischen
wieder in seinen seltsamen Trippelgang verfallen, über den
nächsten Berghang trollt.

Endlich finden wir das Tal hinter einer steilen, nördlich
verlaufenden Bergkette. Einzelne Häuser säumen den vor
uns liegenden Pfad, und hier und da sieht man die rosa Blüten eines Aprikosenbaums vor den gedämpften Grau- und

Brauntönen ihrer Wände. Von den Rhododendronsträuchern und Wacholderbüschen aus den Erzählungen von Deyangs Mutter ist nichts zu sehen. Aber auf den grünen Hängen weiden Schafe, und die Luft ist vom Zwitschern der Vögel erfüllt.

Wir lassen das Auto stehen und folgen dem Pfad. Ein einsames Kind steht, ein Kätzchen im Arm, vor einem Hauseingang und beobachtet uns mit großen Augen. Seine Blicke folgen uns, als wir vorübergehen.

«Wie kommen wir zum Kloster?» ruft ihm der Fahrer zu. Aber das Kind starrt ausdruckslos vor sich hin, zieht sein Kätzchen ängstlich vors Kinn und schielt uns durch sein Fell mißtrauisch an. Außer ihm ist niemand zu sehen.

Schließlich kreuzen wir einen Ziegenpfad und beginnen den steilen Aufstieg an der Seite des Berges. Über uns, auf einem Felsvorsprung, heben sich die Umrisse der Klosterruinen scharf gegen den Himmel ab. Die Oberfläche der umliegenden Felsen ist grob durchlöchert. Einige der Löcher sind groß und schwarz, andere winzig klein. Die eingefallenen Wände über den meisten Öffnungen erinnern uns an die illustre Vergangenheit des Tales und an die großen Mystiker, die sich einmal hierher zurückgezogen haben.

Der Weg gabelt sich, und plötzlich stehen wir vor dem Kloster. Es ist ein einziges Ruinenfeld. Schafe weiden auf den grasüberwachsenen Böden von Kapellen, die jetzt unter freiem Himmel liegen.

«Sieht aus wie zerbombt», sage ich zu Stephen, als wir durch die verlassenen Ruinen des etwas weiter oberhalb liegenden Klosters Drak Yerpa gehen.

Er widerspricht. «Es war wohl eher ein langwieriger Prozeß. Die Inneneinrichtung wurde wahrscheinlich als erstes zerschlagen und ausgeplündert. Später haben die Dorfbewohner die Holzsäulen und Deckenbalken als Feuer- oder Bauholz abgetragen. Und dann taten über die Jahre Wind und Kälte ein übriges.»

Ich erinnere mich an ein Gespräch, das ich vor nicht allzu langer Zeit mit Deyang geführt hatte. Während der Kulturrevolution habe es eine verheerende Brennstoffknappheit gegeben, erzählte sie mir, und die Einheiten hätten ihre Arbeiter mit dem Auftrag in die Klöster geschickt, alles mitzunehmen, was sich verbrennen ließ. Sie erinnerte sich daran, wie sie einmal mit einem vollen Lastwagen aus Ganden zurückgekehrt waren. Auf der Ladefläche stapelten sich Altäre, Säulen, Fensterrahmen, Bücher, Musikinstrumente, Kessel, Schöpfkellen – alles, was sie mit bloßen Händen oder mit Äxten hatten losmachen können. Zurück in Lhasa, wurde das meiste als Feuerholz verteilt, einige Dinge konnten jedoch «gerettet» werden. Die fein geschnitzten Einbände der religiösen Bücher dienten als Waschbretter, erzählte sie mir, und aus den zerbrochenen Altären wurden Wandtafeln für die Kinder. Die Trommeln und Zimbeln, die seit Jahrhunderten die Opfergaben für buddhistische Gottheiten begleitet hatten, wurden jetzt bei Paraden zu Ehren des Mannes eingesetzt, der ihre Zerstörung angeordnet hatte. Deyang lachte bitter, als sie durch mein Zimmer marschierte und rief: «*Mao Zhuxi wan sui!*» Lang lebe der Vorsitzende Mao! Dabei reckte sie eine Hand in die Luft und schlug mit der anderen eine imaginäre *dhamru*, eine rituelle Trommel.

Wahrscheinlich war ihre Einheit auch hierhergekommen, und wenn nicht sie, dann irgendeine andere. Und nachdem sie wieder gegangen war, hatte das freie Spiel der Elemente den Zerstörungsprozeß vollendet. Die Ruinen wirkten nicht zwanzig, sondern 200 Jahre alt. Die Erosion hatte das Mauerwerk abgetragen, an manchen Stellen waren ganze Gebäude wie Geisterschlösser im Staub verschwunden. Als ich von einem Felsvorsprung auf das Kloster hinunterschaue, spüre ich den beißenden Wind, die Kälte und die Kraft der Sonne in meinem Nacken. Der Fels über mir ist von Löchern durchbohrt, abgetragen bis auf schmale, glatte Säulen, auf denen große Felsbrocken sitzen. Die Elemente sind allmächtig, sie beherrschen das Land, und während ich dort stehe, fasziniert und wie gelähmt, spüre ich, welche Macht sie auch auf den menschlichen Geist ausüben. Ich habe plötzlich Verständnis für die Überzeugung der Anhänger der Bon-Religion, daß die Naturkräfte selbst als Götter zu verehren sind.

Einige Tibeter kommen über den Bergkamm, Plastikbehälter mit *chang* und Bündel mit Wacholderzweigen auf ihren Rücken. Sie wollen auf dem Gipfel des Berges Lhari Opfer bringen, erzählen sie uns und zeigen auf einen niedrigen, abgerundeten Berg, an dessen dem Tal zugewandten Hang weithin sichtbar die Worte OM MANI PADME HUM mit weißen Steinen ausgelegt sind. Stephen möchte wissen, ob sie im Yerpa-Tal leben. Nein, sie stammen aus dem Dorf am Fuß des Berges, antwortet eine eindrucksvolle Frau mit medizinischen Verbänden an beiden Schläfen. Während sie spricht, beobachten die anderen Stephen mit unverhohlener Neugier; sie sind über sein hervorragendes Tibetisch erstaunt. Er sagt ihnen, er habe längere Zeit in Indien gelebt, und sie bestürmen ihn mit Fragen über den Dalai Lama.

Ich frage, was mit den Rhododendronsträuchern und Wacholderbüschen geschehen sei.

«Zum Verfeuern abgeholzt, wie alles andere», antwortet ein alter Mann voller Groll.

«In den Höhlen ist auch nicht mehr viel», fügt die Frau mit den Verbänden hinzu. «Dahinten ist Palgyi Dorjes Höhle.» Sie zeigt auf eine kleine Kapelle, die offenbar notdürftig restauriert wurde. «Sie ist innen total demoliert. Es ist kaum noch etwas übriggeblieben. Gehen Sie hinein und schauen Sie es sich selbst an.»

Sie hat recht, es ist nichts mehr dort. Als sich unsere Augen an die Dunkelheit gewöhnt haben, sehen wir ein paar kostbare Trümmer auf dem Boden und erkennen die Überreste eines halb aus der Wand gemeißelten Jampa. Weiter hinten liegen die abgeschlagenen Köpfe dreier Götter, die jemand aus dem Schutt gerettet und auf einen kleinen Hügel gelegt hat.

Ich versuche, mir den Moment vorzustellen, in dem der Tempel zerstört wurde, versuche, die Gefühle der Mönche nachzuempfinden, die hier meditierten. Dachten sie an Palgyi Dorje, den buddhistischen Mönch, der die Höhle der Legende nach vor einem ähnlichen Angriff rettete? Doch Palgyi Dorje war nicht von einer Gruppe fanatischer, von kommunistischer Ideologie angestachelter Jugendlicher überfallen worden. Sein Widersacher war ein König aus dem neunten Jahrhundert namens Langdharma. Sein erklärtes Ziel war es, den Buddhismus in Tibet auszurotten und die Bon-Religion wieder einzuführen.

Buddhistische Historien beschreiben seine Regentschaft als Terrorherrschaft, in der Klöster zerstört, Mönche ermordet und buddhistische Zeremonien mit der Todesstrafe geahndet wurden. Noch heute werden in Lhasa Legenden über ihn erzählt. Der Großvater einer meiner Schüler sagte, Langdharma sei ein Dämon mit Hörnern gewesen. Um sie zu verstecken, habe er sich von Frauen Zöpfe um die Hörner flechten lassen. Die Frauen habe er anschließend sofort getötet, damit sie niemandem von seinem schlimmen Geheimnis erzählen konnten.

Auch Palgyi Dorjes Leben wurde zur Legende. Er war fromm und tapfer und floh weder aus Tibet noch vor Langdharmas Zerstörungswut. Seine Höhle beschützte ihn. Als er eines Tages wieder einmal in Meditationen vertieft war, hatte er einen Traum. Darin wurde ihm bedeutet, wie er Langdharma töten und damit Tibet von den Kräften des Bösen befreien könne.

Er verließ das Yerpa-Tal und zog nach Lhasa, legte ein schwarzes, weiß gefüttertes Gewand an und schmierte sein weißes Roß mit Holzkohle ein. Im Königspalast in Lhasa waren die Neujahrsfeierlichkeiten in vollem Gange. Als eine Truppe von Schwarzhuttänzern vor dem König auftrat, mischte Palgyi Dorje sich unbemerkt unter sie. Er wartete den günstigsten Moment ab. Dann zog er heimlich seinen Bogen unter der Robe hervor und schoß einen Pfeil ab, der Langdharma jedoch verfehlte. Er schoß einen zweiten Pfeil ab, der wiederum sein Ziel nicht erreichte. Nun schoß er seinen letzten Pfeil ab. Der König sank getroffen zu Boden und starb auf der Stelle. Palgyi Dorje floh aus dem Palast, sprang auf sein Roß und galoppierte aus der Stadt. Bald erreichte er den Lhasafluß und führte sein Pferd durch die tiefste Stelle, wodurch die Holzkohle abgewaschen wurde. Mit einem Schwung wendete er sein schwarzes Gewand nach außen, so daß es jetzt ebenso weiß war wie sein Pferd. Vergeblich suchten seine Verfolger nach einem schwarzgekleideten Tänzer auf einem schwarzen Roß. Palgyi Dorje floh nach Amdo, wo er den Rest seines Lebens in frommer Meditation verbrachte und für sein Verbrechen Buße tat.

Wir klettern ein wenig höher durch die Felsen, allerdings sehr langsam, denn die Luft ist dünn. Schließlich halten wir in der Nähe einiger Höhlen an, um uns auszuruhen. Die Wände, die früher die Zugänge zu den Höhlen versperrten, sind noch intakt; über einige sind Gebetsfahnen gespannt. Nach der Anstrengung des Aufstiegs sind wir eine Weile still. Aber auch die Atmosphäre des Ortes läßt uns ehrfürchtig schweigen. Unter uns erstreckt sich eine Landschaft von unbeschreiblicher Schönheit, und die Stille um uns herum ist mächtiger als unser eigenes Schweigen – es ist eine Stille, die in den Geist eindringt und alle Gedanken vertreibt, die Sinne gefangennimmt, als besäße sie selbst eine mächtige physische Präsenz. Gelegentlich blökt eine Ziege, vom Dorf bellt ein Hund herauf. Doch selbst ihre Stimmen werden, kaum haben sie unsere Ohren erreicht, von der Stille aufgesogen.

Später hören wir andere Geräusche – Geräusche, die sich so langsam aus dem Nichts erheben, daß ich mich zuerst frage, ob es überhaupt Geräusche sind. Ich lausche und versuche, meine Gedanken zu ordnen. Vielleicht sind es nur Echos der Stille. Doch dann werden die Klänge allmählich lauter: Ich erkenne den beschwörenden Klang religiöser Gesänge. Die Stille verliert ihre Macht.

«Dort oben ist jemand in Klausur», sagt Stephen und zeigt auf eine Höhle über uns. Aber die Dorfbewohner hatten doch gesagt, der Ort sei verlassen. Die Gesänge aus dem Innern des Berges klingen unheimlich und irreal. Als ich Rosemary den letzten Teil des Pfads hinauf folge, beschwört meine Phantasie Geister, Berggötter und Dämonen. Wir erreichen den Felsvorsprung vor den Höhlen; die Gesänge stammen unzweifelhaft von einer menschlichen Stimme.

Stephen möchte hineingehen, zögert aber, weil er nicht weiß, ob er den Mönch wirklich stören soll. Schließlich schlüpft er durch einen Spalt in die Felswand, um eine

Opfergabe auf den Altar des Mönchs zu legen. Die Gesänge verklingen. Rosemary, Martine und ich warten am Eingang. Bald sind deutliche Anzeichen einer angeregten Unterhaltung zu hören. Nach einer Weile erscheint Stephen am Eingang und fordert uns auf, hereinzukommen.

«*Yar pe*», heißt uns eine fröhliche Stimme willkommen, als wir uns bücken, um den spitzen Felsen an der Decke auszuweichen. Es ist sehr dunkel. Auf einem improvisierten Altar flackert ein einzelner Docht zwischen verschiedenen Opfergaben: ein paar verschrumpelte Aprikosen, ein Apfel, eine Handvoll Münzen, mit Butterklecksen an die Wand gedrückt.

«*Suden jia*», setzt euch, ruft die Stimme fröhlich. Es gibt kaum genug Platz für uns alle. Wir zwängen uns nebeneinander auf den Boden und blockieren damit das Licht, das vom Eingang in die Höhle fällt. Erst nach einer Weile erkenne ich das runde, lächelnde Gesicht und die funkelnden Augen des Mönchs. Er ist sehr viel jünger, als seine Stimme vermuten ließ, und von den ausgezehrten Eremiten mit langen, dicken Locken und wirren Bärten, die ich mir in meiner Phantasie ausgemalt hatte, weit entfernt. Er sprudelt fast über vor Fragen. Da für uns das gleiche gilt, springt die Unterhaltung rasch von einem Thema zum anderen, wobei Stephen uns den breiten Khampa-Akzent des Mönchs übersetzen muß.

Er sei erst vor einem Monat hier angekommen und stamme aus einem Kloster, das jetzt in einer der chinesischen Provinzen liegt. «Ich habe genug Vorräte für ein ganzes Jahr mitgebracht», sagt er und klopft auf einen bunt gestreiften Sack mit *tsampa*, der hinter ihm liegt. «Wenn ich länger bleiben muß, werde ich einfach weniger essen.» Er lacht. Der Rest seines Proviants ist um ihn herum verteilt: verschiedene Butterblöcke, von denen einer bereits geöffnet und von blauen Adern durchzogen ist, Tee, etwas Trockenfleisch. Die Vorräte füllen seine Höhle fast vollständig aus, und er muß darüber klettern, um die Kekse, die wir ihm gegeben haben, auf den Altar zu legen. Er arrangiert die anderen Opfergaben darum herum, wischt die bereits saubere

Oberfläche des Felsens ab und stößt dabei versehentlich die Aprikosen hinunter. Sie klackern über den schrägen Boden wie harte Steine.

«Das ist Guru Rinpoches Fußabdruck», sagt er und berührt eine Einwölbung im Felsen über dem Altar. «Guru Rinpoche hat hier meditiert, deshalb bin ich in diese Höhle gezogen.»

«Haben Sie eine Erlaubnis von der Behörde?» frage ich.

«Nein, es ist uns jetzt freigestellt, in Klausur zu gehen. Die Chinesen haben mich gar nicht belästigt.» Er setzt sich wieder, fügt seinen Körper in die runde Mulde ein, die seine lange Unbeweglichkeit in das Kissen gedrückt hat. «Als einzelner hat man jetzt viel religiöse Freiheit, jedenfalls im Vergleich zu früher. Man darf wieder in den Wohnungen Altäre aufstellen, die Klöster besuchen, auf Pilgerreise gehen, und für viele gewöhnliche Menschen – einfache Menschen – reicht das auch. Aber wir brauchen auch mehr Freiheit in den Klöstern. In meinem Kloster müssen wir selbst für die Restaurierung der kleinsten Statue eine Genehmigung einholen. Die Chinesen kontrollieren alles.» In Übereinstimmung mit Tserings Erzählungen berichtet er, daß die religiöse Unterrichtung noch immer nicht zugelassen ist. «In meinem Kloster sind die Mönche alt und werden bald sterben. So ist es überall. Wenn sie ihr Wissen nicht weitergeben können, wird der Buddhismus in Tibet mit ihnen begraben werden.»

Jetzt, wo er endlich die Freiheit hat, hinzugehen, wohin er will, hat er vor, nach seiner Klausur noch andere heilige Orte zu besuchen. Und schließlich möchte er auch die Pilgerreise zum Berg Kailash im Westen Tibets unternehmen, von der er schon seit Jahren träumt.

Er will uns überreden, mit ihm Tee zu trinken, aber er muß sein Wasser vom Fuß des Tales holen, und wir wollen seine Vorräte an Butter und Tee nicht unnötig dezimieren. Wir überlassen ihn seiner Meditation und suchen uns eine geschützte Stelle für unser Picknick.

Der abgerundete Gipfel des Lhari unter uns ist jetzt von Rauchschwaden überzogen. Wir sehen die Dorfbewohner frisches Wacholderholz auf ihr Opferfeuer werfen. Durch das Echo langsam emporgetragen, füllen ihre Rufe bald das ganze Tal.

Der Mönch aus Kham meinte, es gebe noch ungefähr zehn andere Einsiedler, die andere Höhlen bewohnten. Er sagte, er sehe einige von ihnen gelegentlich, wenn er sich Wasser hole, sie würden aber nicht miteinander sprechen. Zwei Nonnen, die wir etwas später treffen, wissen jedoch alles über Yerpa: welche Höhlen bewohnt sind, welcher Sekte die einzelnen Einsiedler angehören und wie lange sie schon da sind. Wir müßten unbedingt den fastenden Lama besuchen, sagen sie.

Die Nonnen leben schon seit zwei Jahren hier zusammen in einer Höhle, die wenig mehr ist als eine Kuhle unter einem mächtigen Felsvorsprung.

Als wir dort ankommen, versucht eine von ihnen gerade, ein Feuer zu machen. Die vom Wind, der durch den Eingang pfeift, gebeutelten Flammen sind dünn und blau, und die Höhle ist mit kaltem, beißendem Rauch gefüllt. Die Nonne, die dicht neben dem Feuer sitzt, scheint jedoch gegen den Rauch immun zu sein. Sie unterhält sich angeregt mit Stephen und stochert dabei in den winzigen Zweigen, um das Feuer in Gang zu halten. Wahrscheinlich sieht sie älter aus, als sie tatsächlich ist; die dunkle Farbe ihrer faltigen, wettergegerbten Haut wird durch das dicke, fast weiße Haar hervorgehoben. Sie und ihre Schwester hätten viele Jahre bei der Zwangsarbeit im Straßenbau verbracht, erzählt sie uns, hätten Steine geklopft und bei Wind und Wetter auf dem Rücken geschleppt. Selbst jetzt müßten sie gelegentlich zum Straßenbau zurückkehren, da sie keine Verwandten hätten und auch keinem Kloster angehörten, das sie unterstützen könnte.

Die jetzige Klausur hätten sie sich nur leisten können, weil sie, einer altehrwürdigen Tradition folgend, dafür gebettelt hatten. Drei Monate lang hatten sie in Lhasa gelebt, auf dem Barkhor Gebete rezitiert, die verschiedenen Teehäuser abgeklappert und an fremde Türen geklopft. Lhasa hatte von alters her immer eine gewisse Anzahl von Bettlern ernährt; in der tibetischen Gesellschaft galt das Betteln nicht als Schande, da es anderen Menschen half, Verdienst zu erlangen. Mittlerweile sind vor allem chinesische Bettler, die man in Zentralchina äußerst selten sieht, die größten Nutznießer dieser tibetischen Tradition.

Die andere Nonne sieht krank aus. Sie hat seit unserer Ankunft nicht gesprochen und liegt auf einem Haufen Säcke im hinteren Teil der Höhle ausgestreckt. Sie hält eine Schnur mit Gebetsperlen in der Hand und scheint ins Gebet vertieft. Zehn Minuten später ist sie noch immer bei derselben Perle; ihr Gesicht wirkt schmerzverzerrt.

«Ist sie krank?» fragt Stephen.

Ihre Schwester nickt und krümelt etwas Tee in den Topf auf dem Feuer. «Sie ist gestern gestürzt und hat sich den Kopf gestoßen.»

«Schlimm?»

«Ich glaube, es tut sehr weh.» Sie dreht sich zu ihrer Schwester um, aber diese starrt nur weiter auf ihre Gebetsperlen und reagiert nicht auf ihre Worte. «Wir sind zur Quelle hinuntergegangen, um Wasser zu holen, dann sind wir mit den Eimern wieder hinaufgeklettert», sagt sie und hält inne, um noch einen Zweig auf das Feuer zu legen. Ihre Stimme klingt mitfühlend, doch schwingt auch eine Art gelassene Hinnahme mit: All das liegt im Wesen der Dinge.

«Der Pfad ist glitschig, und wenn man Wasser trägt, ist es nicht leicht, die Balance zu halten. Meine Schwester ist auf einem losen Stein ausgerutscht und über die Kante gefallen. Aber es tut heute schon weniger weh.»

Sie schaut auf das mit einem rotkarierten Schal verbundene Gesicht ihrer Schwester. Die schmerzverzerrten Züge scheinen ihre Aussage Lügen zu strafen.

Wir bieten an, sie mit nach Lhasa zu nehmen und wollen ihr Aspirin geben. Doch die beiden sind zuversichtlich, daß sie durch ihre Gebete geheilt werden wird.

Der fastende Lama, zu dem die ältere Nonne uns führt, scheint ihre Gelassenheit zu teilen. Er nimmt schon seit einer ganzen Weile nicht mehr als an jedem zweiten Tag eine Handvoll *tsampa* zu sich und scheint nun endlich den ersehnten Visionen von Chenresig näherzukommen, von denen ein Mönch, den er in Amdo kennengelernt hatte, anläßlich einer ähnlichen Fastenklausur berichtet hatte. Er bringt uns die gleiche Gastfreundschaft und die gleiche Offenheit entgegen und spricht mit uns wie ein gewöhnlicher Mensch. Und doch strahlt er eine tiefempfundene Spiritualität aus, die durch sein anspruchsloses Äußeres noch verstärkt wird.

Später beim Abstieg denke ich daran, wie ich mehrmals im Laufe dieses Tages die Einsiedler um die Einfachheit ihres Lebens und die Schönheit ihrer Umgebung beneidet habe. Ein Schneesturm vertreibt die müßigen Träume vom irdischen Paradies. Er beginnt, alles zuzudecken: die Aprikosenblüten, die glitzernden Berggipfel, das Zwitschern der Vögel, die Höhlen selbst.

Eine moderne Hochzeit ▬▬▬▬▬▬

Den ganzen Frühling über hatte mich Mr. Li mit seinen ständigen Stippvisiten abwechselnd amüsiert und zur Raserei gebracht. Mittlerweile war ich in der Lage, seine unangekündigten Besuche ziemlich genau vorauszusagen. Sie fanden meistens nachmittags statt, und zwar immer dann, wenn Rosemary Unterricht hatte. Manchmal, wenn ich das Gefühl hatte, sein Geschwätz nicht ertragen zu können, flüchtete ich hinunter zum Fluß.

Wir stritten uns über alles: über Tibet, über den Westen, über afrikanische Studenten in China, die angeblich auf nichts anderes aus waren, als chinesische Frauen zu vergewaltigen... Aber ich mußte zugeben, daß seine clowneske Art auch recht unterhaltsam war. Er brach in schallendes Gelächter aus, wenn ich mit ihm stritt, und er schmückte sein Englisch noch immer mit leicht deplazierten Redewendungen. Bei unserem letzten Zusammentreffen gelang ihm eine Schlußpointe wie im letzten Akt einer Komödie.

Er hatte uns am Vortag zu einem Festessen mit wichtigen Freunden eingeladen. Ich hatte abgelehnt, da wir bereits eine andere Verabredung hatten. Er widersprach: Es seien wirklich wichtige Freunde. Ich lehnte ab, er widersprach, ich lehnte ab. Schließlich schwang er sich, noch immer auf seiner Einladung beharrend, auf sein Fahrrad und fuhr davon.

Da er wahrscheinlich annahm, er habe das letzte Wort behalten, bereiteten seine wichtigen Freunde das Festessen vor, während wir ohne jedes Schuldgefühl unsere ursprüngliche Verabredung wahrnahmen.

Als wir uns am nächsten Tag in der Stadt trafen, zitterte seine Oberlippe vor Zorn. Die Härchen darauf vibrierten ebenfalls, und ich konnte mir in Gedanken den Vergleich mit den Wedeln insektenfressender Pflanzen, die auf ihre Beute lauern, nicht verkneifen. Ich sei eine Teufelin, das habe er schon von Anfang an gewußt. Aber er sei sowieso nie mein Freund gewesen, er habe mich nur besucht, um sein Englisch zu verbessern. Und jetzt würde ich meine Tat bereuen, weil er unser Haus nie wieder betreten würde.

Diese Auseinandersetzung fand auf der Kreuzung in der Nähe des Postamts statt, und es begann sich bereits eine interessierte Menschenmenge um uns zu scharen.

«Nie wieder!» Er schwang ein Bein über sein Rad. Dann drehte er sich noch einmal zu mir um. «Nie wieder werde ich Ihnen erlauben, sich die Nase in meine Angelegenheiten zu bohren!»

Der Sommer stand vor der Tür und damit auch der Ablauf unserer Visa und Arbeitsverträge. Rosemary entschloß sich, nach England zurückzukehren und einen Didaktik-Lehrgang zu besuchen. Den Lehrgang betrachtete sie als eine Art Sprungbrett – ein Jahr, um sich wieder ans westliche Leben zu gewöhnen und sich Gedanken über ihre berufliche Laufbahn zu machen. Vielleicht könnte sie bei der BBC arbeiten, vielleicht aber auch beim *British Council* oder… Es gab eine lange Liste möglicher Arbeitgeber. Ihre Pläne umfaßten bezahlte Sprachkurse und die spätere Rückkehr nach China in irgendeiner offiziellen Mission.

Ich kann mich nicht erinnern, was für Vorstellungen sie außerdem hatte. In dieser Hinsicht waren wir sehr verschieden. Rosemary entwarf ihre Zukunft stets in allen Einzelheiten. Die Vorhaben konnten sich von einem Tag zum anderen ändern und taten dies auch in schöner Regelmäßigkeit, aber es waren stets kristallklare Pläne, die ihr eine glänzende Zukunft verhießen. Auch ich hatte mich für einen Lehrgang beworben, konnte mich jedoch weniger dafür begeistern. Ich wollte schreiben. Und ich wollte eigentlich noch nicht aus Tibet fort.

Die Rechtfertigung für meine über einen langen Zeitraum gereifte Entscheidung war, daß ich das Gefühl hatte, in sechs

Monaten nur an der Oberfläche des tibetischen Alltags gekratzt zu haben. Ich wußte damals noch nicht, daß dieses Gefühl immer stärker wird, je länger man sich in einer anderen Gesellschaft aufhält. Unter jeder Oberfläche befindet sich eine andere, kompliziertere Oberfläche, und was zum Anfang noch leicht verständlich scheint, wird zunehmend unklar und verworren.

Was die tibetischen Teehäuser anging, die ausschließlich von Männern besucht wurden, hatten wir es längst aufgegeben, uns dieser Sitte anzupassen. Die Versuchung, nach dem Unterricht mit unseren Schülern oder mit Freunden bei einem Glas Milchtee zusammenzusitzen, war unwiderstehlich. Außerdem würden die mutigeren Frauen ohnehin irgendwann unserem Beispiel folgen, argumentierten wir.

Einmal gingen wir mit einer Gruppe von Schülern zu unserem Lieblingsteehaus in der Nähe der Moschee. Ein gepolsterter Türvorhang, der früher wohl einmal weiß gewesen war, inzwischen jedoch eine schmutzig-graumelierte Farbe angenommen hatte, trennte das Teehaus von der kleinen Gasse. Nur die davor abgestellten Fahrräder verrieten, daß dies kein gewöhnliches Haus war. Hinter dem Vorhang lag ein kleiner Innenhof. Durch die Blüten eines Baumes schien die Sonne auf zwei langgestreckte Tische, an denen die Gäste hockten und tranken. Unsere Schüler meinten, hier würde der beste süße Tee von ganz Lhasa serviert – und auch der Kellner war eine Augenweide. Er lief zwischen den Tischen umher, kam regelmäßig zu uns, füllte aus einem zerbeulten Kessel unsere Gläser nach und nahm einen Ein-*mao*-Schein – ungefähr 5 Pfennig – für jedes Glas von dem Haufen, den wir in die Mitte des Tisches geworfen hatten.

Die Teehäuser waren die wichtigsten Umschlagplätze für den neuesten Tratsch. Die meisten tibetischen Männer verbrachten zumindest einen Teil des Tages hier, schlürften ihren Tee und tauschten die letzten Neuigkeiten aus. Natürlich waren die Teehäuser auch bevorzugte Reviere der Polizeispitzel, weshalb die Gäste ständig auf der Hut waren.

An jedem öffentlichen Treffpunkt und bei jeder Versammlung wurde ein ganzes Netzwerk bezahlter Spitzel aktiv. Es habe eine Zeit gegeben, erzählte man uns, in der die Polizei Verwandte von Häftlingen unter Druck gesetzt habe, damit sie ihre Nachbarn bespitzelten. Damals wußte noch niemand, daß ihre alptraumartigen Beschreibungen der Vergangenheit auch Prophezeiungen für die Zukunft waren. Doch schon zu der Zeit, als wir in Tibet waren, konnte man im Prinzip niemandem trauen. Selbst in unserem Unterricht saßen Spitzel. Unsere Gesprächspartner vertrauten uns Dinge an, die sie, wie sie sagten, ihren eigenen Freunden nicht erzählen konnten. Natürlich stellte die durch die ständige Bespitzelung geschürte Angst eine wirksame Methode der Kontrolle dar.

In unserem Teehaus war den meisten Besuchern klar, wer der Spitzel war: ein freundlich aussehender Mann, der mit leicht schiefem Lächeln neben dem Teekessel saß. Da alle Bescheid wußten, nahm ich an, daß seine Rolle mehr oder weniger darin bestand, die Tibeter von subversiven Gesprächen abzuhalten. Die späteren Ereignisse sollten mich eines Besseren belehren.

Wie an jedem Tag in den letzten drei Wochen drehte sich im Teehaus wieder einmal alles um die neuesten Gerüchte über den sensationellen Bankraub. Die Polizei hatte auf allen Ausfallstraßen Blockaden errichtet. Bisher war niemand festgenommen worden, aber die täglichen Meldungen in den Zeitungen, im Radio und im Fernsehen endeten stets mit der gleichen zuversichtlichen Drohung: «*Bu guan tamen duo jiao hua dou tao tuo bu liao wu chan jie ji zhuan zheng!*» Ganz egal, wie gerissen diese Verbrecher sind, der Diktatur des Proletariats werden sie nicht entrinnen!

Die Arbeitseinheiten und Nachbarschaftskomitees beriefen außerordentliche Versammlungen ein und ermahnten die Menschen, über jedes verdächtige Individuum Bericht zu erstatten. Doch wie so oft in solchen Dingen, ging der Schuß nach hinten los. Die mysteriösen Bankräuber wurden bald zu Volkshelden, die von beiden ethnischen Gruppen für sich beansprucht wurden. Den neuesten Gerüchten zufolge gingen die *lingdao* des Gong An Ju davon aus, daß es sich bei ihnen um Chinesen handelte.

«Ein solches Verbrechen hat es in Tibet nämlich noch nie gegeben», erklärte uns einer unserer Schüler.

«Wissen Sie, warum das unbedingt Chinesen sein müssen?» Ein älterer Khampa beugte sich vom Nachbartisch zu uns herüber. «Weil die Chinesen meinen, die Tibeter seien nicht klug genug, so etwas zustande zu bringen.» Er gab etwas Schnupftabak auf seinen Daumennagel und stopfte ihn sich entrüstet ins Nasenloch.

Die Diebe waren auf ihrem Weg ins Bankgebäude an zwei Gruppen von Wächtern vorbeigeschlichen und hatten den Safe aufbrechen können, ohne von irgend jemandem gehört zu werden. Als größte Heldentat galt dem begeisterten Publikum jedoch, daß sie ihren Coup bei Streichholzlicht gelandet hatten: Als einziges Beweisstück hatten sie eine Spur verbrannter Streichhölzer vom Eingangstor bis zum großen Safe der Bank zurückgelassen.

Das Gespräch ging weiter. Doch mit der Ankunft von Yangzom, Tsewang und Sonam, der bei unserer Weihnachtsparty den Nikolaus gespielt hatte, wandte es sich an unserem Ende des Tisches einem anderen Thema zu. Yangzoms Cousine, ein lebhaftes Mädchen namens Yudon, würde in der folgenden Woche heiraten; auch wir waren zur Hochzeitsfeier eingeladen. Es sei keine arrangierte Ehe, erklärte Yangzom; Yudon habe ihren Verlobten bei der Arbeit kennengelernt.

«Sie wollten schon lange heiraten», sagte Sonam und rückte ein wenig näher, um Platz für einen anderen Schüler zu machen, der gerade angekommen war. «Aber sie mußten erst die Erlaubnis der Einheit bekommen. Und dann mußten ihre Familien für die Hochzeit sparen.»

«Wieviel kosten Hochzeiten?» fragte Rosemary.

«Das kommt ganz auf die Größe des Festes an.»

«In letzter Zeit gibt es wieder mehr große Feste», fiel Yangzom ein. «Yudons Hochzeit wird sechs Tage dauern.»

Sonam trank sein Glas aus und winkte dem Kellner.

«Die Familie will dreitausend *yuan* dafür ausgeben», sagte er dann.

«Dreitausend!» Rosemary schaute mich verwundert an. «Das ist ja unglaublich.» Selbst für einen Kader waren das fast anderthalb Jahresverdienste. «Es muß Ewigkeiten gedauert haben, bis sie diese Summe angespart hatten.»

Es war keineswegs so, daß es in Lhasa nichts gab, wofür man sein Geld hätte ausgeben können. Im Vergleich zu früher waren die Geschäfte voll mit Konsumgütern, und viele davon waren selbst nach westlichen Maßstäben ziemlich teuer.

«Das ist für eine Hochzeit dieser Art ganz normal.» Sonam reichte uns unsere neugefüllten Gläser; höflich hielt er sie mit beiden Händen fest und verbrühte sich dabei die Finger. «Jedes Familienmitglied gibt einen Teil seines Lohns dazu.»

Es stellte sich heraus, daß Yudons Familie für den größten Teil der Hochzeitsfeier aufkam; die Familie ihres Verlobten sorgte für den *chang*. Da sie ein Einzelkind war und ihre Eltern – nach Sonams Worten – «kleine Adlige» waren, würde ihr Bräutigam nach der Hochzeit zu ihrer Familie ziehen. Nun wandte sich unser Gespräch der Polyandrie zu, die vor 1950 in Tibet gängige Praxis war. Mr. Li pflegte die Polyandrie stets als Beispiel für das ausschweifende Wesen der alten tibetischen Gesellschft aufzuführen. Doch in den meisten Fällen steckte nicht mehr dahinter, als daß eine Frau mehrere Brüder einer Familie heiratete, weil sich dadurch die Aufsplitterung des Erbes verhindern ließ. Die Mutter eines unserer Schüler hatte zwei Ehemänner gehabt. Wie in den meisten polyandrischen Familien hatten die Kinder den älteren Ehemann Vater und den jüngeren Ehemann Onkel genannt, obgleich er an der Erziehung der Kinder einen größeren Anteil hatte. Mit Ausnahme einiger Nomadenstämme in besonders abgeschiedenen Gebieten waren sowohl die Polygamie als auch die Polyandrie in Tibet mittlerweile praktisch ausgestorben.

Eine Amdowanerin kam an unseren Tisch und bettelte um Geld. Ihr folgten eine ganze Reihe anderer Bettler: ein Mönch, ein Mann mit einem verkrüppelten Arm, eine Gruppe Kinder. Ohne das Gespräch zu unterbrechen, nahm man automatisch ein paar *mao* von der Mitte des Tisches und drückte sie ihnen in die Hand. Aber es wurde spät; die

Sonne trat hinter den schattenspendenden Zweigen hervor. Die wenigen Schülerinnen, die mit ins Teehaus gekommen waren, sagten, es würde ihnen zu heiß. Der Spitzel sah zu, wie wir das Teehaus verließen.

«Wenn sein Job darin besteht, über uns zu berichten», sagte Rosemary, als wir draußen waren, «wird er es wohl nicht sehr weit bringen.» Die meisten unserer Schüler waren viel zu verängstigt, um über politische Themen zu reden, schon gar nicht in einem öffentlichen Teehaus. Was wir über Tibet wußten, hatten wir von anderen Menschen gehört.

Der zehnte Tag des vierten tibetischen Monats im Jahr des Feuers und des Tigers – der Astrologe, den die Familie zu diesem Zweck konsultierte, hat dieses besonders günstige Datum für Yudons Hochzeit bestimmt.

Es soll eine moderne Hochzeit sein, weit von den schmucklosen maoistischen Hochzeiten der sechziger und siebziger Jahre, aber auch weit vom Glanz alter tibetischer Hochzeiten entfernt. In den Arbeitseinheiten herrscht eine gewisse Befangenheit gegenüber den alten Traditionen, die den jungen Menschen aus Yudons Generation vielfach erst erklärt werden müssen.

Wir treffen am Nachmittag mit Yangzom ein. Die unter einem Konvoi aus Armeelastwagen dröhnende Straße ist mit religiösen Kreidemustern bemalt. Am Tor steht Sonam mit dem Begrüßungskomitee, das sich aus einer Reihe von Freunden der Familie zusammensetzt. Stolz erzählt er uns, daß er die Eskorte, die Yudon am Morgen zum Haus ihres Verlobten begleitete, ganz allein organisiert habe. Er habe sie jedoch nicht selbst begleiten können, weil im letzten Jahr seine Tante gestorben sei und die Tradition vorschreibe, daß die Braut nur von Menschen begleitet werden darf, in deren Familie es in jüngster Vergangenheit keine Todesfälle gegeben hat.

Wir schließen uns der Schlange an, die im Treppenhaus wartet. Die Seiden-*chubas* der Familienmitglieder bilden in der tristen Reihe dunkler Jacken und Hosen fröhliche Farbkleckse. Jeder hat Geschenke dabei – es sind die üblichen chinesischen Geschenke: Thermosflaschen, Symbole gemeinsamen Glücks, Geld in roten Briefumschlägen, Korkbilder von chinesischen Landschaften. Plötzlich zeigt Rosemary auf den Mann, der vor uns steht.

«Was?»

«Die Schachtel.»

Wir lachen. Diese Schachteln waren ein unverwüstliches Allzweckgeschenk. Zu meinem Geburtstag hatte ich neun dieser Schachteln in verschiedenen Größen bekommen. Jede enthielt eine Platte mit einem Glasstein und in dem Glasstein eine flaumig-kitschige Nylonkatze.

Ich frage Yangzom, was für Geschenke die Leute früher zur Hochzeit überreicht hätten. Sie denkt, mit «früher» meinte ich die Zeit der Kulturrevolution und kichert. «Statuen vom Vorsitzenden Mao, Bilder vom Vorsitzenden Mao, Anstecker vom Vorsitzenden Mao, die gesammelten Werke des Vorsitzenden Mao…» Sie senkt in geheuchelter Demut die Lider. «Nach der Hochzeit meiner Schwester war unser Zimmer voll davon. Niemand hat sich getraut, etwas anderes zu verschenken.»

Ein Sack mit Dung und ein Eimer mit Wasser, beides traditionelle Symbole der Fruchtbarkeit, schmücken den spiegelblank geputzten Treppenabsatz vor der Wohnung. Langsam schieben sich die ankommenden Gäste durch die Wohnungstür. Die Gäste vor uns bereiten schon ihre *katags* vor. Wir brauchen sechs dieser Schals, einen für jedes Elternteil und jeweils einen für Braut und Bräutigam. Die *katags* müssen so gefaltet werden, daß man sie mit der schwungvollen Bewegung eines Zauberers um den Nacken des Beschenkten werfen kann. Yangzom kommt mit dem Falten nicht zurecht, so daß wir einen älteren Mann zu Hilfe rufen müssen. «So», sagt er, und mit einer einzigen Bewegung entfaltet sich der *katag* zwischen seinen dunklen, schwieligen Fingern.

Endlich betreten wir das Wohnzimmer der Familie. Räucherschwaden mildern die stickige Enge und verleihen dem Ritual eine fast geisterhafte Feierlichkeit. Auf den mit Teppichen ausgelegten Sofas, die an den Wänden stehen, sieht man mehrere Haufen von Seiden und Gaze-*katags*. Von unseren

Gastgebern, die mit gekreuzten Beinen darunter sitzen, sieht man nur sechs ernst gesenkte, mit Brokathüten geschmückte Köpfe. Wir entfalten vor jedem einen *katag* und schwingen sie dann um ihre Nacken. Yudon schielt kurz unter ihrer Pelzkrempe zu mir auf, dann heftet sie ihre Blicke wieder auf den Boden. Die beiden Väter, die sich das Sofa neben der Tür teilen, plaudern mit ihren Freunden, und die Mütter stoßen ab und zu ein paar Begrüßungsformeln aus. Nur die jungen Leute bewahren ein ehrfürchtiges Schweigen.

Später jedoch, als der förmliche Teil vorüber ist, kehrt Yudons natürliche Lebhaftigkeit zurück. Sie und ihr Ehemann laufen mit dem *ngupo*, dem Silberkelch voller *chang*, von Zimmer zu Zimmer, begrüßen jeden Gast mit einem kleinen Lied und nötigen ihn, von dem extra starken Gebräu zu trinken.

Mit üppigen, durch Trinksprüche und Tänze unterbrochenen Mahlzeiten verläuft die Hochzeit ähnlich wie andere tibetische Festlichkeiten. Sollte allerdings jemand beabsichtigen, früher zu entfliehen, fängt ihn das Begrüßungskomitee, das sich inzwischen in ein Bewachungskommando verwandelt hat, ab und versperrt ihm den Weg. Erst um zwei Uhr morgens werden wir nach zähen Verhandlungen hinausgelassen. Wir müssen versprechen, am nächsten Morgen wiederzukommen. Doch morgen und an den folgenden Tagen werden nur die engsten Freunde der Familie erwartet; niemand rechnet damit, daß wir unser Versprechen halten.

Wie die meisten Ereignisse in Lhasas Straßenleben wurden
Streitigkeiten und Schlägereien als Form der Unterhaltung
angesehen. Mit zunehmend heißem Wetter spielte sich das
Leben immer stärker auf den Straßen ab. Auf dem Weg zum
Fluß wurde ich einmal durch eine Schlägerei zwischen zwei
Männern aus Khampa aufgehalten. Um die beiden hatte sich
eine große Menschentraube versammelt, die das Ganze bis
zum Ende mitverfolgte, sich in den Streit einmischte, lachte
und begeistert klatschte, wenn der eine oder andere Oberhand gewann. Auch als sie sich beide schon im Staub der
Straße wälzten, gaben sie nicht auf und zogen einander an den
langen, mit roten Bändern geschmückten Zöpfen.

Zu den eher mitleiderregenden Gruppen, die ich im Laufe
der Zeit sah, gehörte eine Nomadenfamilie. Sie trat in der
Nähe des Ramoche-Tempels vor einer großen Menge auf. Der
Vater schlug wie wahnsinnig auf eine alte Büchse ein, während seine beiden Kinder, deren dreckstarrende Ringellocken
steif vom Kopf abstanden, mit ängstlichem Eifer von einem
Fuß auf den anderen sprangen. Währenddessen ging die Mutter durch die Menge und sammelte Almosen. Sie erinnerten
mich an eine Szene aus *Schuld und Sühne*, an die Familie
Marmaladow: eine verzweifelte, schwindsüchtige Frau, die
ihre Kinder zwang, in den Straßen der Stadt zu tanzen. Aber
am nächsten Tag sah ich sie unten am Fluß. Die Kinder spielten fröhlich mit anderen Kindern, und die Eltern saßen ge-
mütlich um ein Feuer und tranken. Mir wurde klar, daß sie
wahrscheinlich nicht schlechter dran waren als andere Bettler. Nur in meiner Phantasie hatte ich auf sie das Schicksal
der Helden Dostojewskijs übertragen.

Am Flußufer plauderte ich eine Weile mit einer älteren Tibeterin. Die *chuba* war ihr von der Schulter gerutscht und ließ ein Stück nackte Brust erkennen. Ich trank von ihrem Tee und aß von ihrem steinharten Käse, der nach drei Stunden noch immer wie bei einem Hamster unaufgelöst in meinen Wangen saß.

Als ich anschließend meine Wäsche wusch, erschien plötzlich ein Buddha: ein riesiges Goldbildnis von Shakyamuni glitt auf der Ladefläche eines Lastwagens die Gasse herunter. Alle blieben stehen. Langsam kam er auf uns zu. Sein blauer Dutt streifte das Laub der Bäume, und das scheckige Licht ließ sein Gesicht fast lebendig erscheinen.

«Wohin bringen sie ihn?» fragte ich die alte Frau, als der Buddha langsam um die Ecke verschwand.

«Keine Ahnung.»

«Nach Gyantse», sagte eine andere Frau. «Bis nach Chusul wird er über den Fluß gebracht.»

Niemand wußte, ob es ein während der Kulturrevolution aus Gyantse entfernter Buddha war, der jetzt zurückgeführt wurde, oder ob es sich um ein neues Bildnis handelte, das das zerstörte ersetzen sollte.

Das Gespräch der Leute um mich herum wandte sich wieder einmal den Bankräubern zu – es waren kürzlich mehrere Verdächtige verhaftet worden –, aber ich war in andere Gedanken vertieft. Das Erscheinen des Buddhas hatte mich wieder auf das Thema der Klöster und der Religionsfreiheit gebracht. Ich war vor nicht allzu langer Zeit einen Nachmittag im Ramoche-Tempel gewesen. Er war gerade restauriert worden und konnte jetzt wieder als Tempel fungieren. Die Slogans und Mao-Bilder, die früher die Wände zierten, hatte man mit religiösen Fresken übermalt. Auf dem Pfad, der rund um das Kloster führte, hörte man wieder die Klänge von Trommeln und Zimbeln, die durch die Wände der großen Zeremonienhalle nach draußen drangen.

Inzwischen wurden in den meisten der wichtigen Klöster Restaurierungsarbeiten durchgeführt. Jedesmal, wenn wir nach Ganden, Sera oder Drepung kamen, waren sie ein Stück vorangeschritten. Einige Tibeter zeigten sich begeistert und meinten, nach jahrzehntelangen Verwüstungen würde endlich ein Schritt in die richtige Richtung getan. Die Behörden werteten die Restaurierungsarbeiten als Beweis für die vollständige Einführung der Religionsfreiheit, obgleich sie im wesentlichen auf die touristisch erschlossenen Gegenden beschränkt blieben.

Stärker als die Tibeter selbst beklagten Fremde aus dem Westen (so auch ich), daß der Tourismus Tibets heilige Stätten entweihte. Andererseits war China nicht das erste Land, das den Tourismus dazu benutzte, die Kosten der Erhaltung eines religiösen und kulturellen Erbes zu tragen. Ich dachte an die Andenkenläden, Tonkassettenführungen und den unaufhörlichen Touristenstrom in den englischen Kathedralen. Nicht nur in Tibet wurde der spirituelle Charakter religiöser Gebäude durch ihre säkulare Benutzung untergraben. Doch wurde der Tourismus tatsächlich gebraucht, um die Klöster zu restaurieren? Oder stimmte vielmehr, was viele westliche Besucher glaubten, daß nämlich die Klöster nur restauriert wurden, um Touristen anzulocken?

«Nichts davon wäre geschehen», sagte eine Engländerin in Sera zu mir und wies mit der Hand auf eine neu restaurierte Halle, «wenn die Chinesen nicht entdeckt hätten, wieviel Geld sich mit uns machen läßt.»

Vielleicht hatte sie recht, doch gleich anschließend erzählte sie mir, die Tibeter, die mit uns durch das Kloster gingen, hätten ihre traditionelle Kleidung nur für die Touristen angelegt. Ich lachte, und sie war beleidigt.

Natürlich gab es einen starken Zusammenhang zwischen dem Aufblühen des Tourismus und der Restauration der Klöster. Doch in einem Gespräch, das ich vor kurzem mit Tsering geführt hatte, war mir klargeworden, daß die westlichen Besucher dieser Tatsache mehr Bedeutung beimaßen als die Tibeter selbst. In Tsering riefen die Reformen andere Ängste wach. Trotz der neuerdings zur Schau gestellten religiösen Toleranz, sagte er mir, habe die Regierung ihre grundsätzliche Einstellung nicht verändert: Nach wie vor vertrete sie die traditionelle marxistische Ansicht, daß die Religion bei fortschreitender Weiterentwicklung der Gesellschaft aussterben müsse.

Mehr als alles andere fürchtete die Regierung den tibetischen Nationalismus, der, wie sie wußte, unlösbar mit der Religion verbunden war. Sie wußte auch, daß die Verwüstungen und Verfolgungen der letzten Jahrzehnte jedes Vertrauen in die Regierung untergraben hatten. Folglich sahen Tibeter wie Tsering in der neuen Förderung der Religion und des Wiederaufbaus der Klöster vor allem einen geschickten Schachzug der Regierung, die sich die Unterstützung des Volkes sichern wollte. Tsering sorgte sich weniger darum, ob die Klöster zu Touristenattraktionen wurden oder nicht. Ihn bewegten andere Schwierigkeiten – beispielsweise, daß die neuen Bildnisse nicht richtig geweiht wurden oder daß das von den Pilgern geopferte Geld von den chinesischen Behörden eingesammelt wurde. Wofür das Geld letztendlich benutzt wurde, blieb unklar, doch gab diese Praxis Anlaß zur Verärgerung.

Trotz der von der Regierung in der Öffentlichkeit immer wieder vorgebrachten Behauptung, die Religionsfreiheit in Tibet zu fördern, war es extrem schwierig, die Erlaubnis für den Wiederaufbau der Klöster zu bekommen. Als noch größeres Problem erwies sich das Auftreiben entsprechender Gelder. Einmal sprach ich mit einem älteren Mönch, der sich seit zwei Jahren für den Wiederaufbau seines Klosters engagierte. Zuerst wurde ihm die Genehmigung angeblich deshalb verweigert, weil er das Kloster nicht direkt an der ursprünglichen Stelle wiederaufbauen wollte. Das alte Kloster hatte auf dem Gipfel eines Berges gestanden, von der nächsten Quelle durch einen beschwerlichen, steilen Aufstieg getrennt, und da die Mönche inzwischen alt waren, hätten sie das Kloster lieber im Tal wiederaufgebaut. Die Behörden sagten, sie würden das Projekt nur in Erwägung ziehen, wenn das Kloster an seinem ursprünglichen Platz aufgebaut werde. Notgedrungen stimmten die Mönche dieser Bedingung zu, doch es verging ein weiteres Jahr, in dem sie nichts von der Sache hörten. Schließlich machte der Mönch sich erneut auf die Reise nach Lhasa, um beim Amt für Religiöse Angelegenheiten vorzusprechen. Diesmal wurde ihm gesagt, er solle einen schriftlichen Bericht darüber vorlegen, warum er das Kloster aufbauen wolle. Jetzt, ein weiteres Jahr später, hatten die Behörden endlich zugestimmt. Nach meiner Rückkehr nach England hörte ich jedoch, die für den Aufbau versprochenen Gelder seien niemals ausgezahlt worden. Dahinter mag bürokratisches Unvermögen stecken. Die Regierung gab «linksradikalen Elementen» in den örtlichen Behörden die Schuld. Doch für Tibeter wie für diese Mönche waren sie nichts weiter als der offenkundige Beweis für die Tatsache, daß es der Regierung mit der Wiedereinführung der Religionsfreiheit in Wirklichkeit gar nicht ernst war.

Die Riesin und der Affe ━━━━━

Das Sakadawa-Fest wurde bei Vollmond im Juni gefeiert. Einen Tag lang umkreisten ganze Scharen von Tibetern die Stadt, um die Geburt, die Erleuchtung und den Tod des historischen Buddhas Shakyamuni zu feiern. Am späten Vormittag lag bereits eine dicke Wacholderrauchwolke über der Stadt, hinter der die Sonne aussah wie eine fahle, an den Himmel geklebte Scheibe. Überall flackerten Feuer, die wir mit Wacholder, Butter, *tsampa* und *chang* speisten. Viele Tibeter aßen an diesem Tag kein Fleisch, um zumindest einmal im Jahr dem buddhistischen Gesetz zu folgen, das Tibets rauhes Klima sie seit alters her zu brechen zwang.

Im Juni fanden unsere Besuche im Teehaus ein abruptes Ende. Wir hatten uns so daran gewöhnt, unsere Unterrichtsstunden mit ein paar Gläsern Milchtee zu beenden, daß ich vollkommen verblüfft war, als sich die Schüler eines Tages auf ihre Räder schwangen, noch ehe ich meine Bücher zusammengesammelt hatte. Sie müßten zu einer Versammlung, murmelten sie verlegen. Von da an endete jede Stunde mit peinlichen Ausreden. «Kein Teehaus, Lehrerin, zu viel zu tun.» Auch als alle anderen Stunden ausfielen. «Zu viel zu tun, Lehrerin.» Und doch schienen sie immer sehr gern mit uns ins Teehaus gegangen zu sein; wir standen vor einem Rätsel. Vielleicht flößte ihnen die vor kurzem angelaufene «Kampagne zur Korrektur der Parteilinie» Angst ein, und sie zeigten sich übereifrig, um ihre Arbeit nicht zu verlieren?

Es sollte lange dauern, bis wir den wahren Grund erfuhren.

Nachdem ich mich selbst davon überzeugt hatte, daß es besser sei, noch eine Weile in Tibet zu bleiben, bestand die nächste Hürde nicht etwa im Einverständnis unserer *lingdao* – sie drängten uns seit Monaten, noch länger in Lhasa zu bleiben –, sondern im Einverständnis des Gong An Ju. Aber ich war zuversichtlich. Wir waren inzwischen abgehärtet, was zähe Verhandlungen mit der chinesischen Polizei anging, und schenkten den ständig kursierenden Gerüchten, Peking werde in Kürze wieder stärker den Daumen auf Tibet halten, wenig Gehör.

Das Semester ging Mitte Juni zu Ende. Sollten unsere Visa nicht verlängert werden, blieben uns in jedem Fall noch drei Wochen. Optimistisch planten wir eine Reise durch das verbotene Gebiet um Kham nach Kunming in Südchina. Aber unsere *lingdao* waren ihrerseits nicht untätig geblieben. Sie taten so, als stünde unsere Abreise unmittelbar bevor, und belohnten uns mit einem offiziellen Ausflug ins südlich von Lhasa gelegene Yarlung-Tal – die Wiege der tibetischen Zivilisation.

Wir hatten unsere Zweifel, was die Zusammensetzung der Reisegesellschaft anging; nach unseren Erfahrungen bei dem vergeblichen Versuch, Chinesen und Tibeter zusammenzubringen, rechneten wir mit einer ziemlich verkrampften Stimmung. Zum Glück sollten wir damit unrecht behalten. Die einzige spürbare Spannung trat auf, als eine Chinesin bemerkte, die Mönche sähen schrecklich unterernährt aus. In ihrer Stimme schwang echte Besorgnis mit, aber ein Tibeter aus unserer Reisegesellschaft antwortete patzig, dank der Opfergaben der vielen Pilger seien sie in den Klöstern besser dran als zu Hause – wahrscheinlich eine Tatsache.

Das erste Gästehaus in Tsedang, der Hauptansiedlung im Yarlung-Tal, sei nicht sauber genug, hatten unsere Führer entschieden. Für uns schien es eine bequemere Nachtruhe zu verheißen als viele andere Herbergen, die wir in China gesehen hatten; aber das neugebaute Touristenhotel der Stadt wurde von offizieller Seite als passendere Unterkunft erachtet. Ein älterer Europäer putzte sich erstaunt die Brille, als wir das Foyer betraten: eine mit einem riesigen Butterblock und einem Teefaß beladene tibetisch-chinesisch-englische Reise-gruppe.

In den nächsten Tagen versorgten uns die chinesischen Teilnehmer unserer Expedition mit statistischen Daten über die landwirtschaftliche Produktion, die Bevölkerung und die schwindende Anzahl von Analphabeten in dieser Gegend; die Tibeter erzählten uns die Geschichte der Klöster. Die Chine-sen schossen vor jedem Regierungsgebäude Fotos von sich, die Tibeter vor jeder Kapelle – und zum Erstaunen beider Gruppen schossen wir Fotos von Bergen, Klöstern und wild-fremden Menschen, auf denen wir selbst gar nicht zu sehen waren.

Am zweiten Tag bestiegen wir den Berg, der sich hinter Tse-dang erhebt. Zu seinen Füßen wälzte sich der Yarlung-Fluß, ein Zufluß des Brahmaputra, träge in Richtung Süden. An sei-nen Ufern erstreckten sich scharfgeschnittene Dünen, und die Luft war so klar, daß der Fluß selbst am meilenweit ent-fernten Horizont noch türkis glitzerte.

Ich hatte ein Buch von Thupten Jigme Norbu, dem älteren Bruder des Dalai Lama, dabei. Darin beschrieb er, wie sich in diesem Berg die Riesin und der Affe vermählten. Dieses Ereig-nis gilt als die Geburtsstunde der tibetischen Nation.

«Wir halten Tibet für das glücklichste aller Länder...»

Bei jeder Rast las ich ein Stück weiter. «Denn in dieses Land schickten Chenresig, der Herr der Gnade... und Dolma, seine Gattin, ihre Inkarnationen. Chenresigs Inkarnation nahm die Gestalt eines Affen an, Trehu Changchub Sempa. Die Affen-inkarnation lebte unter dem Gelübde der Keuschheit zurück-gezogen in stiller Meditation. Dolmas Inkarnation jedoch war eine Riesin und Kannibalin namens Tag-Senmo. Senmo, die Riesin, war sehr einsam, da sie niemanden hatte, der mit ihr lebte. Sie weinte, sang und weinte abermals. Trehu, der Affe, hörte das Weinen und Singen, eilte zu Senmo und fragte sie, was ihr fehlte, denn er war voller Mitgefühl. Sie erzählte ihm von ihrer Einsamkeit und bat ihn, bei ihr zu bleiben und ihr Ehemann zu werden. Zuerst lehnte Trehu ab. Er sagte, dazu sei er nicht in die Welt gekommen, er sei gekommen, um seine Gelübde zu erfüllen. Doch Senmo war so verzweifelt, daß der Affe von Mitgefühl überwältigt wurde. Mit Hilfe seiner übernatürlichen Kräfte begab er sich direkt zum großen Potala, Chenresigs Aufenthaltsort, um ihn um Rat zu fragen. Chenresig sagte Trehu, es sei die Zeit gekommen, in der Tibet eigene Kinder bräuchte, er solle zurückkehren und Senmo zur Frau nehmen. Der Affe und die Riesin vermählten sich und bekamen sechs Kinder, die, wie manche sagen, den sechs Arten von Wesen entsprachen, die die Welt erfüllen: Götter, Halbgötter, Menschen, Geister, Tiere und Dämonen. Andere sagen, die sechs Kinder repräsentierten die sechs Arten von Menschen, die man heute in den verschiedenen Regionen Tibets findet. Jedenfalls verließ der Affenvater nach einer Weile seine Kinder, da sie groß genug waren, um für sich selbst zu sorgen. Als er einige Jahre später wiederkam, um zusehen, wie es ihnen ergangen war, stellte er fest, daß sie sich vermehrt und Kinder und Enkel bekommen hatten. Alle diese Nachkommen waren Menschen, die ersten Tibeter.»

In der Höhle, in der sich Affe und Riesin vermählt hatten, nötigte uns eine Gruppe Pilger *chang* und mit Chili gewürztes Schweinefett auf; unseren unverhohlenen Widerwillen interpretierten sie als Höflichkeit. Mr. Wang, ein schüchterner Mann aus Peking, begleitete uns (der Rest der Gruppe wohnte einer Versammlung bei). Es gelang ihm besser als uns, Appetit zu heucheln, und wir mußten alle drei trotz der ausgestandenen Qualen kichern, während wir wieder bergab zum «Spielplatz der Affen» gingen, wie der Name Tsedang nach Auskunft der Pilger zu übersetzen war.

In Mindroling, dem wichtigsten Kloster der Nyingma-Sekte, übergab ich dem Vorstehermönch einen Brief mit hundert *yuan* von Deyangs Mutter. In ihrem Brief bat sie ihn, für eine Freundin zu beten, die vor kurzem gestorben war. Nachdem er uns in seinem Zimmer mit Tee bewirtet hatte, führte uns der Vorsteher selbst durchs Kloster. In der Versammlungshalle bröckelte Lehm aus einer Spalte, aus der ein Buddha herausgerissen worden war; die Gesichter der Wandgemälde hatten dort, wo früher die Augen gesessen hatten, tiefe Löcher. Dummerweise machte ich ein Foto. Der Chinese sagte nichts, aber einer der tibetischen Führer war sehr verärgert; schuldbewußt erkannte ich, daß man sie für unser schlechtes Benehmen verantwortlich machte.

Wir überquerten den Fluß nach Samye bei schrecklichem Regen. Zwei Stunden lang kauerte ich mit einer Gruppe von Mönchen auf einem Haufen Weidenzweige und beneidete die Pferde, die am anderen Ende des Kahns wenigstens einen eigenen Verschlag hatten. Wir glitten über das Wasser wie Noahs Arche. Von Zeit zu Zeit liefen wir auf Sandbänke, und wir brühten in der Mitte des Stromes Tee, während der Fahrer den aus einem Traktor ausgebauten Motor reparierte. Endlich auf der anderen Seite angekommen, mußten wir eine weitere Stunde lang durch aufgeweichte Dünen und unzählige Pfützen zum Kloster waten. Auf einem Bergkamm über uns hob sich eine Reihe von *stupas* glatt und weiß von der felsigen Wildnis ab. Hier war Padmasbhava von König Tritson Detsen begrüßt worden, als er im achten Jahrhundert zum ersten Mal nach Tibet kam, um den buddhistischen Glauben zu verbreiten. Unter seiner Führerschaft hatte der König Samye gebaut, Tibets ältestes buddhistisches Kloster, das in seiner Architektur das Universum widerspiegeln sollte. Doch der größte Teil der einstmals ausgedehnten Klosterstadt lag in Trümmern. Im Haupttempel zeigte uns ein Mönch stolz eine Statue, die den Äxten der Roten Garden widerstanden hatte. Er fuchtelte wild mit den Armen, um die Heftigkeit der Angriffe zu demonstrieren; der Buddha sei jedoch völlig unbeschädigt geblieben. Entsetzt über diese Manifestation göttlicher Macht, seien die Roten Garden geflohen.

Nachts tropfte Schlamm auf unsere Betten, denn das Regenwasser sickerte durch die Lehmböden des Hauses, in dem wir schliefen. In den engen Gassen versanken wir bei jedem Schritt bis zu den Knien. Schweine schnüffelten an uns herum, Schafe und Esel rempelten uns an und drückten uns platt an die Wand. Alte Frauen schwankten auf unsicheren Beinen durch den Schlamm wie Kinder, die zum ersten Mal auf einem Skateboard stehen. Der Regen hielt bis zum nächsten Tag an, doch als wir gegen Abend über den Fluß zurückfuhren, kam die Sonne wieder. Eine Schar Enten erhob sich, vom Lärm des Motors aufgeschreckt, in die Lüfte, wobei die Unterseiten ihrer Flügel ein herrliches weißes Muster vor die dunklen Wolken malten.

Als wir zurückkehrten, kannte ganz Lhasa nur ein Thema: den Banküberfall. Zwei Tibeter waren verurteilt worden. Eine Woche lang erschienen täglich Kader vom Amt für öffentliche Sicherheit im Fernsehen, um die Polizei von Shigatse für die erfolgreiche Festnahme zu loben und dem Volk sowohl in chinesischer als auch in tibetischer Sprache die Moral von der Geschicht' ein für allemal einzubleuen.

Sie hätten sich offenbar für besonders schlau gehalten, diese Bankräuber. Sie hätten ihre Beute in Säcken mit Yak-Dung versteckt und auf einen Eselskarren geladen. Damit seien sie unbemerkt im Schneckentempo aus Lhasa herausgezockelt. Niemand habe bemerkt, wie sie sich in Richtung der nepalesischen Grenze absetzten. Doch zu ihrem Unglück hätten sie auf dem Markt in Shigatse einen herrlich verzierten tibetischen Sattel gesehen und seien von der eigenen Habgier überwältigt worden. Ihre dicken Geldbündel hätten das Mißtrauen des Verkäufers erregt, der, als guter Bürger, die Polizei informiert habe. – Bis dahin hatte die Geschichte nichts von ihrem abenteuerlichen Reiz verloren. Die Leute waren stolz, daß es sich bei den Bankräubern um Tibeter handelte.

Aber es gab genug Gerüchte über chinesische Gefängniswärter, die tibetische Verdächtige schlugen, um Geständnisse aus ihnen herauszupressen – und über tibetische Wärter, die mit chinesischen Verdächtigen das gleiche taten. An diesem Punkt hörte das Ganze auf, eine unterhaltsame Eskapade zu sein. Ein paar Tage lang wurde im Fernsehen gezeigt, wie die Männer mit demütig gesenkten Köpfen ihr Verbrechen gestanden. Ihre Gesichter waren geschwollen und von blauen Flecken entstellt. Das Geständnis beim Verhör wurde als Beweis gewertet. Einen ordentlichen Prozeß gab es nicht, und damit auch weder Verteidigung noch Revision.

Wenige Tage später, es war ein Sonntagmorgen, unterrichtete Rosemary im Banak Shol. Ich saß hinten im Klassenzimmer und schrieb Briefe. Plötzlich ertönte das ohrenbetäubende Geheul unzähliger Sirenen. Die Schüler schauten Rosemary einen Moment lang unsicher an, dann liefen sie zu den Fenstern. Es dauerte eine Weile, bis ich verstand, was da eigentlich vor sich ging. Ein Konvoi von Motorrädern bewegte sich, von schwerem Polizeischutz flankiert, langsam die Peking-Straße hinauf in Richtung Potala. Lautsprecher plärrten vom Dach eines Jeeps. Ich konnte nicht verstehen, was gesagt wurde, aber in jedem Beiwagen saß ein Mann mit gesenktem Kopf.

«Was sind das für Leute?» fragte ich einen Schüler.

«Gefangene», antwortete er verlegen, denn ihm war bewußt, daß Rosemary und ich eigentlich nicht als Zeuginnen dieser Szene vorgesehen waren.

Am nächsten Tag mußte die Bevölkerung von Lhasa an der Massenversammlung zur Hinrichtung im Stadion teilnehmen. Am Tag darauf erschienen in den Arbeitseinheiten und an öffentlichen Plätzen Plakate, auf denen eine rote Zecke ausgekreuzt war. Die Männer waren auf einem Platz in der Nähe des Sera-Klosters öffentlich hingerichtet worden.

«Egal, wie gerissen diese Verbrecher auch sein mögen, der Diktatur des Proletariats können sie nicht entrinnen.» Siegessicher und höhnisch starrte die Parole mir von allen Wänden entgegen, und mich überlief es eiskalt.

Nach Osten
Richtung China ━━━━━━━━━━

Während wir in Yarlung waren, hatten drei Lhasaer Arbeitseinheiten Englischlehrer eingestellt und damit zumindest
vorübergehend die Theorie vom stärker werdenden chinesischen Druck widerlegt. Unsere Pässe kamen mit neuen
Sechsmonatsvisa zurück. Dieser Akt der Großzügigkeit ver-
leitete uns einen verrückten Abend lang, Rosemarys Zu-
kunftspläne über den Haufen zu werfen und von einer vier-
monatigen Pilgerreise durchs westliche Tibet zum heiligen
Berg Kailash zu träumen. Einige unserer Schüler hatten schon
seit langem versucht, uns zum Mitreisen zu überreden. Aber
als Rosemary am nächsten Morgen aufwachte, hatte ihre Ver-
nunft wieder Oberhand gewonnen. Und ich hatte mich entschlossen, weiter zu unterrichten.

Bis zu Rosemarys Abreise blieb uns aber noch ein Monat
Zeit, und da wir in einem Teehaus einen Fernfahrer kennengelernt hatten, der bereit war, uns ein Stück mitzunehmen,
faßten wir den Plan, durch die verbotene Region Kham in
Richtung China zu reisen.

Der Abend vor der Abreise. Ich fahre mit dem Rad durch die
Peking-Straße nach Hause. Die Bürgersteige sind voll, an den
Lenkstangen baumelt Gepäck. In Gedanken bin ich schon bei
unserer Reise… Die Straße nach Zentralchina ist für Ausländer verboten, aber wir wären nicht die ersten, die sich auf
diese Weise eingeschlichen hätten… Ich erinnere mich an die
Schüler in meinem Abendkurs, an das Glitzern ihrer Augen,
als ich von dem Wagnis der Reise erzählte… die Gerüchte
über schadhafte Brücken und Straßen, die im Nichts verschwinden… Ein Bekannter Eines Bekannten hatte sich das

Genick gebrochen, als sich der Lastwagen, auf dem er saß, überschlug...

Ich fahre weiter, in Gedanken noch immer bei all diesen Abenteuergeschichten... Die Bürgersteige wimmeln von Menschen... Werden auch wir bald solche Geschichten zu erzählen haben?

Plötzlich ein Schwall Wasser...

Noch einer...

Und noch einer...

Was ist hier los? Erst jetzt bemerke ich, daß die Bürgersteige nicht nur von Menschen wimmeln, sondern auch von Eimern, Krügen und Emailschüsseln. Erschrocken schaue ich mich um, doch es gibt kein Entrinnen: Hinter mir haben sich die Menschen bereits erneut mit vollen Eimern bewaffnet. Mit gesenktem Kopf radle ich durch die schwappenden Wassermassen...

Kurz vor unserem Tor wirft mich eine aus kürzester Entfernung plazierte Wasserattacke vom Rad.

«Lhamo!»

Sie schüttet sich aus vor Lachen.

«Ich dachte, du wärst in Kongpo.» Wir hatten vor, auf dem Weg nach Kham in ihrem Dorf haltzumachen. Sie starrt meine triefenden Kleider an; der Pförtner schaut besorgt drein.

Rosemary balanciert auf einem Fuß, um das Wasser aus ihrem anderen Schuh laufen zu lassen. «Was ist denn eigentlich los?» fragt sie mich und wedelt ratlos mit den Armen.

«Keine Ahnung.»

Lhamo hebt mein Rad auf. «Das Regenritual! Wir versuchen, Regen nach Lhasa zu bringen.»

Der Himmel war wolkenlos und strahlend blau, als wir am nächsten Morgen die Stadt in Tensings Lastwagen verließen. Die Götter hatten sich offenbar durch das Regenritual nicht erweichen lassen.

Tensing war ein unglaublich dicker Mann. Wenn er lachte, spannten sich seine Hemdknöpfe in ihren Verankerungen, und sein Bauch schien sich unendlich aufzublähen. Er hatte sich bereit erklärt, uns bis Ba Yi mitzunehmen – bis zu der Stadt also, in der sich die Landwirtschaftliche Hochschule befand, an die uns die Bildungsbehörde im Oktober hatte schikken wollen. Die Fahrt von Lhasa bis Ba Yi sollte anderthalb Tage dauern. Tensing kannte alle Fernfahrer, die auf der Route nach Chengdu in Zentralchina verkehrten, und er hatte versprochen, uns eine Mitfahrgelegenheit zu vermitteln. Wir hatten jedoch nicht vor, bis Chengdu zu fahren. Wo sich die Straße in Chamdo, der Hauptstadt Khams, gabelte, hofften wir, in südlicher Richtung nach Kunming in der chinesischen Provinz Yünnan abbiegen zu können. Tensing schüttelte den Kopf und lachte. «Auf der Strecke fährt keine Menschenseele.» Er konnte nicht verstehen, warum wir Lhasa überhaupt verlassen wollten. Doch in der älteren Reiseliteratur hatten wir phantastische Beschreibungen über diese Route gelesen. Sie hatte Titel inspiriert wie «Durch das Land des blauen Mohns» oder «Geheimnisvolle Flüsse Tibets» und galt als eine der spektakulärsten Routen der Welt. Wie sollte sie auch nicht spektakulär sein, verlief sie doch zwischen den großen Flüssen Nu Jiang und Mekong?

Eine Nomadenfamilie, die sich auf dem Markt offenbar zwei gemalte Altäre gekauft hatte, kletterte auf die Ladefläche, während wir an einer staatlichen Verteilungsstelle für Dieselkraftstoff warteten. Tensing machte einen hübschen Gewinn, indem er Benzingutscheine unterderhand an die verschworene Gemeinschaft der Lhasaer Motorradbesitzer verkaufte. Deshalb fuhren alle Lastwagen und Busse die gefährlichen Bergpässe im Freilauf herunter. Er kicherte verschmitzt.

Als wir das Lhasa-Tal bei Medrogongkar verließen, veränderte sich die Landschaft beinah von Stunde zu Stunde. Geriffelte, sandbedeckte Berge wichen grünem Weideland und einem dichten Netz von Bächen, das allmählich wieder in Wüste überging. Am frühen Nachmittag sahen wir die ersten schwarzen Nomadenzelte, die sich in die windgeschützten Senken schmiegten wie Vögel mit ausgestreckten Schwingen. Unsere Mitreisenden klopften jedoch erst einige Stunden später gegen das Dach des Lastwagens. Tensing versuchte, ihnen durchs offene Fenster etwas zuzurufen, aber seine Worte verloren sich im Wind.

«*Lo loss.*» Er zog den Kopf wieder durchs Fenster hinein und brachte den Lastwagen in einer Staubwolke zum Stehen.

«Warum wollen sie aussteigen?»

«Sie wohnen hier.» Tensing warf mir einen vernichtenden Blick zu und schwang sich aus der Fahrerkabine.

Es war eine öde, einsame Gegend. Überall um uns herum bis zum Horizont erstreckte sich ausgebleichtes Grasland, es waren weder Vögel noch andere Tiere zu sehen, und es gab keinerlei Anzeichen für eine menschliche Ansiedlung. Als ich eine Stunde später vom Gipfel des Passes zurückschaute, waren unsere schwerbepackten Mitfahrer noch immer zu Fuß auf dem Weg zu ihrem unsichtbaren Bestimmungsort.

Ich schaute zu, wie sich ihre Gestalten in dieser dramatischen Wildnis verloren, und konnte kaum glauben, daß selbst sie sich der staatlichen Kontrolle nicht entziehen konnten. Schon in den fünfziger Jahren hatte die Regierung versucht, die Nomaden seßhaft zu machen. In manchen Gegenden wurden für sie feste Winterquartiere gebaut, doch nur sehr wenige gaben ihre Lebensweise freiwillig auf. In den sechziger Jahren verstärkte sich dann die staatliche Kontrolle, die Nomaden wurden in Produktionsgemeinschaften und Landkommunen zusammengefaßt, ihr Vieh wurde zu Staatseigentum erklärt, im Gegenzug bekam jeder einzelne eine bestimmte Ration an Lebensmitteln und anderen Gütern. Der alten Sozialordnung wurde die kommunistische Hierarchie übergestülpt, und im Zelt des von der Regierung ernannten Produktionsführers wurden politische Schulungen abgehalten. Zur Zeit unseres Tibetaufenthalts genossen die Nomaden dank des neuen Verantwortungssystems ein größeres Maß an Freiheit. Jeder einzelne Haushalt galt jetzt als Produktionseinheit. Die Familien konnten ihren Produktionsüberschuß auf dem freien Markt verkaufen, und bis 1990 waren sie von Steuern befreit. Aber sie brauchten noch immer Rationskarten für Grundnahrungsmittel wie *tsampa* und Tee. Und das System der Aufenthaltsgenehmigungen hinderte sie, ihren Verwaltungsbezirk zu verlassen; selbst wenn sie reisen wollten, mußten sie sich dies von den Behörden genehmigen lassen.

Regen setzte ein, als wir jenseits der Paßhöhe durch lichte Kiefernwälder wieder bergab fuhren – Regen, der es wahrscheinlich nicht über die Berge bis nach Lhasa schaffen würde. Der letzte Mitreisende kam zu uns in die enge Kabine. Jetzt, wo Rosemary halb auf seinem Schoß saß und sich der fremde Passagier an mich quetschte, kicherte Tensing so ausdauernd vor sich hin, daß seine Hemdknöpfe endgültig abzuplatzen drohten. Unsere Begeisterung für die Landschaft quittierte er mit einem nachsichtigen Lächeln. Seine Meilensteine waren anderer Natur: eine kurze Rast mit *tsampa* und Tee am Flußufer mit einem Fahrer, der in die entgegengesetzte Richtung fuhr, eine weitere Schale Tee in einem Straßenarbeiterlager, wo er sich in seiner Rolle als Botschafter der Außenwelt sonnte – und die Stunden, die er nach Einbruch der Dunkelheit in einem einsamen Schuppen verbrachte, aus dem feine Lichtstrahlen und weibliches Gelächter zu uns nach draußen drangen. Es war schon nach zwei, als er endlich eine Herberge am Straßenrand ansteuerte.

Mit schläfriger Gleichgültigkeit nahm der Herbergsvater unsere drei *yuan* entgegen, schloß eine Tür am Ende des Flurs auf und verschwand dann wieder. Tensing hatte er bereits in einem anderen Zimmer untergebracht. Müde schauten wir uns um. Auf den Betten lag ein Haufen zerzauster Bettwäsche. Selbst bei Kerzenlicht sah sie schmutzig aus.

Aber unsere Erschöpfung war ein natürliches Gegengift gegen mögliche Anflüge von Zimperlichkeit. Gleichgültig gegen alle Gerüche und Geräusche, fielen wir in einen tiefen Schlaf.

Sonnenaufgang, denke ich, oder kurz danach. Die Stromleitung der Stadt hängt in einem Bogen quer über unser Fenster. Von meinem Bett aus beobachte ich die Regentropfen, die am Fenster herunterlaufen, sich verfolgen, einholen, zusammenstoßen, gemeinsam weiterrollen, dick und glänzend, bis sie plötzlich vom Fenstersims springen. Ich weiß, ich sollte aufstehen, aber der Regen wirkt wie hypnotisierend auf mich.

Plötzlich klopft es ans Fenster. Es ist Tensing. «*Nga Ba Yi drug yin.*» Ich fahre jetzt nach Ba Yi. Mit dem Ärmel rubbelt er ein Sichtloch in die rußige Fensterscheibe.

«Warten Sie!» ruft Rosemary, plötzlich hellwach. Wir springen in unsere Kleider, raffen unsere Sachen zusammen und stürzen dem Lärm der heulenden Motoren entgegen.

Ba Yi erwies sich als ebensowenig einnehmend wie sein Name «acht eins», der erste August – der Tag, an dem 1927 die Volksbefreiungsarmee gegründet worden war. Tensing sagte, die Bevölkerung Ba Yis sei zu 95 Prozent chinesisch. Zahllose Armeelaster holperten die Straße entlang. Sie transportierten Truppen in Richtung Süden zur Grenze nach Indien, wo vor kurzem Kämpfe über die Anfang des Jahrhunderts von den Briten gezogene McMahon-Linie aufgeflammt waren. In den vergangenen Wochen hatte es auch in Lhasa Truppenbewegungen gegeben, nachts hatten wir die Armeelastwagen durch unsere Gasse holpern hören, denn auch aus unserer Nachbareinheit hatte man Soldaten an die Grenze verlegt. Zum ersten Mal seit zehn Monaten sahen wir auch ein Flugzeug am Himmel. Niemand wußte genau, was eigentlich vorging. Es gab Gerüchte, daß in einem Viertel Lhasas die Einwohner registriert und auf eine Einberufung vorbereitet würden. Doch obgleich die sporadischen Kämpfe bis zu meiner Abreise aus Tibet andauerten, wurde keine offizielle Mobilmachung durchgeführt.

Tensing war an seinem Ziel angekommen. Mit einem Lächeln und einem fröhlichen Winken verschwand er in einer Arbeitseinheit.

Zwei Stunden lang warteten wir, von einer ungläubigen Menschenmenge bestaunt, am schlammigen Straßenrand. Als wir kurz davor waren, den Verlockungen des nächsten Teehauses nachzugeben, sah Rosemary auf der anderen Straßenseite plötzlich einen Bus. Das sei der Bus von Lhasa nach Chamdo, erklärte uns eine alte Frau, er habe vor vier Tagen Lhasa verlassen. Natürlich hatte man uns schon früher von diesem Bus erzählt, aber er war für Ausländer verboten. Vorsichtig gingen wir auf den Fahrer zu. «*Qing wen?*» Entschuldigen Sie?

Er sprach mit einer jungen Eierverkäuferin und ignorierte uns.

«*Qing wen?*»

Obgleich er sein Gespräch längst beendet hatte, würdigte er uns weiterhin keines Blickes.

«*Qing wen ni dao Chamdo qu ma?*»

Ungerührt schaute er auf. «*Waiguo ren. Yi bai yuan.*» Ausländerinnen, einhundert *yuan*.

In seinem Eifer, uns den doppelten Preis abzuknöpfen, war er offenbar bereit, die Tatsache, daß wir eigentlich gar nicht mitfahren dürften, geflissentlich zu übersehen. Ehe er Angst bekommen und seine Meinung ändern konnte, stiegen wir ein. Vor der Abfahrt kletterte er über das Gepäck im Gang zu unseren Plätzen, um seine hundert *yuan* einzutreiben. Das ist viel zu teuer… Aber Sie sind Ausländerinnen… Ja, aber wir arbeiten als Lehrerinnen in China… Aber Sie sind Ausländerinnen… Ja, aber wir bekommen ein chinesisches Gehalt… So ging es eine gute halbe Stunde hin und her. Dann legte sich seine Wut. Lächelnd strich er einhundert *yuan* für uns beide ein und tat, als ob er niemals mehr von uns verlangt hätte.

Der Bus war fast voll. Mein Nachbar war ein redefauler Khampa, der in den folgenden vier Tagen kaum ein Wort hervorbrachte. Nur seinem Freund, der am Fenster auf der gegenüberliegenden Seite saß und den größten Teil seiner Zeit damit verbrachte, sein Ohr mit einem Nadelöhr zu säubern, raunte er gelegentlich eine einsilbige Antwort zu. Wenn er nicht gerade damit beschäftigt war, unwirsch auf die Rückenlehne des Vordersitzes zu starren oder sich so auszubreiten, daß ich fast auf den Mittelgang fiel, wickelte er ein Buch mit losen Blättern aus einem Stück Stoff, das er um den Hals trug, und stimmte Gebete an. Manchmal erhoben sich seine Gesänge über alle anderen Geräusche im Bus, dann streckte er einen Arm aus dem Fenster und begann, mit der Faust auf die Karosserie des Busses zu trommeln. Nur in solchen Momenten hellte sich seine Miene ein wenig auf.

Der Sitz neben Rosemary wurde von einem Chinesen ein-
genommen, dessen zusätzliche Jackentaschen ihn als Kader
auswiesen. Als sie sich setzte, lächelte er und hielt ihr eine
Tüte mit Sonnenblumenkernen entgegen. Sein Gesicht war
glatt und bis auf die tiefen Kerben, die seine Brille eingeprägt
hatte, seltsam unkonturiert. Er sei recht geistreich und amüsant gewesen, erzählte mir Rosemary später. Ich sah von ihm
nichts weiter als seine Hand, die unaufhörlich zwischen Tüte
und Mund in Bewegung war. Doch er war nicht der einzige,
der dafür sorgte, daß der Fußboden des Busses bald mit den
Hülsen von Sonnenblumenkernen, Erdnüssen und Sojabohnen übersät war.

Es dauerte nicht lange, bis sich die Passagiere in verschiedene Grüppchen aufgeteilt hatten. Am deutlichsten war die
Teilung zwischen den Mönchen und älteren Männern in den
vorderen Reihen und uns, dem Rest, der im hinteren Teil des
Busses saß. Einer der vorderen Fahrgäste, ein dunkelhäutiger
Mann, dessen Gesicht von Alter und erlittener Not gezeichnet war, saß mit gekreuzten Beinen auf der Ausbuchtung über
dem Busmotor. Nur wenn ihm gelegentlich der Atem aus-
ging, geriet sein fortwährender Reisekommentar ins Stocken.
Er dachte laut über die Landschaft nach, flocht Anekdoten
ein, und wenn wir an den Ruinen einer Festung oder eines
Klosters vorbeikamen, verfiel er in wütende Schmähreden.
Selbst ich, die ich wegen seiner ungewöhnlichen Ausdrucks-
weise und Betonung nur wenig verstand, war von ihm fasziniert.

Den größten Teil des Tages fuhr der Bus bergan, bisweilen
langsamer, als wir zu Fuß hätten gehen können. Vorsichtig
tastete er sich an den Außenseiten der Haarnadelkurven entlang, während sich die entgegenkommenden Lastwagen wie
Krebse um die Innenseite wanden. Am Nachmittag verließen
wir die Täler und fuhren durch eine nebelverhangene Landschaft aus Felsen, feuchten Grasbüscheln und zahlreichen
Bächen, deren Ufer dicht bewachsen waren. Bei einer Handvoll getrockneter Sojabohnen knüpfte ich ein Gespräch mit
meinem Hintermann an. Er arbeitete in Lhasa und kehrte auf
Urlaub zu seiner Familie nach Hause zurück. Sein Vater sei

Christ und habe von amerikanischen Missionaren Englisch gelernt, erzählte er mir. Auch sein Englisch war gut. Nein, er sei kein Englischlehrer; er errötete vor Freude über meine fälschliche Annahme. Aber er interessiere sich sehr für unseren Unterricht, besonders für den Kurs für Schulkinder, den ich nach meiner Rückkehr nach Lhasa übernehmen würde. Er kannte Yi Zhong, die «Mittelschule Nummer eins», die der Großteil der Kinder aus meinem Kurs besuchte. Er hätte sich gewünscht, daß sein Sohn dort aufgenommen würde, schließlich sei es Lhasas Modellschule, aber er habe keine guten *guanxi* gehabt. Also sei sein Sohn auf die «Mittelschule Nummer drei» gekommen, die Schule, die von Chinesen und Lhasaern verachtet wird, weil unter den Schülern auch Kinder vom Lande sind.

Guanxi. Er spuckte das Wort verächtlich aus und verfiel dann in Schweigen. Als er wieder sprach, klang seine Stimme hart und zynisch.

«Wissen Sie eigentlich, wie die Mittelschule Nummer eins ihre eigene Stromversorgung bekommem hat?»

«Nein, wie denn?»

«Früher hat sie drei oder vier Tage in der Woche Strom gehabt, wie alle anderen Einheiten. Nur die Armee, die Krankenhäuser und andere wichtige Einheiten haben eine eigene Stromleitung. Aber Sie wissen ja, die Mittelschule Nummer eins ist die beste Schule Lhasas. Die Schulleitung weigerte sich einfach, die Kinder der Führer vom Elektrizitätswerk aufzunehmen – bis die Schule eine eigene Stromleitung bekam!» Er spießte wütend seinen Zigarettenstummel in den Vordersitz und erging sich in aggressiven Gedankensprüngen, denen ich nur mühsam folgen konnte.

Er sagte, vor der Kulturrevolution hätten alle chinesischen Lehrer in Lhasa Tibetisch gesprochen und auch auf Tibetisch unterrichtet. Jetzt kannte er nur noch einen einzigen chinesischen Lehrer, der Tibetisch könnte, aber auch er würde seinen Unterricht auf Chinesisch halten. Er sagte, es kämen immer mehr unqualifizierte Lehrkräfte an Lhasas Schulen. Entweder seien es Leute, die ihre Ausbildung noch gar nicht abgeschlossen hätten, aber die Chinesen ersetzen sollten, die auf

Heimurlaub waren, und dann einfach dablieben. Oder es seien inoffiziell nach Tibet eingereiste Frauen, deren Ehemänner in Lhasa arbeiteten; trotz mangelnder Qualifikation bekämen sie Anstellungen als Lehrerinnen, um ihren Status zu legalisieren.

«Wissen Sie eigentlich, wie man die Mittelschule Nummer eins nennt?» Er lachte. «*Kiashu Xuexiao*.» Die Hausfrauenschule.

Der Nachmittag ist begleitet vom Quietschen der Bremsen und dem Tröten der Hupe, sobald im Staub plötzlich ein Yak oder eine streunende Ziege auftaucht, reglos mitten auf der Straße steht und diesen Platz unverfroren behauptet. Gegen Sonnenuntergang kriechen wir auf den Gipfel eines Passes zu. Die meisten Passagiere dösen. Ich schaue aus dem Fenster und lasse meine Blicke über die nebelgefüllten Täler schweifen.

Es stellt sich ein seltsames Gefühl des Schwebens im unendlichen Raum ein, während die Straße sich endlos hin und her schlängelt, der Gipfel jedoch kaum näher zu rücken scheint. Das konstante Motorengeräusch schafft eine neue Ordnung der Geräusche: Normale Stimmen werden zu Geflüster, Schreie zum Mittel normaler Verständigung. Nur gelegentlich erinnert uns der Anblick eines fliehenden Murmeltiers an unser Narrenschiff.

Endlich haben wir den Gipfel erreicht. Als wir die letzte Kurve hinter uns lassen, werden begeisterte Rufe laut: «*Lha ge lo!*» Die Götter sind siegreich! Kinder stehen von ihren Sitzen auf und recken sich, um die *labtse* zu sehen – die Steinpyramide, die den Gipfel markiert. Selbst der chinesische Fahrer läßt sich vom Überschwang seiner Passagiere anstecken und hält den Bus an, ohne darum gebeten worden zu sein. Stille.

Um mich herum recken sich die Menschen der *labtse* entgegen, fügen Steine hinzu, heften Gebetsfahnen an die zerfetzten Überreste alter Fahnen. Alle Aggressionen scheinen mit einem Mal vergessen zu sein.

Es ist schon dunkel, als wir von der Straße abbiegen, um bei einer Ansammlung tannenumstandener Hütten anzuhalten. Die Männer klettern auf das Dach des Busses und beginnen, beim Schein von Taschenlampen Töpfe und Bündel aufzuschnüren. Andere stehen gestikulierend neben dem Bus und rufen ihnen Anweisungen zu. Wieder andere verschwinden zwischen den Tannen, von wo deutlich das Plätschern eines Baches zu hören ist.

Flammen züngeln in die feuchte Nacht. Der alte Mann, der auf dem Motorblock gesessen und die ganze Zeit über Geschichten erzählt hat, winkt uns an sein Feuer, über dem bereits ein Wasserkessel zischt. Mit der Geschicklichkeit jahrelanger Routine schlagen zwei Männer Butter in den Tee, indem sie einige Eßstäbchen zwischen den Handflächen reiben. Jeder knetet *tsampa*-Kügelchen für die anderen, fügt der gerösteten Gerste ein wenig Zucker oder auch ein paar Brocken trockenen Käse hinzu. Einer der Männer, die den Tee zubereiten, ist ein Mönch. Er fragt mich, was ich von Lhasa halte und ob man es mit meinem eigenen Land vergleichen könne. Habe ich den Potala, den Jokhang-Tempel, das Kloster Ganden gesehen? Sein Gesicht glüht im Licht des Feuers vor Aufregung.

Für ihn war es der erste Besuch in Lhasa. *Lersa* – auf Tibetisch klingt das Wort viel weicher, und er spricht es mit solcher Ehrfurcht aus, daß ich fast damit rechne, daß er sich zu Boden wirft. Er und seine Freunde haben sich von ihrem 1400 Kilometer entfernten Dorf in Kham auf die Pilgerreise nach Lhasa gemacht, ein in ihrem Leben einmaliges Erlebnis.

«Und wie lange haben Sie gebraucht, bis Sie in Lhasa waren?» fragt Rosemary.

«Drei Jahre.»

Rosemary und ich schauen uns an. Wir ahnen, was diese Antwort bedeutet.

«Sie haben den Weg in ständigen Niederwerfungen zurückgelegt?»

Er nickt, legt den Deckel auf seinen Buttereimer und knotet ihn mit einem bunten Band fest. Rosemary lächelt. Es war genauso selbstverständlich, als hätte sie ihn gefragt, ob er mit dem Bus oder mit dem Zug gefahren sei.

Durch Kongpo und Kham ▬▬▬▬

Am nächsten Morgen erwachten wir in einer tiefen Schlucht. Wolken kräuselten sich blaß und bleich um die Gipfel der Berge, der Regen hatte aufgehört und zwischen den dunklen Kieferzweigen kleine Nebelwirbel hinterlassen. Mantras erklangen um uns herum, als sich der Bus in Bewegung setzte, schwollen mit der steigenden Sonne an und gingen dann in Frühstücksgeräusche über. Hinter Pome, wo der Lehrer den Bus verließ, kamen wir durch eine Gegend voller Blumen: Auf den Berghängen leuchteten Rhododendren, Azaleen, ganze Wolken von gelber Berberis, und als wir höher kamen, sahen wir Iris, Enziane und Anemonen.

Inmitten dieser verschwenderischen Üppigkeit gab es jedoch immer wieder völlig kahle Hänge. Schon am Tag zuvor hatten wir sie gesehen. Ganze Berge waren von den Äxten der staatlichen Holzfälleinheiten gleichsam gehäutet worden. Es war ein trauriger Anblick. Ich erinnerte mich an ein Gespräch mit einem Tibeter, der als Holzfäller in Kongpo gearbeitet hatte. Er hatte die Unwirksamkeit der neuesten Gesetze zum Schutz des Baumbestands beklagt; in ihrem Bestreben, das schnelle Geld zu machen, würden die Führer der Holzfälleinheiten die Direktiven zur Wiederaufforstung schlichtweg ignorieren. Jetzt sah ich seine Aussagen bestätigt. Immer wieder trafen wir auf kahle Hänge mit abgesägten Stümpfen, sahen unzählige Lastwagen Berge von Stämmen in Richtung Osten transportieren.

Vom offiziellen Standpunkt aus gesehen war Chinas Forstpolitik eigentlich recht eindrucksvoll. 1979 hatte die Regierung den Umgang mit den Holzvorräten als «eines der schwächsten Glieder unserer Nationalökonomie» bezeichnet. Es wurde ein Gesetz erlassen, das Rodungen zwecks landschaftlicher Nutzung untersagte, Neuaufforstungen vorschrieb und die sorgfältige Pflege neuer Baumbestände förderte. Im Gegensatz zur offiziellen Haltung während der maoistisch geprägten Jahre wurden die Menschen angehalten, für die Zukunft zu planen. Das ganze Land wurde mobilisiert, um Chinas Wälder wiederaufleben zu lassen.

Am meisten beeindruckte mich die Idee des *Zhi Shu Jie*. Dieses Baumpflanz-Fest wurde alljährlich am 12. Mai begangen, und jeder mußte daran teilnehmen. Wir, die bei der Stadtregierung von Lhasa angestellten Lehrer und Lehrerinnen, wurden eingeteilt, zweitausend Bäume auf einer Sandinsel im Lhasa-Fluß zu pflanzen. Doch schon recht bald wurde mir klar, daß die Idee eindrucksvoller war als ihre Ausführung. Für die meisten war die Pflanzaktion nichts weiter als ein Vorwand für ein ausgiebiges Picknick, und obgleich unser Führer sich Mühe gab, seine Leute davon zu überzeugen, die Arbeit ernst zu nehmen, wollten die meisten das Pflanzen einfach so schnell wie möglich hinter sich bringen, um dann den Rest des Tages genießen zu können. Diesen Effekt beobachteten wir in vielen Bereichen: Bis eine Anweisung erst einmal nach unten zu jenen vorgedrungen war, die sie in die Tat umsetzen sollten, war die ursprünglich dahinterstehende Idee längst verlorengegangen.

Wir pflanzten zweitausend Bäume – die für eine Einheit unserer Größe vorgesehene Quote. Die Pflanzlöcher waren nicht tief genug; ein paar Kinder setzten die Bäume mit den Wurzeln nach oben ein, was niemanden zu stören schien. Die Anweisung lautete, es sollten Bäume *gepflanzt* werden, und sie wurde wörtlich genommen. Niemand fühlte sich dafür verantwortlich, die Bäume auch zu pflegen, und als Rosemary und ich ein paar Monate später wiederkamen, waren die meisten der am *Zhi Shu Jie* gesetzten Bäume bereits eingegangen. Unseren Bäumen war es nur deshalb besser ergangen, weil unser Führer sich persönlich für die Neuaufforstung engagierte; obgleich dies außerhalb seines Verantwortungsbereiches lag, hatte er dafür gesorgt, daß sich jemand um die Bäumchen kümmerte.

Viele Leute beschwerten sich über die Sinnlosigkeit der Übung. Die Tibeter waren für die prekäre ökologische Situation besonders sensibel und gaben allein den Chinesen die Schuld daran. «Jedes Jahr kommen wir hierher, um Bäume zu pflanzen», sagte eine Frau, mit der ich ein Pflanzloch grub. «Und trotzdem haben wir nicht genug Holz für ein vernünftiges Feuer.» Wie alle Familien, die keiner Arbeitseinheit angehörten, hatte auch ihre Familie ein Mitglied zum Zhi Shu Jie schicken müssen. Anders als Staatsangestellte, deren Lohn automatisch fortgezahlt wurde, büßte sie einen Tagesverdienst ein.

Natürlich hatte man auch schon vor der Ankunft der Chinesen in Tibet Bäume geschlagen, aber die Bevölkerung war damals sehr viel kleiner gewesen. Es hatte keine Straßen gegeben – und erst recht keine Lastwagen, die das Holz im heute üblichen großen Stil hätten abtransportieren können.

«*Xiang qian kan!*» Schaut in die Zukunft! So lautete der Slogan der achtziger Jahre. Was die Forstwirtschaft anging, schien er auf fatale Weise mißverstanden worden zu sein. «*Xiang qian kan!*» hatte der Tibeter aus Kongpo zu mir gesagt und über den Doppelsinn der Worte gelächelt. Schaut auf das Geld! konnte der Satz ebensogut bedeuten.

Einige Zeit wurden meine Gedankengänge von einer Khammo – einer Frau aus Kham – unterbrochen, die auf der anderen Seite des Ganges saß. Sie zeigte auf eine Gruppe Geier, die sich in der Ferne um einen Kadaver stritten. Dann bot sie mir einen der steinharten Käsewürfel an, die sie an einer Kette um den Hals trug, und erzählte dem Mann neben ihr – möglicherweise ihrem Vater –, wir seien Freundinnen geworden. Während der Fahrt hatte ich mich immer wieder dabei ertappt, ihren Hinterkopf anzustarren. Obgleich sie, wie sie mir erklärte, keine Nonne war, war ihr Kopf kahlrasiert. Ihr herrlich geschwungener Hinterkopf mündete in einen zarten Nacken. Ich ließ meine Blicke zwischen ihr und den vor mir sitzenden Mönchen hin und her wandern und stellte fest, daß geschorene Köpfe der Schönheit eine völlig neue Dimension verleihen, für die die Kopfform entscheidend ist. Amüsiert fragte ich mich, welche anerkannten Schönheiten wohl kahlgeschoren ihr gutes Aussehen einbüßen würden. Die feine Knochenstruktur dieser jungen Frau jedenfalls verlieh ihrem geschorenen Haupt eine plastische Reinheit, die an klassische Statuen erinnerte.

«Aja», rief das Mädchen wieder. In Gedanken noch immer fremde Köpfe ihres Haarschmucks beraubend, drehte ich mich zu ihr um. Wasser schwappte mir ins Gesicht.

«Hey!» rief ich vor Überraschung auf Englisch. Das Mädchen schaute aus dem Fenster, ihre Schultern zuckten vor Lachen.

Schon wieder ein Regenritual? Oder ein Akt purer Langeweile? Die amüsierten Gesichter meiner Mitreisenden sagten mir, daß dieser Angriff nicht ungesühnt bleiben dürfe. Der Krieg war erklärt. Der ganze Bus machte mit – bis auf den Fahrer und meinen Sitznachbarn. Ohne sich eine Sekunde lang ablenken zu lassen, murmelte er unbeirrt seine Gebete und blieb auch dann noch völlig ungerührt, als das Mädchen plötzlich sein durchnäßtes Hemd auszog und – ohne auf den Versuch des alten Mannes zu achten, sie vor fremden Blicken zu schützen – seine rosigen Brustwarzen entblößte.

Gegen Ende des Tages waren alle Konventionen vergessen. Die Passagiere dösten im Schoß ihrer Sitznachbarn, und alle Lebensmittelvorräte wurden miteinander geteilt. Vor Rosemary saßen zwei alte Frauen, die behaupteten, für jede Krankheit das passende Heilmittel zu haben. Da wir weder ihre Elixiere noch die Beschwerden kannten, unter denen wir ihrer Meinung nach litten, schluckten wir die Teigkügelchen, Samen und farbigen Puder, die uns ihre knorrigen Hände durch die Sitze reichten, ohne große Worte hinunter.

Den größten Teil des Nachmittags war Rosemary in ein intensives Gespräch mit dem chinesischen Kader vertieft. Es sei sehr wichtig, hatte sie mir in einem günstigen Moment zugeflüstert, aber sie könne mir erst bei der nächsten Rast davon erzählen.

Als wir schließlich bei einer Raststätte anhielten, um dort zu übernachten, folgte uns der Kader in die Kantine. Er wollte uns helfen und drängte uns, für ein *yuan* zwei Klumpen Reis und eine wäßrige Suppe zu kaufen. Wir dankten ihm, ließen ihn dann jedoch allein am Tisch zurück, wo er sich löffelweise Chilisauce auf seinen Reis füllte.

Draußen standen chinesische Männer in kleinen Grüppchen zusammen; einige beugten sich konzentriert über die Billardtische, andere lehnten an den Wänden, plauderten und rauchten. Im letzten sonnenbeschienenen Fleckchen hockte eine Tibeterin und rieb ihr Baby mit Senföl ein.

Wir lehnten uns an einen Zaun. «Also, was war das für ein wichtiges Gespräch, das du geführt hast?»

«Ich habe mit dem Kader über den Kurs gesprochen, der plötzlich gestrichen wurde.»

«Woher weiß er davon?»

«Keine Ahnung. Er sagte, es sei den Behörden zu Ohren gekommen, daß wir mit unseren Schülern in Teehäuser gingen und mit ihnen über politische Themen sprachen.»

«Aber wir haben doch im Teehaus nie über Politik gesprochen.»

«Ja, ich weiß.»

Das war also der Grund für die plötzliche Zurückhaltung.

«Es sieht so aus, als hätte der Gong An Ju dafür gesorgt, daß der Kurs gestrichen wird.»

«Das hat dir der Kader gesagt?»

«Er hat es angedeutet.»

Plötzlich fiel mir das eingefrorene Lächeln des Mannes neben dem Teekessel ein. «Ob der Spitzel dahintersteckt?»

«Vielleicht.» Rosemary lächelte boshaft. «Hoffentlich hat er wenigstens seine Beförderung bekommen.»

Am nächsten Tag stiegen immer mehr Passagiere aus: auf dem Kamm eines Berges, in einer menschenleeren Ebene, in einem felsigen Tal. Wir hatten die baumbestandenen Hänge Kongpos hinter uns gelassen. Von Furchen durchzogene Ebenen erstreckten sich bis zum dunstigen Horizont. Seit Stunden hatten wir kein anderes menschliches Wesen gesehen als einen einsamen Reiter, der auf einem kunstvoll gesattelten Pferd neben der Straße ritt. Seine langen Beine reichten fast bis zum Boden.

Gegen Mittag machten wir im Teehaus eines kleinen Dorfes Rast. Dort stiegen die beiden alten Frauen mit ihren Arzneien aus. Eine Horde spindeldürrer Kinder stürmte ihnen zur Begrüßung entgegen und lungerte anschließend in der Nähe des Teehauses herum, während wir unseren Tee schlürften. Sie waren zerlumpt und barfüßig, wie viele Kinder in den Dörfern, durch die wir gekommen waren. Ihr Haar hatte den charakteristischen rötlichen Schimmer, der durch Fehlernährung entsteht.

«Wie muß es erst in den sechziger und siebziger Jahren gewesen sein?» fragte Rosemary, während die Kinder um sie herumtanzten und die mutigeren von ihnen an ihrer Jacke zupften. Wir vermochten es uns kaum vorzustellen. Auf Reisen wie dieser ließen sich die durch das unzugängliche Terrain und die riesigen Entfernungen verursachten Probleme der Regierung erahnen. Rosemary erinnerte mich an einen Mann, den wir auf dem Rückweg von Ganden kennengelernt hatten. Er war auf dem Weg von Kongpo nach Lhasa gewesen, um Medikamente für seinen Vater zu holen. Wir fragten ihn, was seinem Vater fehle. Er wußte nur, daß er wahrscheinlich im Sterben lag. Lhasa selbst ist mit Krankenhäusern recht gut ausgestattet, und es gibt eine ganze Reihe von «Barfußärzten», die in den ländlichen Gegenden tätig sind, allerdings nur geringfügige Beschwerden behandeln können. Das größte Problem ist der Krankentransport. Wenn man keine *guanxi* hat, muß man selbst in Lhasa damit rechnen, mit dem Fahrrad oder bestenfalls mit einem Karren ins Krankenhaus gebracht zu werden.

Wir ließen die hübsche Khammo kurz vor einer Paßhöhe in den Armen eines Mannes zurück, der sie dort abgeholt hatte. Eine dichte Staubwolke schützte das Paar vor unseren Blicken, als der Lastwagen weiterfuhr. Auf der Paßhöhe legte sich der Staub. Die Khammo und ihr Mann standen noch immer mitten auf der Straße und umarmten sich. Die Passagiere verdrehten sich lachend die Köpfe.

Auch mein Nachbar war inzwischen ausgestiegen. Ich hatte es bequemer als je zuvor auf dieser Reise, und doch überkam mich plötzlich heftiges Heimweh. Auch ich wollte aus dem Bus aussteigen, von einer Familie begrüßt und umarmt werden. Was machten wir eigentlich hier? Die ganze Expedition kam mir auf einmal völlig absurd vor. Diese Menschen reisten nach Hause, brachten Waren aus der Hauptstadt für ihre Familien mit. Sie hatten für das Reisen um des Reisens willen ebensowenig Verständnis wie für Spaziergänge. Immer wieder wurden wir gefragt, wohin wir wollten. Wir kannten noch nicht einmal das Ziel unserer Reise. Chamdo, sagte ich – bis dahin fuhr der Bus. Auf Pilgerreise? Ja, log ich.

Die ganze Reise erschien mir jetzt furchtbar dekadent. Immer mehr Leute stiegen aus, und ich fragte mich, ob wir auf der letzten Strecke wohl ganz allein im Bus sitzen würden. Ich muß kurz eingeschlafen sein, denn die Vorstellung vermengte sich mit meiner Phantasie. Der Bus wurde zu einer Art Vorhölle und ratterte auf ewig durchs wilde Kham. Gelegentlich blieb der Bus stehen, wir sahen tibetische Familien einander in die Arme fallen, dann raste er wieder unerbittlich mit uns davon.

Im Laufe des Nachmittags wurden meine Zweifel immer stärker, und ich begann, die eigenen Vorstellungen über mein Leben in Tibet in Frage zu stellen. Ich hatte immer geglaubt, ich suchte die Freiheit, die mit dem Leben in einer fremden Kultur verbunden war – die Freiheit, den ewigen Schubladen zu entgehen, in die man zu Hause nach Sprache und Herkunft unweigerlich gesteckt wird. Natürlich wurden wir auch hier in Schubladen gesteckt, aber es geschah nicht mit der gleichen tödlichen Vorhersagbarkeit. Ich hatte immer geglaubt, ich würde es genießen, außerhalb der Gesellschaft zu leben, gegen ihr Schubladendenken und ihre Unduldsamkeiten immun zu sein. Ich hatte geglaubt, die beste aller Welten gefunden zu haben: Wir konnten uns anfreunden, mit wem wir wollten, wir konnten uns benehmen, wie wir wollten – da wir Ausländerinnen waren, unterlagen wir nicht denselben Kriterien. Doch worin lag der Sinn dieser Freiheit? fragte ich mich jetzt. Hatten wir in den letzten sechs Monaten nicht ständig versucht, uns anzupassen, uns in die Konventionen dieser fremden Gesellschaft einzufügen?

Wir würden gegen sechs in Chamdo ankommen, sagt der Fahrer; seine Laune steigt. Am Nachmittag lächelt er sogar. Trotz des Mißmuts, den er während der gesamten Fahrt an den Tag gelegt hat, nimmt er die schwierigen Straßen und kitzligen Haarnadelkurven mit unfehlbarem Gespür. Wahrscheinlich würden dreizehn Stunden Fahrt am Tag an jedermanns Nerven zerren. Als ich an unsere Ankunft in Chamdo denke, steigt auch meine Stimmung. Ich kenne die Stadt nur aus alten Beschreibungen, die vor der Ankunft der Chinesen geschrieben wurden. Sie ist die Hauptstadt Khams und liegt am Zusammenfluß zweier Nebenflüsse des Mekong. Aber man hatte uns vorgewarnt: Chamdo sei das Zentrum des Khampa-Widerstands gewesen, deshalb seien nur noch wenige alte Gebäude erhalten. Während der fünfziger und sechziger Jahre hatten die Khampas einen Guerillakrieg gegen die Chinesen geführt, in den einige Zeit lang sogar die CIA verwickelt gewesen war. Die CIA hatte eine Guerilla-Basis im Mustang-Tal an der Grenze zwischen Tibet und Nepal aufgebaut und die Khampa-Kämpfer von Indien aus in die Vereinigten Staaten geflogen, um sie in der Guerilla-Taktik auszubilden und anschließend heimlich wieder nach Kham einzuschleusen. Gegen Ende der sechziger Jahre jedoch, als sich die Beziehungen zwischen China und den USA entspannten, verlor die CIA das Interesse an den Khampa-Kämpfern. Unter chinesischem Druck wurden die Guerillas von der nepalesischen Regierung entwaffnet und zum Teil gefangengenommen.

Der alte Mann, den wir fälschlicherweise für den Vater der hübschen Khammo gehalten haben, hat uns in sein Haus eingeladen. Jedenfalls glauben wir das – sein Dialekt ist für uns nur sehr schwer zu verstehen. Als wir um eine Ecke biegen, deutet er durch die Windschutzscheibe.

Chamdo.

Ein Vorgebirge erhebt sich aus dem Fluß, der plötzlich vor uns liegt. Der Abendschatten legt sich schützend über die Gebäude der Stadt und zwingt uns, einen Moment lang über die großartige Lage dieses Ortes zu staunen. Zwei Flüsse schwingen sich wie Burggraben um jede Seite. Diesseits der Stadt vereinigen sie sich tosend zu einem rötlichen Gewässer, das uns entgegenströmt – dem Mekong. Über dem Vorgebirge liegen breitgefächerte Bergkämme im letzten Sonnenlicht. Doch als wir näherkommen, gleiten langsam die Gebäude aus den schützenden Schatten: hoch, düster, gleichförmig.

«Grundschule Nummer eins... Gästehaus... Krankenhaus...» Der Kader, der noch immer neben Rosemary sitzt, rattert die Namen der Arbeitseinheiten herunter. Er zeigt auf ein Gebäude auf dem Vorgebirge, von dessen Dach eine riesige Antenne in den Himmel ragt. Ich verstehe den Namen nicht; auf jeden Fall ersetzt es das Kloster in seiner dominanten Stellung über der Stadt.

Der Bus hält in einer steilen Straße vor einem Gebäude, das wie ein Regierungsgebäude aussieht. Der Fahrer springt heraus, um schnell einen Stein unters Hinterrad zu schieben und ruft: «*Xia che.*» Aussteigen? Wir schauen den alten Mann an, der unsere Habseligkeiten zusammensammelt und in eines seiner Tücher knotet.

«Hier werden Sie unterkommen. Chamdos neues Hotel.»

Rosemary und ich wechseln einen kurzen Blick. Ich bin enttäuscht, würde aber am liebsten laut lachen: Und wir hatten schon davon geträumt, als Töchter eines Tibeters in Chamdo zu leben... Der alte Mann lächelt noch immer. Was war geschehen? Hatte ihm der Fahrer gesagt, daß es nicht erlaubt ist, Ausländerinnen bei sich aufzunehmen? Oder hat er von vornherein vorgehabt, uns hier herzubringen? Vielleicht ist er stolz darauf, uns eine Unterkunft zeigen zu können, die er für angemessen hält.

«Das ist zu teuer für uns», versuche ich einzuwenden, als er darauf besteht, unsere Taschen in den glänzenden Steinflur zu tragen.

«Ausländische Gäste», verkündet er der Phalanx von Putzfrauen, die, uns den Rücken zugewandt, ihre Mops über den Boden schieben. «Wir müssen uns um sie kümmern.»

Ich bin erstaunt, daß er Chinesisch spricht – für einen Tibeter seines Alters ist das ziemlich ungewöhnlich –, aber die Putzfrauen reagieren nicht. Sie gießen Wasser auf den Boden und wischen unbekümmert weiter, so daß wir schließlich gezwungen sind, uns mit den Taschen auf die Stufen zur Straße zurückzuziehen.

«Wir können sowieso nicht hierbleiben, das ist viel zu teuer für uns», versucht es Rosemary wieder, aber der alte Mann läßt nicht locker. Er findet eine andere Tür, und wir schlurfen, diesmal vor den Putzfrauen, über den nassen Fußboden zur Rezeption.

«Fünfundzwanzig *yuan* pro Nacht, für Ausländer verboten.» Ohne aufzuschauen, blättert die Empfangsdame eine Seite in ihrem Comic um. Der alte Mann hatte noch gar nichts gesagt.

«Aber sie arbeiten als Lehrerinnen in Lhasa», wagt er, wenngleich deutlich schüchterner geworden, zu entgegnen. Ihre unerbittliche Haltung hat sein Selbstvertrauen sichtbar erschüttert.

«Das macht nichts.» Rosemary legt die Hand auf seinen Arm. «Wir werden schon etwas anderes finden.»

Wir wollen beide eine Szene vermeiden, die die Aufmerksamkeit des Gong An Ju auf sich ziehen könnte. Diese Frau weiß offenbar, daß wir eigentlich in Chamdo nichts zu suchen haben, und könnte ihre Gleichgültigkeit in Prinzipientreue umschlagen lassen. Der alte Mann beginnt, sich über die hohen Preise zu mokieren. Das Bett sei hier fünfundzwanzigmal so teuer wie unsere Unterkunft in der letzten Nacht. Die Empfangsdame kann sich offenbar nur noch schwer auf ihr Buch konzentrieren.

«Zimmer wie letzte Nacht sind uns viel lieber», sagt Rosemary. Da uns klar wird, daß dies wahrscheinlich die einzige Möglichkeit ist, aus der Situation herauszukommen, nehmen wir unsere Taschen und gehen zur Tür.

Der alte Mann wirkt niedergeschlagen, als wir uns an der nächsten Straßenecke von ihm trennen. Die Empfangsdame beobachtet uns von den Stufen des Hotels.

Chamdo ━━━━━━━━━━━━━━

Die Stadt Chamdo hatte etwas seltsam Seelenloses, was jedoch nicht nur an den modernen Gebäuden lag. Auch die Reste der tibetischen Altstadt wirkten deprimierend. Vielleicht
waren meine Erwartungen zu hochgeschraubt. Über die Monate hatte das legendäre Temperament der Khampas, die Ehrfurcht, die sie bei anderen Tibetern genossen, die Pracht ihrer
Kleidung und vor allem die Beschreibungen der großartigen
Lage Chamdos in mir die Erwartung geschürt, auf eine Stadt
zu treffen, die ähnlich dramatisch war wie Lhasa. Aber die
Häuser der Altstadt drängten sich willkürlich aneinander, sahen schäbig und verwahrlost aus. Sie besaßen weder den
Charme der langgestreckten Landhäuser in Kongpo noch die
Ausstrahlung der Stadthäuser in Lhasa. Sie bestanden aus ro-
hem Lehm.

Nachdem wir in einem kleinen chinesischen Hotel unter-
gekommen waren, stiegen wir durch die Altstadt zum Kloster
hinauf.

In der Dunkelheit war nur wenig zu sehen: zerstörte
Wände, offene Dächer, unordentliche Holzhaufen. Es sah aus,
als würde das Kloster als Sägemühle genutzt. Die wenigen
Mönche, die im Innenhof versammelt waren, zerstreuten
sich, als wir uns näherten. Ein kleines chinesisches Mädchen,
das sich auf dem Weg zu uns gesellt hatte, rief einem der Mönche zu, er solle uns durchs Kloster führen. Ihre Stimme klang
anmaßend und herrisch, und sie kicherte spitz, als er sie ignorierte.

«Laß uns morgen wiederkommen», sagte Rosemary. In der
Dunkelheit hätte man die in der Luft liegende Feindseligkeit
beinahe mit Händen greifen können.

Am nächsten Morgen trafen wir beim Zähneputzen im Innenhof des Hotels auf einen jungen Mönch aus Indien. Es wirkte eigentümlich pedantisch, wie er mit der Zahnbürste in seinem Zahnputzbecher herumrührte, seine Kutte festhielt und sich weit vornüberbeugte, um in den Ausguß zu spucken. Als er uns sah, hellte sich sein Gesicht auf.

«Wie halten Sie das nur aus?» fragte er auf englisch, und da er offenbar in uns Leidensgenossinnen vermutete, verfiel er gleich darauf in eine Tirade über die Primitivität des Lebens in Tibet. Er litt unter Symptomen der Höhenkrankheit, Lebensmittelvergiftung und Schlaflosigkeit. Ohne Atempause erzählte er uns von den Strapazen seiner Reise von Lhasa nach Chamdo, von seiner Kindheit in Indien und von den *geshe*-Prüfungen, die er gerade abgelegt hatte. Er sei jetzt ein Doktor der Göttlichkeit, erklärte er uns stolz.

Eine Stunde später standen wir noch immer da und hörten ihm zu. Wie sich herausstellte, war er ein Bon-Lama, der mit seinem Vater zurückgekehrt war, um die gegenwärtige Lage der Bon-Religion in Tibet zu erkunden – vorausgesetzt, die primitiven Verhältnisse ließen sich ertragen.

«Keine Sorge, Sie werden sich mit der Zeit daran gewöhnen.» Rosemary nahm ihren Zahnputzbecher, drehte sich um und ging zurück zu unserem Zimmer.

Den restlichen Vormittag verbrachten wir damit, nach einem Lastwagen zu suchen, der uns nach Kunming mitnehmen könnte. Die Lastwagen in Richtung Süden waren offenbar schon abgefahren. Alle Wagen, deren Hauben verheißungsvoll offenstanden, fuhren nach Lhasa.

Gegen Mittag kamen wir zu dem Schluß, daß es ohnehin zu spät sei, um noch eine Mitfahrgelegenheit zu bekommen, und machten uns erneut auf den Weg ins Kloster. Am nächsten Tag würden wir eben früher aufstehen, trösteten wir uns.

Das Kloster war kein Sägewerk, wie wir am Abend vorher vermutet hatten, nein, es wurde wiederaufgebaut. Im ersten Innenhof sägten Mönche über tiefen Gruben Baumstämme durch, eine Kette von Helfern reichte anschließend die Planken weiter in den ersten Stock. Wir schlenderten durch eine schmale Gasse und betraten einen anderen Teil.

Überall herrschte eine Atmosphäre abgeschiedener Ruhe. Aus einer Reihe von Eingängen drangen die Gesänge der Mönche zu uns heraus. Wir spazierten an den mit Blumenmustern bemalten Balkonen entlang und ließen uns von ihren Stimmen tragen. Bei jedem Eingang schwollen die Gesänge an, hielten uns einen Moment lang fest, um dann wieder langsam zu verebben, bis sie uns am nächsten Eingang erneut in ihren Bann zogen.

Am Eingang eines Tempels stand ein Mann auf einer Trittleiter; er war damit beschäftigt, den Dutt eines Lehmbuddhas zu formen.

«*Genla, kaba terga?*» Wohin gehen Sie? rief er uns zu. Es war der alte Mann, der im Bus so viele Geschichten erzählt hatte. Vorsichtig kletterte er von seiner Leiter herunter, hielt sich mit einer Hand die schmerzende Seite und wischte mit der anderen den Lehm an der Hose ab. Voller Stolz zeigte er uns die neuen, mit frischer Goldfarbe verzierten Statuen, die Bleistiftpausen neuer Wandgemälde und die Entwürfe neuer Verzierungen. Früher einmal sei er Mönch in diesem Kloster gewesen, erzählte er uns bei einer Schale Tee, jetzt helfe er dabei, es wiederaufzubauen.

Unser frühes Aufstehen am nächsten Morgen um fünf brachte keinen Erfolg. Die Vorsteherin des Busbahnhofs, eine dicke, mütterliche Chinesin, tröstete uns mit warmem Brot und sagte, wir würden unsere Zeit verschwenden. Wir würden nie einen Wagen finden, der nach Kunming fuhr, wir hätten den Bus nehmen sollen, der in fünf Tagen die Strecke nach Chengdu zurücklegte.

Enttäuscht gingen wir zurück in Richtung Herberge. Eine Weile trottete ein Hund vor uns her, dann verschwand er in einer Seitengasse. Ein Stück weiter trafen wir auf einen übernächtigten Straßenhändler, der dünne Teigstangen ausbuk.

«*You tiao! You tiao!*» Sein beschwörender Ruf füllte die leeren Straßen. Uns brauchte er nicht erst zu überreden. Wir kauften jeweils vier Stangen, lachten über unsere plötzliche Gier und schlitterten weiter über den roten Schlamm.

Die Morgendämmerung kam nur sehr zögerlich. Schwarze

Wolken warteten über den Bergen im Osten auf das Erscheinen der Sonne. Endlich berührten ihre Strahlen die Hänge an der gegenüberliegenden Seite, wurden jedoch sofort wieder von dicken Wolken verschluckt. Ich dachte an unsere Weiterreise.

Es war absurd, enttäuscht zu sein, weil wir nun offenbar doch die Straße nach Chengdu nehmen mußten. Wir waren über beide Strecken nur unzureichend informiert, und die Route nach Kunming war nicht unbedingt interessanter. Es steckte wohl, wie ich zugeben muß, einfach der infantile Wunsch dahinter, die weniger befahrene Route zu nehmen. Während ich noch darüber nachdachte, kam mir eine Idee: Vielleicht könnte der Bon-Lama aus Indien uns mitnehmen. Sofort ging meine Phantasie mit mir durch: Ich malte mir Nächte in den Zelten seiner nomadischen Verwandten aus, Wanderungen durch die Berge, um Pflanzen zu sammeln, Besuche in versteckten Bon-Klöstern. Rosemary bezweifelte, daß der Vater des Lamas zustimmen würde. Er schien seinen Sohn vor allem schützen zu wollen und hatte sich uns gegenüber äußerst argwöhnisch gezeigt.

Aber die Idee begann sich in unseren Köpfen festzusetzen. Peitschender Regen trieb uns in ein Warenhaus, wo wir zwischen offenen Behältern mit grellbunten Gesichtscremes und Shampoos Schutz suchten und unseren schamlosen Anschlag planten.

Es traf sich gut, daß wir den Lama ohnehin am Abend treffen würden. Arglos hatte er uns eingeladen, mit ihm zu Abend zu essen. Sein Vater zog ein besorgtes Gesicht. «Meinst du, er hat Angst, wir könnten seinen wunderbaren Sohn auf Abwege führen?» flüsterte mir Rosemary zu, als wir das kleine Restaurant betraten.

Während des Essens redete der Lama ununterbrochen. Er sprach von seiner Mission, die Lehre der Bon-Religion zu verbreiten, und unterbrach seine Ausführungen nur, um uns zu beschwören, nach unserer Rückkehr nach England darüber zu schreiben. Die Unterschiede zwischen Bon-Religion und Buddhismus waren, wie auch er zugeben mußte, ziemlich gering. Nicht nur, daß der Buddhismus viele Götter und religiöse Praktiken von der ursprünglichen Bon-Religion übernommen hatte, die Entwicklung der Bon-Religion war wesentlich vom Buddhismus geprägt. Die Bon-Religion hatte als animistischer Kult begonnen, dessen Exorzisten und Schamanen vor allem die Aufgabe hatten, die Götter zu beschwichtigen und die Toten davon abzuhalten, in diese Welt zurückzukehren und den Lebenden zu schaden. Der Lama sah uns ernst an und fuhr mit seinem Vortrag fort.

Die Götter seien die Naturkräfte; Berge, Seen und Flüsse seien ihre Behausungen. Aber sie seien keine Verkörperungen von Gut und Böse, entgegnete er, als Rosemary versuchte, eine Parallele zu anderen animistischen Religionen zu ziehen. Ihre Kraft könnte sowohl helfen als auch schaden, deshalb müßten die Götter durch Opfergaben ständig bei Laune gehalten werden. Die Zubereitung bestimmter Mahlzeiten, das Anhäufen von Steinen auf den Paßhöhen – diese und andere Rituale, die noch heute in Tibet lebendig sind, habe der Buddhismus direkt von der Bon-Religion übernommen. Auch die Verbrennung der *tsampa*-Bildnisse, mit der wir am Abend von Losar die Dämonen des alten Jahres zur Hölle zurückgeschickt hatten, stammten nach Auskunft unseres Lamas aus der Bon-Tradition.

Wie buddhistische Götter hätten viele Bon-Götter sowohl einen zornigen als auch einen friedlichen Aspekt. Aber der Lama beharrte auf der Existenz eines grundsätzlichen Unterschieds: Während buddhistische Götter lediglich als eine Art gedanklicher Fluchtpunkt bei der Meditation dienten, seien die Götter der Bon-Religion reale Größen. Als wir darauf hinwiesen, daß die eigentliche Bon-Lehre erst mit der Einführung der Schrift durch buddhistische Gelehrte aus Indien entstanden sei, geriet er sichtlich in Verlegenheit. Nach Meinung der Buddhisten waren viele Bon-Schriften von buddhistischen Texten abgeschrieben; die Biographie von Shenrab Miboche zum Beispiel hat große Ähnlichkeit mit der des historischen Buddhas Sakyamuni. Aber die beiden Religionen seien sehr verschieden, beharrte der Lama, und zwar nicht zuletzt deshalb, weil sie zentrale Gestalten der anderen Religion nicht anerkannten.

Nach dem Essen nahmen uns der Lama und sein Vater zu einem tibetischen Tanzfest mit. Es fand in einem offiziellen Gebäude statt, das ebenso bombastisch wirkte wie das Hotel, in dem wir ursprünglich untergebracht werden sollten. Wie das Hotel und die fünf Baracken, die den Fluß überspannten, erschien es im Verhältnis zur Größe der Stadt völlig überproportioniert. Innen war es über und über mit Fahnen der Volksrepublik China geschmückt. Ein Mao-Bild lehnte an der Wand hinter der Bühne. Der Zuschauerraum war so groß, daß die gesamte Bevölkerung Chamdos darin hätte Platz finden können. Zu der Tanzvorführung waren jedoch nur eine Handvoll Tibeter gekommen. Der Conférencier sprach Chinesisch, worüber der Lama ziemlich ungehalten war, und die ganze Atmosphäre wirkte recht ermüdend. In Gedanken begleitete ich bereits den Lama auf seiner Erkundungstour durchs tibetische Hinterland. Zum Entsetzen seines Vaters war er auf unseren Vorschlag eingegangen und hatte versprochen, den Fahrer zu fragen, ob wir mitfahren könnten.

«Es sollte einfach nicht sein, daß wir heute einen Lastwagen finden», flüsterte mir Rosemary zu. Ich lächelte. Auch sie war in Gedanken offenbar schon weit von Chamdo entfernt.

Zurück im Hotel, begrüßte uns der Fahrer. Der Lama und sein Vater verschwanden mit ihm in ihrem Zimmer. Wir blieben wach und lasen, unterhielten uns, lauschten und warteten darauf, daß man uns sagte, wann wir am nächsten Morgen abreisen würden. Nach langer Zeit erschien der Lama und stülpte sich nervös seine gelbe Wollmütze auf den Kopf.

«Sie müssen mir Ihre Adressen geben.» Er zog einen Parker-Stift aus seiner Robe und setzte sich aufs Bett. «Eines Tages werde ich nach England reisen, und dann werde ich Sie besuchen.» Und was war aus unserem Besuch bei ihm geworden? Wir schauten ihn erwartungsvoll an. Ohne jede weitere Erklärung verließ er unser Zimmer – allerdings nicht, ohne uns vorher noch einmal daran zu erinnern, nach unserer Rückkehr nach England unbedingt über die Bon-Religion zu schreiben.

Viertel nach drei Uhr morgens. Kalter Nieselregen. Ich versuche es in einer anderen Lastwagenzentrale. Fröstelnd gehe ich an der langen Reihe dunkler Lastwagen entlang. Um mich herum flattern feuchte Planen. Die Zentrale scheint vollkommen verlassen. Ich kauere mich unter die Ladefläche eines Wagens, warte und frage mich, wie wir je auf die Idee kamen, die Wagen könnten so früh aufbrechen.

Wir haben uns getrennt. Rosemary ist zu einer anderen Zentrale gegangen. Die Situation ist schwierig geworden. Selbst Lastwagen nach Chengdu scheinen uns jetzt nicht mehr mitnehmen zu wollen.

Endlich wird es sechs. Die Lautsprecher erwachen zum Leben. Der Lichtkegel einer Taschenlampe gleitet über den nassen Boden auf mich zu. Von der Kälte ganz steif geworden, richte ich mich langsam auf und gehe dem Licht entgegen.

«Ni dao Chengdu qu ma?» Fahren Sie nach Chengdu? Die Taschenlampe scheint in mein Gesicht, so daß ich das Gesicht des Fahrers nicht sehen kann. Ich warte auf seine Stimme. –

«Qu.» Ja.

Mein Mut sinkt. Diesen mißtrauischen Tonfall kenne ich. Ehe ich meine Bitte äußern kann, hat er sie schon abgelehnt. *Bu xing*, ausgeschlossen. Immer das gleiche – *bu xing* – die gleichen verlegenen Gesichter – *bu xing* – Lastwagen auf Lastwagen fährt ohne uns los. Die Höflichkeit der Chinesen erlaubt ihnen nicht, uns zu sagen, daß es verboten ist, Ausländer mitzunehmen. Sie behaupten, ihr Wagen sei voll, und besteigen dann vor unserer Nase einen leeren Wagen.

Die Aussicht, noch länger in Chamdo zu bleiben, ist nicht gerade verlockend. Erschöpft lasse ich mich auf mein Hotelbett fallen und döse gerade ein, als Rosemary ins Zimmer stürzt.

«Es gibt einen Wagen nach Kunming. Zumindest sagt das die Vorsteherin der Lastwagenzentrale. Der Fahrer kommt gleich zurück.»

Am Eingang der Zentrale treffen wir die Vorsteherin, eine pralle, üppige Frau, die an einem Paar winziger Babyhosen strickt. Ihre Tochter hat einen Jungen bekommen.

«Sie sind zurück.» Sie lächelt und deutet mit der Stricknadel auf eine Tür im ersten Stock.

Schon auf der Treppe hören wir laute Stimmen und rauhes Gegröle.

«*Wei!*» antworten die Stimmen im Chor auf unser Klopfen.

Dichte Rauchschwaden erschweren die Sicht in dem ohnehin schon dunklen Zimmer. Mehrere Männer lümmeln sich auf den Betten, die an den Wänden stehen. Tisch und Fußboden sind von Bierflaschen übersät.

«*You ren dao Kunming qu ma?*» fragt Rosemary.

Der Mann auf dem Bett neben der Tür grinst.

«*Wo...*» Der Rest seiner Worte geht in anzüglichem Gelächter unter.

«Hüten Sie sich vor Azong!» kichert eine andere Stimme. «Bei dir wären die beiden schon sicherer, was, Norbu?»

«Wollen Sie nach Lhasa?» ruft ein anderer.

«Da kommen wir gerade her.»

Linzhi? Nagchu? Pome? Plötzlich scheint es, als könnten wir fahren, wohin wir wollen. Nach der ablehnenden Haltung der letzten Tage schlägt uns plötzlich wahre Begeisterung entgegen, was auch immer der Grund dafür sein mag. Zumindest scheint es eine Chance zu geben, aus Chamdo herauszukommen. Der Mann namens Azong steht auf. Er ist ungefähr Mitte Dreißig, hat riesige Augen und ein breites, goldzähneblitzendes Grinsen.

«Sie wollen nach Kunming?»

«Ja», sagt Rosemary.

Er lacht. «Wir fahren morgen. Wecken Sie uns um sieben.»

Reisen mit dem Himmelsboot ━━━━━

Die beiden Fahrer waren Tibeter, aber ihr Dialekt war so weit von dem Tibetisch entfernt, das man in Lhasa sprach, daß wir kein Wort verstanden. Da ihr Chinesisch noch schlechter war als unseres, konnten wir die Kommunikation oft nur mit Grinsen, Kichern und pantomimischen Witzen aufrechterhalten.

Holpernd und klappernd verließen wir die Stadt und bahnten uns einen Weg durch den roten Schlamm, der nach drei Tagen Dauerregen von kleinen Bächen durchzogen war. Am Vormittag wurden wir mit Tee, *tsampa*, Äpfeln und Süßigkeiten vollgestopft. Diesmal mußten wir nicht stundenlang im Wagen warten; alle paar Kilometer wurden wir hereingebeten und von Norbu und Azongs Freunden fürstlich bewirtet.

Das Haus einer Frau, die wir besuchten, war voller Kinder. Sechs, lächelte sie und fügte stolz hinzu, es seien alles ihre eigenen. Als ich sie fragte, wie sie es denn geschafft hätte, dafür die Erlaubnis zu bekommen, zuckte sie verlegen die Schultern. Der Vorteil, den Bauernfamilien daraus zogen, mehr als die von der Regierung für Familien in ländlichen Minoritätsgebieten erlaubten drei Kinder zu haben, wog die zu erwartenden Strafen bei weitem auf. Wahrscheinlich hatte sie eine Strafe bezahlen müssen, und ihre Kinder bekamen erst Lebensmittelkarten, wenn sie achtzehn waren. Der Entzug von kostenloser Gesundheitsversorgung und Schulbildung war für sie ohnehin irrelevant.

Als wir dann endlich auf dem Weg in die Provinz Yünnan waren, stieß Rosemary einen Freudenschrei aus. Azong lachte und setzte zu einem unmelodischen Vortrag von *Ali Baba* an. Der Mekong floß in einer tiefen Schlucht zwischen roten Sandsteinbergen dahin. Wir hatten den Regen hinter uns gelassen, und die Nachmittagssonne schickte uns einen angenehmen, lauen Wind in die Fahrerkabine. Im Moment gab es auch keine quälenden Paßfahrten mehr – wir rollten über eine ebene, von mehreren Dörfern gesäumte Sandpiste dahin. Auf Felsvorsprüngen und Berghängen zeugten nackte Klosterskelette von der systematischen Zerstörung, die in dieser Gegend schon vor 1959 begonnen hatte.

Doch daran hatte Azong kein Interesse. Er wollte wissen, wo unsere Ehemänner waren. Keine Ehemänner? Aber wir müßten doch irgendwo Ehemänner haben? In England? In Lhasa? Aber er war auch nicht verheiratet. Er kicherte und strich mit den Händen über seine schmierige Hose.

«Das da ist meine Freundin», sagte er und zog hinter dem Rückspiegel ein Foto hervor. Es zeigte ein Mädchen in dem farbenprächtigen Kleid einer der ethnischen Minderheiten in der Provinz Yünnan. Er würde sie in Kunming wiedersehen.

Kurz nach Sonnenuntergang, in der kurzen Übergangszeit, in der die Sonne die Erde noch einmal mit einem glühenden Nachgeschmack ihrer Kraft berührt, waren wir auf einer Paßhöhe angekommen. Auf den Berghängen lag ein letztes Gleißen, die Farben flimmerten, und die Umrisse der Gipfel nahmen eine blendende Schärfe an. Selbst die Pfützen neben der Straße glänzten golden.

Dann hatten wir die Paßhöhe überschritten. Keine Motorengeräusche mehr, nur noch das Rauschen des Windes und das Klappern von Metall und Glas. Wie ein Pendel ohne Kugel rasten wir von Kehre zu Kehre und sammelten immer mehr Schwung, bis wir lange nach Einbruch der Dunkelheit am Fuß des Berges in einen großen Hof einbogen.

Azong war hier offenbar ein gerngesehener Gast: Obgleich es schon zwei Uhr morgens war, erschien ein alter Mann und bereitete uns gutgelaunt aus den Resten der Kantine eine warme Mahlzeit zu.

Das Durcheinander aus Knochen und Schmutzwasser unter unserem Tisch gab uns das Gefühl, die letzten Gäste auf einem verlassenen Fest zu sein. Aber die anderen Gäste waren offenbar noch nicht ganz verschwunden. Während wir beim Licht eines Kerzenstummels unsere Nudeln schlürften, füllte sich die Dunkelheit mit Gestalten, die sich schläfrig die Augen rieben und das Seil um ihre Hosen fester banden. Die Abwechslung, die ein Besuch von Azong und zwei Ausländerinnen mit sich brachte, wollte in dieser abgeschiedenen Gegend niemand verpassen. Sie beäugten uns mit unverhohlener Neugier. Azong und Norbu hatten bisher erfreulich wenig Interesse an der Tatsache gezeigt, daß wir Ausländerinnen waren. Auch jetzt schienen sie mehr mit ihren Nudeln und ihrer Müdigkeit beschäftigt und antworteten auf die vielen Fragen, die auf sie einstürzten, mit abwehrendem Grunzen.

Aber die Dörfler ließen sich nicht abschrecken. Der Koch, der meinte, alles über das Ausland zu wissen, hielt einen kleinen Vortrag, bei dem er sich der abgedroschenen Phrasen der Parteipropaganda bediente, die er durch Gebilde seiner eigenen Phantasie kräftig ausschmückte. «Wenn man China verläßt, kann man nämlich mit niemandem mehr Chinesisch sprechen», schloß er und wandte sich an Azong. «Habe ich nicht recht?» Azong öffnete seine dritte Flasche Bier. Eine alte Tibeterin, die sich offenbar an die Zeiten erinnerte, in denen ihre eigene Sprache brutal unterdrückt wurde, schaute Rosemary mitfühlend an. «Dürfen Sie nicht mal zu Hause Chinesisch sprechen?»

Dann sprachen sie über den seltsamen Geruch, den Ausländer an sich hätten. Nicht schlecht, nur seltsam. Eine alte Frau zupfte an meinem Arm. «Wo liegt dieses England eigentlich? An der Straße nach Lhasa?»

Der Koch schaute uns verschwörerisch an und verdrehte verächtlich die Augen zur Decke. «An der Straße nach Lhasa! Natürlich nicht. Man muß wochenlang mit dem Himmelsboot fahren, um dort hinzukommen.»

Die Straße durch diese Gegend ist sicherlich eine der spektakulärsten der Welt. Von der ehrfurchtgebietenden Kargheit der Gipfel geht es hinab in grüne Täler, dann wieder zu imposanten Gipfeln hinauf. An einem Tag fuhren wir an einer riesigen Bergkuppe entlang, und unter uns lagen, kaum sichtbar, die Schluchten des Mekong. Dort oben, wo die Farben hart sind wie Stein und sich nichts bewegt außer den Wolken, stießen wir plötzlich auf ein Meer von gelben Blumen, zart wie Mohn. Ja, dachte ich: Auf den Gipfeln dieser heiligen Berge treffen Himmel und Erde zusammen.

Wir kamen durch Menkhang, das letzte Dorf in Tibet, und fuhren auf Derzhin in der Provinz Yünnan zu. Von dort sollten es nur noch achtundvierzig Stunden bis zur Großstadt Kunming sein.

«Nicht mehr lange!» rief Azong, als wir uns wieder einmal in die Tiefe stürzten. Hinter einer Kurve fuhren wir fast auf Norbu auf. Die Nase seines Lasters steckte in einer Felswand.

Sa yum. Erdrutsch.

Die ausgemeißelte Spur der Straße war plötzlich verschwunden. Eine schräge Bahn aus großen und kleinen Steinen führte in die dreihundert Meter tiefe Schlucht unter uns, in der der Mekong toste.

Azong nahm die Sache in die Hand. Vor der Paßhöhe hatte Norbu einen Chinesen sowie einen Lama mit zwei Jüngern aufgegabelt, wir waren also zu acht.

«Wir räumen noch so lange auf, bis es dunkel wird», sagte Azong. «Dann müssen wir aufhören und morgen weitermachen.» Er ging bis zum Rand des Erdrutsches und begann, die größeren Steine wegzuräumen und in die Schlucht zu stoßen. Aus einer klaffenden Felsspalte über ihm sickerte Wasser wie aus einer eiternden Wunde.

«Vielleicht kommen noch Steine von oben herunter», sagte Rosemary. Wir glaubten nicht daran. Norbu und Azongs routinierte Reaktion hatte unsere Angst wenigstens für den Moment vertrieben.

Am anderen Ende des Erdrutsches stand ein Trupp Straßenarbeiter. Der Führer gestikulierte wütend, als er uns Steine beiseite rollen sah. Dann kletterte er ein wenig näher und rief, wir sollten uns von dem Erdrutsch fernhalten, was wir machten, sei gefährlich, und außerdem würde es mindestens fünf Tage dauern, bis wir weiterfahren könnten.

«Fünf Tage! Wir haben die Straße in einem Tag so weit, daß wir weiterfahren können.» Azong und Norbu kletterten über das Geröll, um mit den Arbeitern zu reden. Azong schrie und gestikulierte noch immer, als Norbu umkehrte und auf uns zukam. Sein Gesicht war rot vor Zorn. «Am besten, wir fangen morgen an, bevor sie wiederkommen. Ich sitze doch nicht eine Woche hier rum und drehe Däumchen!»

Nachdem unser ohnehin klägliches Feuer dem Nieselregen erlegen war, krochen wir alle unter die bestickte Plane, die der Lama zwischen den beiden Lastwagen aufgespannt hatte. Azong und Norbu lachten über Anekdoten, die weder wir noch die den Lhasaer Dialekt sprechenden Mönche verstanden. Ihr Lachen wirkte jedoch ansteckend. Der Lama saß auf dem Ehrenplatz gegenüber dem Eingang und lächelte nachsichtig, während er die Seiten seines religiösen Textes umblätterte.

Er stamme aus einem Kloster, das einen Tagesmarsch von Lhasa entfernt sei, erklärten uns seine Jünger, und nähere sich dem Ende einer sechswöchigen Pilgerreise nach Derzhin. Sie baten uns, ihnen ein wenig Englisch beizubringen. Dann wollte Lhakpa, der ältere von den beiden, etwas über den Westen wissen.

«Was wollen Sie wissen?» fragte Rosemary.

Er senkte die Stimme und beugte sich so weit vor, daß er fast die Flamme der Kerze erstickte. «Haben Sie den Dalai Lama gesehen?»

Wir lächelten. Für ihn war der Westen gleichbedeutend mit dem Dalai Lama. Lhakpa sagte, wir sollten dem Dalai Lama ausrichten, daß es nicht sicher sei, nach Tibet zurückzukehren. Dann runzelte er die Stirn und schaute uns fast vorwurfsvoll an. «Aber der Buddhismus ist auch außerhalb Tibets in Gefahr. Jedermann weiß, daß es im Westen eine Verschwörung gibt, um Schande über die Mönche zu bringen. Viele Mönche außerhalb Tibets haben in letzter Zeit geheiratet», sagte er. «Und wissen Sie, warum?»

«Nein.»

«Die ausländischen Führer schicken ihnen schöne Frauen, damit sie abtrünnig werden und ihre Gelübde brechen.»

Thondrup ging hinaus, um die Plane zu straffen, durch die es durchzuregnen begann. Lhakpa betrachtete uns neugierig. Er wickelte sein religiöses Buch aus, schien jedoch bald die

Lust am Lesen verloren zu haben. Er schaute den Lama und den Chinesen an, dann begann er leise mit Rosemary über die religiöse Unterdrückung in Tibet zu sprechen.

Azong tat so, als sei er beleidigt, weil er unsere Aufmerksamkeit an die Mönche verloren hatte. Er und Norbu lehnten sich nach hinten gegen das Gepäck, tranken *arak* und unterhielten sich weiter mit Geschichten, die, dem Gelächter und den Gesten nach zu urteilen, immer derber wurden. Schließlich bemerkte Norbu meine Kamera und bestand darauf, daß ich ein Foto von der Gruppe schoß.

Beide Mönche bedeckten ihre Gesichter. Azong und Norbu versuchten ihre Hände wegzuziehen und lachten über ihre Schüchternheit; auch ich neckte sie, als ich meine Kamera wieder in die Tasche steckte. Doch die Mönche waren nicht schüchtern. Sie hatten Angst.

Die einzigen Kameras, die Lhakpa und Thondrup bisher gesehen hatten, waren Polizeikameras, die eingesetzt wurden, um Demonstranten zu identifizieren. 1979 waren sie unter den Tausenden von Menschen gewesen, die in die Gärten des Norbulingka drängten, um einen Blick auf die Delegation des Dalai Lama zu erhaschen. «Wir haben uns die Mäntel über die Köpfe gezogen, damit uns die Polizei nicht erkennen konnte», sagte Lhakpa. «Viele mußten trotzdem ins Gefängnis.»

Die Delegation war eine von dreien, die Tibet auf Einladung der chinesischen Regierung besuchten. Auf diese Weise hofften sie, die Rückkehr des Dalai Lama und der anderen Exiltibeter erwirken zu können. Eines stand jedoch für die Führer in Peking außer Frage: Sie würden als chinesische Bürger zurückkehren. Die Exilregierung des Dalai Lama haben sie niemals anerkannt. Sie sprechen nur von der «Dalai Clique», die das Mutterland «spalten» wolle. «Die Spalter des Dalai» waren nach Pekinger Lesart auch für die Demonstrationen des Jahres 1987 und die trotz Kriegsrecht immer wieder aufflackernden Unruhen verantwortlich.

Während ich Lhakpa zuhörte, gingen mir unzählige Streitgespräche mit Mr. Li durch den Kopf... Tibeter seien Chinesen, hatte mir Mr. Li immer wieder klarzumachen versucht, und wenn einer von ihnen etwas anderes dächte, sei er spalterischer Propaganda erlegen. Wahrscheinlich würden sie mir nur aus Höflichkeit sagen, daß sie keine Chinesen sind. Sie wollten es mir nur recht machen: Das hörten Ausländer eben gern... Ich müsse endlich verstehen, daß es Han-Chinesen und Tibet-Chinesen gebe und daß sie alle Chinesen seien... Die Einheit des Mutterlands sei für alle das höchste Gut...

Die Einheit des Mutterlands war heilig. Selbst für Sui und Xiao Wang war ein unabhängiges Tibet unvorstellbar. Das gleiche traf natürlich auf die Führung in Peking zu. Seit dem Empfang der drei Delegationen in den Jahren 1979 und 1980 stand die chinesische Regierung in mehr oder weniger direkten Verhandlungen mit dem Dalai Lama.

«Verhandlungen» war jedoch das falsche Wort. In Wirklichkeit war es wie bei einem Tennisspiel, bei dem die Spieler auf zwei verschiedenen Plätzen agierten: Peking verhandelte über den Status des Dalai Lama nach seiner möglichen Rückkehr nach China, der Dalai Lama verhandelte über den Status Tibets und des tibetischen Volks. «Dalai» sei in China jederzeit willkommen, hieß es von offizieller Seite, aber er müsse nach seiner Rückkehr in Peking leben. Stellungnahmen aus Dharamsala über die Frage der tibetischen Unabhängigkeit ignorierte die Pekinger Führung geflissentlich.

1987 entwickelte der Dalai Lama vor dem amerikanischen Kongreß einen Fünf-Punkte-Plan für die Zukunft Tibets. Im gleichen Jahr rangen sich die Chinesen zu einer Konzession durch: Sollte der Dalai Lama zurückkehren, bräuchte er nicht in Peking zu leben, sondern könne in Lhasa bleiben. Der Vorschlag, den der Dalai Lama 1988 dem Europäischen Parlament vorstellte, enthielt so viele Zugeständnisse, daß er unter den Exiltibetern zum Teil große Bestürzung auslöste. Der Dalai Lama verzichtete darin auf die völlige Unabhängigkeit Tibets und schlug eine Art «Staatenbund» zwischen Tibet und China vor. Tibet sollte ein praktisch autonomer Staat mit einer demokratisch gewählten Regierung sein, die über alle Angelegenheiten selbständig entschied – außer über die Verteidigungs- und Außenpolitik, die der chinesischen Regierung überlassen bliebe. In Peking wurde der Vorschlag als verbrämte Unabhängigkeitsforderung abgetan. Er biete keine Basis für einen Dialog. Dennoch sei China für Gespräche mit dem Dalai Lama jederzeit offen...

Später beschwor meine von der Angst angeheizte Phantasie Bilder von herabstürzenden Felsbrocken, die immer riesiger wurden, je näher sie kamen. Es war eine schlaflose Nacht: Meine Gedanken irrten ziellos umher, kreisten immer wieder um den Erdrutsch, und mit einer gewissen Angstlust stellte ich mir das Ganze bereits als Erinnerung vor. Der Mekong, dessen tosender Wasserstrom selbst durch den Regen noch laut zu hören war, gewann den geheimnisvollen Nimbus seines Namens zurück.

Die begrenzte Ausdehnung der Plane und die Bedrohung durch weitere Erdrutsche hatten uns eng zusammenrücken lassen. Ein dumpfer Dunst ging von unseren durchräucherten Kleidern aus. Der Gesamteindruck zerfiel in Gerüche, Bilder und Geräusche. Woran würde ich mich später am deutlichsten erinnern können?

Als wir am nächsten Morgen aufwachten, war Norbu bereits zu Fuß bis ins nächste Dorf gelaufen, um Schaufeln zu borgen. Um sieben Uhr arbeiteten wir an der Straße. Die Mönche waren auf das Geröll geklettert und stießen Steine herab. Rosemary und ich räumten den Schutt mit Bambuskörben fort, die Norbu mitgebracht hatte. Der Chinese schippte mit einer Schaufel, und Azong und Norbu versuchten, von unten einen neuen Sockel für die Straße aufzubauen.

Der Regen hatte aufgehört, aber es lief noch immer ein Bach quer über die ehemalige Straße. Es war eine Sisyphusarbeit. Immer wenn der Sockel stabil genug erschien, brach plötzlich ein dicker Stein heraus. Norbu und Azong sprangen zur Seite und fluchten, während die mühsam zusammengebaute Konstruktion den Berg hinunterpolterte. Das Puzzlespiel begann von neuem.

Bald würden die Straßenarbeiter wiederkommen; Azong wurde immer ungeduldiger. Er ließ einen Stein fallen, den ich ihm gerade gereicht hatte.

«Los, wir fahren!» rief er und lachte.

Mit heulendem Motor quälte er den Lastwagen auf das Geröll und holperte über Schlamm und Steine. Ohne anhalten zu müssen, erreichte er die andere Seite, sprang heraus und tanzte zu der Melodie von *Ali Baba* um den Wagen herum.

Aber er hatte mit seiner waghalsigen Fahrt dicke Furchen in den Schlamm gewühlt. Die Hinterreifen des zweiten Lastwagens blieben auf halber Strecke hängen. Ein Stein rollte aus dem Stützsockel.

«Weiterfahren!» schrie Azong aufgeregt.

Wir alle schauten zu, wie der Wagen immer mehr an Schwung verlor. Mit einem Korb voller Steine sprang Lhakpa zwischen Lastwagen und Berg und tauchte kurze Zeit später in Schlamm gebadet wieder auf. Plötzlich war der Wagen frei und schoß die letzten Meter auf die sichere Straße.

«*Zou la!*» Es geht weiter!

Ohne weitere Schwierigkeiten fuhren wir bergab.

Fongshan. Drei Tage später.

Nach dem Erdrutsch haben wir nicht mehr als eine Stunde Fahrt hinter uns gebracht. Die kurze Reise wurde häufiger denn je von Zwischenstopps unterbrochen – hier eine Schale Tee, dort eine warme Mahlzeit oder auch nur ein kleines Schwätzchen. Jeder in der Gegend schien Azong zu kennen. Einmal wurden wir von einem Armeejeep angehalten. Wir zogen unsere Hüte über die Augen und vertieften uns in Azongs Comic-Hefte. Aber der Soldat wollte nur ein wenig mit ihm plaudern.

Als wir gegen Mittag bei einer kleinen Siedlung am Flußufer anhielten, hatten wir gerade zehn Kilometer zurückgelegt. Azong drückte auf die Hupe, und die Leute strömten aus den mit Blech gedeckten Häusern, um ihn zu begrüßen. Jemand schob ein neues Fahrrad herbei, damit Azong es bewundern konnte. Als er großspurig demonstrieren wollte, wie man es benutzt, schwankte er und fiel auf eine empörte Sau, die gerade auf der Straße ihr Nickerchen machte.

Azong nahm sich den ganzen Nachmittag Zeit, um die Neugier seines Publikums zu befriedigen. Dann verkündete er, er würde seine Familie besuchen und in zwei Tagen wiederkommen.

«Xiao Zhao wird sich um Sie kümmern», versicherte er uns. Dann schwang er sich ein Bündel über den Rücken, lächelte der jungen Chinesin zu, mit der er gerade Tee getrunken hatte, und machte sich zu Fuß davon.

Xiao Zhao wußte nicht so recht, was sie mit uns anfangen sollte. Es gab wenig zu tun – und es gab wenig, worüber man sprechen konnte, so sehr hatte Azong unsere Gespräche dominiert. Drei Tage lang kamen sie und ihre tibetische Freundin Dajon immer wieder auf die gleichen Fragen zurück: Wo hatten wir Azong kennengelernt? Wir lange kannten wir ihn schon? Was hielten wir von ihm? Und dann sagten sie jedesmal, er würde bestimmt nicht in zwei Tagen zurückkommen, er habe eine sehr schöne Frau, die im Moment krank sei. Eine Frau? Und was war mit seiner Freundin in Kunming? Er hatte uns erzählt, er wolle sie im September heiraten. Die Mädchen weideten sich an unserem Erstaunen, interpretierten es als Eifersucht und wiederholten, er würde bestimmt nicht wiederkommen.

Das Leben sei eintönig in Fongshan, klagten sie beide. Sie stammten ursprünglich aus Derzhin und seien vor zehn Jahren mit achtzehn hier hergeschickt worden. Sie hätten gern geheiratet, aber es gebe nur eine Lastwagenstation, ein Geschäft und eine Grundschule – und alle erwachsenen Männer seien bereits vergeben. Inzwischen seien sie sowieso fast zu alt. Sie seien gemeinsam für den Schlafsaal der Lastwagenstation verantwortlich, doch in den drei Tagen, die wir dort verbrachten, kam kein einziger Lastwagen vorbei. Ihre Apathie wirkte ansteckend. Wir gaben es auf, Fragen zu stellen, gaben es auf zu lesen oder zu schreiben. Wir saßen herum und schlugen die Zeit tot, wie alle anderen auch.

Am zweiten Tag fiel ein Kind vom Holzhaufen und schürfte sich das Knie auf. Die Sau schien den Zusammenstoß mit dem radelnden Azong verwunden zu haben und kehrte zu ihrem Schlafplatz auf der Straße zurück. Am dritten Tag begannen Xiao Zhao und Dajon damit, komplizierte Muster auf Schuhsohlen zu sticken.

Aber Azong kehrte zurück. Die Herzlichkeit, mit der wir ihn begrüßten, brachte ihn in Verlegenheit, und auf die Scherze über seine Frauen in Fongshan war er nicht vorbereitet. Er meinte, wir hätten uns das alles nur ausgedacht. Er sei nicht verheiratet, sagte er, und zog zum Beweis das Foto hinter dem Spiegel hervor.

Während wir durch die sonnenbeschienenen Berge glitten, grinste Azong und pfiff vergnügt vor sich hin. Rosemary und ich schauten uns an und grinsten ebenfalls. Wir hatten die kahlen Felsen und den staubigen Wind von Fongshan hinter uns gelassen. Der Horizont wurde breiter, und schließlich erschien im Westen eine saftig bewaldete Bergkette. Glitzernder Schnee breitete sich über den Gipfeln aus, und darunter glänzten die Zungen der Gletscher im Sonnenlicht.

Obwohl wir erleichtert waren, ließ Rosemary und mich die lähmende Langeweile von Fongshan nicht so schnell los. Dem ganzen Dorfleben fehlte der eigentliche Sinn: Die Siedlung existierte eigentlich nur wegen der Lastwagenstation, und die meisten Einwohner waren von anderen Orten dort hingeschickt worden, um sie zu unterhalten. Das Dorf wirkte wie eine traurige Ansammlung von Vertriebenen, die – ohne jede Hoffnung – darauf warteten, wieder nach Hause geschickt zu werden. Aber das Leben in Fongshan besaß auch eine positive Seite, die uns beide überrascht hatte: Trotz der Frustration der Einwohner herrschte ein Sinn für Harmonie, wie wir ihn bis dahin noch nirgends angetroffen hatten. Tibeter und Chinesen gingen in den Häusern der jeweils anderen Gruppe ein und aus, sie hockten zusammen, aßen gemeinsam, teilten den trostlosen Alltag in großer Eintracht. Ausnahmsweise schien hier sogar einmal die tibetische Kultur vorzuherrschen. Sämtliche Einwohner Fongshans tranken Buttertee. Und es war Xiao Zhao, eine Chinesin, die uns heimlich eine Schutzkordel zeigte, die ihr ein Lama aus Kham geschenkt hatte.

In Derzhin erklärte uns Azong, er würde erst in einer Woche nach Kunming weiterfahren; wir sollten uns Fahrkarten für den Expreßbus kaufen, der zwischen den beiden Städten verkehrte. Wir waren versucht, auf ihn zu warten, doch er selbst schien nicht auf diese Möglichkeit gekommen zu sein. Wir verabschiedeten uns von ihm in einem Raum, der an den Schauplatz unseres ersten Zusammentreffens erinnerte. Er saß zurückgelehnt im Halbdunkel und hatte ein Mädchen auf dem Schoß. Offenbar standen wir seinem Lebensstil doch etwas im Wege.

Nach Derzhin ging es ständig bergab. Die mit Sauerstoff gesättigte Luft hüllte uns in einen feuchten Nebel. Wie ließe sich dieses Gefühl am besten beschreiben? Ich überlegte noch, als wir plötzlich auf eine geteerte Straße kamen (Beweis dafür, daß Tibet beim Straßenbau benachteiligt wurde, wie sich mein tibetischer Busnachbar beklagte). Ja, es fühlte sich tatsächlich an, als würde man in Wasser schwimmen – wie eine schwabbelige apathische Qualle, die sich im Zeitlupentempo bewegt.

Überall Menschen und Verkehr. Die Straßen voller Lastwagenkonvois mit Holz aus Tibet. Jedes Stück Land kultiviert, jeder Berghang in zahllose Terrassen aufgeteilt. Stoppelfelder am Straßenrand, auf der Straße noch ein paar verstreute Weizenähren. Dann die ersten blühenden Reisfelder, darin unzählige kegelförmige Hüte und blaue Hosen.

Wir näherten uns dem Ende unserer Reise. Doch die Verlockungen des Luxus in Kunming vertrieben alle traurigen Gefühle. Eine Dusche, ein Eis, vielleicht sogar eine westliche Mahlzeit – als wir Xiaguan, die letzte Stadt vor Kunming, erreichten, freuten wir uns darauf, bald anzukommen.

Die Zeit in Kunming verging für mich wie im Fluge. Plötzlich war ich allein auf der Rückreise nach Tibet. Rosemary wollte nach Peking fahren, um ihren Heimflug zu buchen, ehe sie noch einmal nach Lhasa kam und ihre Sachen zusammenpackte. Ich nahm den Zug nach Chengdu und wollte von dort aus einen Flug nach Lhasa nehmen – so hatte ich es mir jedenfalls vorgestellt.

Irgendwo bei Guilin, in den Tiefen Südchinas, stellte ich fest, daß ich das Gleis verwechselt hatte und in den falschen Zug gestiegen war. Auf diese Weise wurde meine Reise um eine weitere Woche verlängert. Ich hatte keine andere Wahl, als eine große Schlaufe nach Norden und Westen zu machen und dann über die Changtang-Ebene in zweiunddreißig Stunden per Bus nach Lhasa zurückzureisen.

Meine Reise durch Zentralchina rief in mir nostalgische Gefühle wach, wie ich sie nicht erwartet hatte. Alle waren ausgesprochen nett und hilfsbereit. In Wuhan warteten meine alten Freunde, vom Bahnhof in Guilin aus per Telegramm alarmiert, mit Obst und Eiern auf dem Bahnsteig. Auf der Fahrt durch die vertraute, fast dörfliche Atmosphäre dieser großen, ausgedehnten Industriestadt, über die Yangzi-Brücke bis zum alten Bahnhof von Hankow, tauschten wir in aller Eile die wichtigsten Gedanken und Eindrücke des zurückliegenden Jahres aus und dachten wie beim letzten Abschied, daß wir uns wahrscheilich nie mehr wiedersehen würden. Im rosenberankten Innenhof meiner Freunde aus Peking erwartete mich ein kleines Festmahl. Niemand fragte, warum ich mich nicht früher angemeldet hätte und warum ich nicht länger blieb. Während sie sich an der Schlange anstellten, um die Fahrkarte für meine Weiterreise zu kaufen, durfte ich mich im Schatten eines Bambusstrauches ausruhen. Vorsichtig drückten sie ihre Ängste in bezug auf Tibet aus. Es sei das, was man ihnen erzählt habe, sagten sie. Woher sollten sie es besser wissen?

Dankbar für das Mißgeschick, das mich noch einmal quer durch China geschickt hatte, kam ich in Lhasa an. Mir war klargeworden, wie wichtig es für meinen inneren Frieden gewesen war, die Freundlichkeit und Großzügigkeit des chinesischen Volkes in seiner natürlichen Umgebung zu erleben.

Das Joghurt-Fest ▆▆▆▆▆▆▆▆▆▆▆▆▆▆

Im Lhasa-Tal herrschte bei meiner Ankunft Hochsommer. Als ich eines Nachmittags am Drepung-Kloster vorbeiradelte, trockneten große Laken auf den Wiesen neben glitzendern Bächen. Im Schatten der Uferbäume ruhte sich die Waschgesellschaft aus. Einige Kilometer weiter wurde ich Zeugin eines mittelalterlichen Erntebilds. Auf den Feldern beluden die Männer ihre Yaks. Singende Frauen in langen Röcken droschen Weizen und Gerste, füllten die Luft mit dem süßen Staub der frischen Spreu. Sie standen im Kreis und schwangen immer abwechselnd die Dreschflegel auf den Boden wie die Spieler in einer Glockenstube. Andere warfen einander durch den Wind ganze Wolken von Stroh zu und sangen dazu. Kinder spielten zwischen den Thermosflaschen und Proviantbeuteln, und ein alter Mann saß gegen einen Strohhaufen gelehnt, strich sich bedächtig über die Haare an seinem Kinn und schlürfte gelegentlich einen Schluck aus seiner Schale mit *chang*.

«Wir hatten gehofft, daß *gen la* einen Geburtstag hat», sagte einer meiner Schüler eines Tages im Unterricht, als ich zugab, daß ich in Kürze fünfundzwanzig würde. Sie hatten in Filmen gesehen, wie man im Westen Geburtstag feiert. Ich wußte, daß Geburtstage in Tibet nicht weiter beachtet wurden, doch da ich ihnen gerade beigebracht hatte, wie man auf englisch das Datum sagt, fragte ich jeden einzelnen, wann er geboren sei. Keiner wußte es. «Irgendwann 1957.» «Bevor die Chinesen kamen.» «An einem Samstag – es muß im Sommer gewesen sein, denn meine Mutter hat mir erzählt, es hätte in der Nacht davor ein Gewitter gegeben.» Pemba wußte, daß sie an einem Samstag geboren war, weil sie nach diesem Wochentag hieß. Angesichts der vielen Dawas in der Klasse (fünf Männer und zwei Frauen) fragte ich, ob die meisten tibetischen Frauen ihre Kinder an Montagen zur Welt bringen würden, und sie lachten alle.

Nach der tibetischen Tradition wurde ein Lama gebeten, dem Neugeborenen einen Namen zu geben. Namen wie Dawa Tsering – «Montag Langes Leben», Basang Tashi – «Freitag Glück» oder einfach Mima und Lhakpa – «Dienstag» und «Mittwoch», waren jedoch unter den Kindern, die während der Kulturrevolution geboren worden waren, am verbreitetsten, da damals kein Lama befragt werden konnte und sich die Familien selbst etwas einfallen lassen mußten. Manche Kinder, die zu jener Zeit geboren wurden, hießen einfach «Erstes» oder «Zweites» Kind. Doch Namen hatten oft auch eine abergläubische Bedeutung. Lhamo hatte eine Freundin, deren Bruder starb, ehe sie geboren wurde. Um die Geister davon abzuhalten, zurückzukehren und ihr zu schaden, hatten ihre Eltern sie Kyigyia – «Hundescheiße» – genannt. Eine andere Familie, die ich vor kurzem kennengelernt hatte, hatte die Namen ihrer Kinder als eine Art Empfängnisverhütung benutzt. Da sie nach dem dritten Kind keine weiteren Kinder mehr haben wollten, nannten sie die Kleine Ga – «Stopp». Aber die Methode war offenbar nicht sehr verläßlich. Das nächste Kind hieß Tsam – «Ende». Danach müssen sie aufgegeben haben, denn das fünfte und sechste Kind wurden Lhamo und Sonam genannt – «Göttin» und «Großes Glück».

Sho dun, das Joghurt-Fest, fand Anfang August im Norbulingka, dem Juwelenpark, statt. Mit Picknickkörben, Getränken und Joghurttöpfen bestens ausgerüstet, begab sich ganz Lhasa in die Wälder und blühenden Parks rund um die Sommerresidenz der Dalai Lamas. Unser Picknick, zugleich das Abschiedsfest für Rosemary, sollte drei Tage dauern. Dies sei zwar ziemlich kurz, erklärten uns die Schüler, aber sie hätten die Führer nicht dazu überreden können, die Kurse länger ausfallen zu lassen. Ich hatte bereits mit den Sommerkursen für Schulkinder begonnen.

Am Nachmittag vor Beginn des Fests waren die Männer losgezogen, um eine entsprechend große Menge *chang* aufzutreiben. Ich war mit den Frauen zum Markt gegangen und endlich in die Kunst eingeweiht worden, Eier auf ihre Frische zu prüfen. Bis dahin war ich immer ziemlich ratlos gewesen, wenn mir die Eierhändler ein zusammengerolltes Stück Papier in die Hand gedrückt und mich aufgefordert hatten, mit Hilfe dieses provisorischen Teleskops ihre Eier zu prüfen. Wie ich es bei den anderen Kunden gesehen hatte, hielt ich ein Ei gegen die Sonne und drehte es langsam hin und her, ohne daß sich mir das Geheimnis dieser Prüfmethode offenbart hätte, so daß ich lieber wieder zu meiner alten Methode zurückkehrte, das Ei zu schütteln. Irgendwann einmal hatte ich gelernt, daß Eier, die gluckern, schlecht sind, und diese Annahme bestätigte sich auch – doch mußte ich, besonders als das Wetter wärmer wurde, feststellen, daß auch Eier, die nicht gluckern, durchaus schlecht sein können.

Mein Lieblingseiermann, ein lustiger junger Chinese aus Sichuan, unterhielt einen Halbkreis von Schaulustigen mit einer clownesken Darstellung meiner Eierprüfmethode. Dann erklärte er mir: «Halten Sie das Ei gegen die Sonne und achten Sie auf die Farbe. Sieht das Ei rosa aus, ist es in Ordnung. Ist es schwarz, können Sie es vergessen.»

Den restlichen Nachmittag verbrachten wir zwischen unzähligen Wasserschüsseln und Teetassen in unserem Garten. Wir putzten Gemüse und stellten *momos* – gefüllte Knödel – und Nudeln her. Rosemary und ich würden keine guten Ehefrauen abgeben, erklärte Lhamo, die gerade in dem Moment in den Garten trat, als mir der in tausend Fäden gezogene Nudelteig in der Mitte durchriß und in den Staub fiel. Aber ich war stolz auf meine *momos*. Ich fand, die Kunst, den Teig zu runden Fladen auszurollen, die genaue Menge Fleisch abzuschätzen und den Teig schließlich mit feinen Mustern zu versehen, hatte ich recht gut gemeistert. Der echte Test kam jedoch erst beim Kochen. Alle *momos*, die im Wasser auseinanderfielen, stammten von uns, neckten uns die anderen.

Um acht Uhr am nächsten Morgen waren alle Teilnehmer und ein riesiger Berg von Picknickutensilien auf der Ladefläche des Lastwagens unserer Arbeitseinheit verstaut, und wir holperten am Fluß entlang in Richtung Norbulingka. Große Behälter mit *chang* auf den Rücken gebunden, die Fahrräder fast unsichtbar unter dem Durcheinander von Teppichen, Planen und Picknickkörben, zogen ganze Großfamilien am Fluß entlang in Richtung Park. Wir mußten schreien, um den Wind und das Heulen des Motors zu übertönen, und brachen in geräuschloses Gelächter aus. Die Sonne schien, und die Stimmung war ausgezeichnet.

Als wir beim Norbulingka ankamen, hatte sich der Park bereits in eine Art mittelalterlichen Jahrmarkt verwandelt. Weiße Markisen schwangen sich von Baum zu Baum, im Schatten darunter steckten die einzelnen Picknickgesellschaften ihre Reviere mit Zäunen aus bunten Tüchern ab. Hier und da standen, abseits vom allgemeinen Getümmel, mit grinsenden Drachen, Lebensrädern, Knoten, Wirbeln, Spiralen und anderen religiösen Symbolen reich verzierte Pavillons. Früher hatten Lhasas vermögende Händler und Aristokraten darin fünf- oder sechstägige Picknicks für Hunderte von Gästen veranstaltet. Jetzt wurden sie – das größte für 13 000 *yuan* (etwa 7500 DM) – von Regierungseinheiten betrieben.

Wir breiteten unsere Plane unter einem Walnußbaum neben dem Palast des achten Dalai Lama aus. Gemusterte Teppiche wurden aufs Gras gelegt, die niedrigen Tische füllten sich mit Kuchenkörben und Schalen mit Sonnenblumenkernen, Spiele wurden ausgepackt, und ein Ghetto-Blaster – stolzer Besitz von Dawa Tsering, einem reichen Händler – mischte sich in die Musikmelange aus all den anderen Kassettenrekordern.

Wir lehnen uns zurück. Der Tee, die Gespräche, die ungestörte Stille, die den größten Teil der nächsten Tage füllen wird, beginnt. Irgendwann ist der Vormittag vorüber. Das Mittagessen wird auf dem Gras ausgelegt. Unsere Nudeln und *momos* kommen dampfend aus der Küche eines Freundes von Dawa Tsering, der im Norbulingka wohnt. Dazu gibt es noch dreißig andere Schüsseln: mit Curry gewürzte, indisch inspirierte Delikatessen, chinesische Gemüsegerichte, Brote, pralle Mandarinen, Nomadenkäse, große Töpfe mit Joghurt – ein fürstliches Mahl, das zu einer echten Völlerei einlädt. Doch zu unserer Enttäuschung bleibt auch an diesem Festtag die tibetische Höflichkeit bestimmend.

Der Nachmittag verläuft gelassen und träge. Mit Kohle geschwärzt, weil ich beim Mahjong verloren habe, sitze ich eine Weile abseits und schaue den anderen zu. Rosemary schlägt die junge Mima im *girim* – einem Brettspiel indischer Herkunft, bei dem *tsampa*-bestäubte Spielsteine in die Löcher an den Ecken des Spielfelds geschnipst werden müssen. Gnädigerweise ignoriert Mima die Tatsache, daß Rosemary beim Schnipsen von Dawa Tserings fachmännischem Daumen unterstützt wird; seine andere Hand liegt, trotz seiner fast rührenden Unschuldsmiene, auf ihrem Knie. Mit rosa Nylonhüten gegen die Sonne geschützt, spielt eine Gruppe von Schülerinnen Karten; die *sho*-Spieler unter dem Baum äugen von Zeit zu Zeit zu ihnen hinüber. Ihr Spiel, bei dem alte tibetische Münzen um einen Kreis von Schneckenhäusern bewegt werden, wird von gespielten Zornesausbrüchen, derben Reimen und Strafbieren begleitet.

«*Si, Si* – vier, vier – bitte, vier.» Ein dunkler, breitgesichtiger Mann, den ich noch nie gesehen habe, bläst über den Würfel und schüttelt dann den hölzernen Becher mit beiden Händen.

Si, Si, Si, Si.
Tsi gamshia
Mir rewa mindu.

«Vier, vier, vier, vier. Für den, dessen Hals dünn ist, gibt es keine Hoffnung mehr.» Er stülpt den Becher auf die Ledermatte. Dann, die errötenden Gesichter der anderen Spieler beobachtend, hebt er ihn langsam wie ein Zauberer wieder. Ja, eine Vier! Er klatscht vergnügt in die Hände und schiebt Nyimas Spielstein zum Start zurück. Die Mädchen schauen von ihrem Kartenspiel auf, als Nyima, mit achtzehn der Jüngste in unserem Englischkurs und allgemeiner Liebling aller anderen Teilnehmer, zur Strafe zwei Gläser *chang* austrinken muß.

Nyima braucht eine Fünf. In Erwartung des Reims, der die

Zahl fünf begleitet, liegt auf den Gesichtern schon jetzt ein breites Grinsen. Nyima nimmt den Becher, schüttelt ihn betont heftig und schimpft mit dem Würfel: «*Ka, ka, ka.*»

> *Ka, Ka, Ka.*
> *Kamdru dung tsermo ma tsi,*
> *Litang la bazo gegeri!*

Fünf, fünf, fünf. Hüte dich, mit Khampa-Kindern zu spielen. Wenn du nicht aufpaßt, grabschen sie nach deinen Hoden!» Die Strafen werden höher und die Reime derber. Das Spiel wird abgebrochen, als die Mädchen kommen, um zuzuschauen, und der breitgesichtige Mann trotz seines angetrunkenen Zustands die Reime in ihrer Anwesenheit als unschicklich empfindet.

Auch wir müßten mehr *chang* trinken, meinen die *sho*-Spieler. Es werden Strafbiere für jeden eingeführt, der ein chinesisches Wort ins Gespräch bringt; das Ergebnis ist, daß wir alle (besonders Rosemary und ich) immer betrunkener werden. Nyima schlägt vor, die Strafen auf jeden auszudehnen, der nicht die richtige Höflichkeitsform* wählt, aber Dawa Tsering meldet Bedenken an. Er ist während der Kulturrevolution aufgewachsen, während der die tibetische Höflichkeitsform als Sprache der Reaktionäre galt, und wie viele seiner Altersgenossen beherrscht er sie bis heute nicht vollständig.

Als der anfängliche Widerstand der Mädchen überwunden ist, können die *chang*-Spiele beginnen. Ein Glas *chang* wird von einer Person zur nächsten gereicht, während Sonams Sohn, ein altkluger Zehnjähriger, dem man die Augen mit seinem roten Pionierhalstuch verbunden hat, mit einem Stock auf eine Schüssel schlägt. Er schwört, er könne nicht das ge-

---

* Um im Tibetischen stets die richtige Form wählen zu können, muß man jeweils zwei Begriffe lernen. Spricht man zum Beispiel von seiner eigenen Hand, gebraucht man das Wort «*lapka*», meint man jedoch die Hand einer anderen, sozial nicht niedriger stehenden Person, gebraucht man das Wort «*cha*». Für jedes tibetische Wort existiert eine äquivalente Höflichkeitsform.

ringste sehen, und doch hört er mit schöner Regelmäßigkeit genau dann zu trommeln auf, wenn das Glas gerade bei mir oder Rosemary angekommen ist.

Langsam gleitet der Nachmittag in eine schläfrige Abenddämmerung hinüber. Die Kassettenrekorder schweigen wie zu Ehren des Sonnenuntergangs; die meisten Familien haben mit der nächsten großen Mahlzeit begonnen. Bis zuletzt funkelt das Sonnenlicht durch die Blätter, blitzt in blendenden Lichtkristallen über den Markisen auf. Dann ist die Sonne plötzlich verschwunden. Bis auf ein paar dekorative Wolkenwirbel über den Bergen ist der Himmel vollkommen leer.

Wir sitzen herum, knabbern Sonnenblumenkerne und plaudern. Ein alter, unfreiwillig nüchterner Mann in einer zerlumpten *chuba* kommt zu uns und hält Sonam seine Kappe entgegen. Mit leicht schwankender Hand füllt Sonam die Kappe des Fremden mit *chang*. Kurz darauf kippt Nyima um. Die Knie bis zum Kinn gezogen, die brennende Zigarette mit einer zentimeterlangen Schlange aus Asche unbeachtet in der Hand, hatte er lange Zeit unverwandt auf die Tischkante gestarrt. Jetzt liegt er ausgestreckt auf dem Teppich.

Wir anderen tanzen. Im Laufe des Abends gehen die tibetischen Tänze mit ihren stampfenden Fuß- und weitausholenden Armbewegungen in einen chinesischen Foxtrott über, auf den wilde Discotänze folgen. Erst zum Schluß fallen wir wieder in den langsamen Rhythmus tibetischer Tänze zurück. Einige andere folgen Nyimas Beispiel, und als auch die Mädchen umzukippen beginnen, wird es Zeit, nach Hause zu fahren. Auf der Ladefläche unseres Lastwagens dicht aneinander gekauert, holpern wir durch die Gassen der Altstadt und setzen vor den großen Holztoren schwankende Gestalten ab, denen noch die unangenehme Aufgabe bevorsteht, ihre Pförtner wecken zu müssen.

«*Chang né gun dukgé?*» Bist du *chang*-krank?

Die meisten von uns waren es, und so ließen wir es am nächsten Tag etwas langsamer angehen. Zwar hatte Dawa Tsering eine weitere Kiste Bier aufgetrieben und sich ein großes Gefäß mit *chang* auf den Rücken gebunden, als er auf dem

Motorrad seiner Arbeitseinheit zum Picknick kam, doch bis zum späten Nachmittag lagen alle Getränke, die uns an die *chang*-Krankheit erinnerten, unbeachtet unter dem Baum.

Der zweite Tag verlief genauso träge wie der erste. Die einzige Anstrengung, zu der ich mich aufraffte, war ein kurzer Spaziergang durch den Norbulingka mit Dawa und Deyang, die ebenfalls zu unserem Picknick gekommen waren.

In einem Zimmer im Palast des vierzehnten Dalai Lama hob der Führer mit verschwörerischer Miene die Ecke eines *thangka*, um mir das dahinterliegende Wandgemälde zu zeigen, auf dem ein Union Jack zu sehen war. Wozu die Geheimniskrämerei? fragte ich mich, denn auf einem anderen Wandgemälde war Hugh Richardson mit seinem Filzhut deutlich zu erkennen, und im Badezimmer standen eine Badewanne und ein Waschbecken der Firma Shanks. Sie wurden nicht versteckt – im Gegenteil, sie waren mit Münzen und Scheinen der Pilger gefüllt.

Im Palast des achten Dalai Lama fiel ein silbriges Licht durch die Fenster auf die warmen Farben der Brokatwandbehänge. Hier stieß man überall auf Legenden: Der große Tiger, der uns mit zerbröckelnden Augen aus seinem ausgestopften Kopf anblickte, war zu Anfang des Jahrhunderts von einem kräftigen Leibwächter des Dalai Lama am Schwanz gepackt und zu Boden geschleudert worden. Im Garten des Chensek-Palastes duftete es nach alten Rosen, die der dreizehnte Dalai Lama aus London bestellt hatte. Ein Stückchen weiter verrosteten im Unterholz zwei Austin Seven, die einst von Yaks über den Himalaya gezogen worden waren. Doch als wir weiterwanderten, beschwor Dawa die Geister einer jüngeren Vergangenheit.

Er war acht, und Deyang war noch nicht geboren, als der Dalai Lama am 12. März 1959 sein Land vom Norbulingka aus verließ. Vier Tage lang hatte sich die Familie im Haus verbarrikadiert. Er hatte im Bett gelegen und dem Donner der Mörsergeschosse gelauscht, voller Angst vor dem schrecklichen Zorn der Götter. Über 100 000 Tibeter hatten sich rund um den Norbulingka versammelt, um den Dalai Lama vor einem mutmaßlichen Entführungsversuch zu schützen. Die

Chinesen hatten ihn zu einer Tanzvorführung in ihr Hauptquartier geladen, ihn jedoch angewiesen, ohne die übliche Leibgarde zu erscheinen. Überzeugt, daß es sich bei der Einladung in Wirklichkeit um eine Falle handelte, weigerten sich die Tibeter, irgend jemanden in den Norbulingka hinein- oder herauszulassen. Ein tibetischer Beamter, Phakpala Kenchung, den sie für einen Kollaborateur hielten, wurde zu Tode gesteinigt. In der Nacht zum 12. März entkam der Dalai Lama, als Laie verkleidet, durch die Menschenmenge und trat die Flucht nach Indien an. Der Norbulingka wurde beschossen, in den folgenden Kämpfen verloren Zehntausende von Menschen ihr Leben. Chinesischen Dokumenten zufolge wurden bis zum Oktober des folgendes Jahres 87 000 Tibeter «ausgelöscht».

Mehrere ältere Tibeter hatten mir von dem Aufstand des Jahres 1959 erzählt, und ich hatte die im Ausland veröffentlichten Berichte gelesen. Für Dawa stellte das Ganze jedoch keine logische Folge von Ereignissen dar; es waren quälende Splitter seiner Kindheitserinnerungen. Er erinnerte sich an den Tunnel, den sie durch die Nachbarhäuser graben mußten, um an Wasser zu kommen, an die weißen *katags*, die vor den Türen hingen und die sie an die Eimer banden, als sie sich schließlich wieder trauten, hinauszugehen, um Wasser zu holen.

«Damals habe ich nicht verstanden, worum es eigentlich ging», sagte Dawa. «Aber ich wußte: Wenn ich ohne *katag* hinausgehe, werde ich erschossen. Und dann die Leichen! Eines Tages mußte ich mit meiner Mutter zum Norbulingka gehen. Hier, wo die Leute jetzt wieder beim Picknick sitzen, waren sie aufgestapelt: Haufen über Haufen. Die Leichenberge reichten bis zu den Zweigen der Bäume. Und sie brannten.» Er blieb stehen und schaute mich an. «Die Soldaten von der Volksbefreiungsarmee begossen sie mit Benzin und zündeten ihre Haare an.»

«Sprich besser nicht davon.» Deyang versuchte, das Thema zu wechseln und zeigte auf die Festzelte, die den verschiedenen Arbeitseinheiten gehörten. Aber Dawa konnte nicht aufhören, verlor sich in den Alpträumen, die immer wiederkehrten.

«Auch die Kulturrevolution war schrecklich. Bei der Kampagne gegen die Vier Alten mußten wir in die Häuser der Leute gehen und Buddhas, *thangkas*, Schmuck und andere wertvolle Sachen beschlagnahmen. Ich war immer zu schüchtern. Die Leute sagten mir, sie hätten nichts, und ich glaubte ihnen. Die anderen kamen mit vollen Karren ins Hauptquartier der Roten Garden zurück, und ich wurde kritisiert, weil ich nichts hatte. Als wir auf den Barkhor geschickt wurden, um den Leuten die Zöpfe abzuschneiden, war es das gleiche.»

«Ihr mußtet ihnen die Zöpfe abschneiden?»

«Zöpfe galten während der Kulturrevolution als reaktionär», erklärte Deyang.

«Die anderen Roten Garden hielten den Leuten den Kopf fest und schnitten ihnen mit einem Messer die Haare ab. Ich konnte das nicht. Wenn sie sich wehrten, ließ ich sie laufen.»

Am dritten Tag unseres Picknicks begann das eigentliche *Sho-dun*-Fest. Mehrere Wochen lang waren die Mönche in ihren Klöstern geblieben, damit sie nicht auf die jungen Sommerinsekten traten und sie dadurch töteten. *Sho dun* markierte das Ende dieser Rückzugsphase. Seinen Ursprung hatte das Fest im sechzehnten Jahrhundert, als die Mönche aus den Klöstern kamen und von den Laien mit einem Joghurt-Festmahl gefeiert wurden. Später wurde es mit der Aufführung von Opern und Theaterstücken kombiniert.

Auf einem Spaziergang mit Tsewang und Yangzom durch den äußeren Bereich des Norbulingka kommen wir auf eine Lichtung, auf der mehrere große, durch hohe Seitenwände vor fremden Blicken geschützte Zelte stehen. In einem dieser Zelte sieht man die grünen Uniformen ranghöherer Soldaten, die dort mit ihren Familien picknicken. In einem anderen Zelt verraten die gleichmäßig aufgereihten, gelangweilten Gesichter, daß der Kader hinter dem Mikrophon seine Rede schon viel zu lang ausgedehnt hat. Selbst die zugeknöpften Gestalten, die hinter ihm auf einer Art Podium saßen, sehen aus, als wären sie lieber woanders.

Mitten in diesem offiziellen Festgelände finden die *Lhamo*, die traditionellen Opernvorführungen, statt. Sie dauern den ganzen Tag und werden von Zimbeln, Glocken und Trommeln begleitet. Durchdringende Rezitative wechseln sich mit melodiösen Chören ab; maskierte Bösewichte, lauernde Teufel und wirbelnde Mädchen mit Seidenärmeln tummeln sich auf der Bühne. Früher waren die Tänzer aus ganz Tibet gekommen, heute gibt es nur noch die staatlich geführte Sing- und Tanztruppe Lhasa. Das ganz im tibetischen Stil aufgemachte Festzelt des Holiday Inn verfügt direkt neben der politischen Führung der Autonomen Region Tibet über Vorzugsplätze, für die es Tageskarten an Hotelgäste verkauft. An den anderen drei Seiten der offenen Bühne sitzen tibetische Zuschauer mit gekreuzten Beinen im Staub und versuchen, durch die Beine eines chinesischen Filmteams zu schielen. Gefesselt von der ununterbrochenen Szenenfolge, quittieren sie jede komische Passage mit Jubeln und Klatschen. Niemand, den ich frage, hat die geringste Ahnung, worum es bei dem Stück eigentlich geht.

Als wir zu unserem Picknickplatz zurückkehren, werfen die Fensterläden am Palast des dreizehnten Dalai Lama eckige Schatten. Es ist windig geworden, und die Picknickgesellschaften werden von Staubwolken eingehüllt. Die Planen und Markisen blähen sich und zerren an den Leinen, und es sieht fast so aus, als seien sie bereit, den Park mit sämtlichen Picknickgästen in die Luft zu heben.

«*Chaba pub drok chigi.*» Es wird Regen geben, rufen sich die Leute zu. Und während die Sonne hinter einer Wolkendecke versinkt, stimmt Yangzom einen Vers an:

> *Didi coo coo*
> *Mama tsasong*
> *Chaba pubgi*
> *Netche dunshia.*

«Was heißt das?»

«Hörst du nicht? Die Tauben gurren. Sie sagen, wir müssen unsere Decken einholen, weil es Regen gibt.»

Doch alles, was ich höre, sind flatternde Planen und aufgeregte Stimmen. Yangzom lacht. «Das ist eine alte Redensart.

Wir glauben, daß die Tauben gurren, um uns vor dem Regen zu warnen. Aber jetzt gibt es keine Tauben mehr.» Dann setzt der Regen ein. Um uns herum explodiert der Staub unter den ersten stählernen Tropfen in kleine Krater. Tsewang und Yangzom suchen unter unserer Plane Schutz. Rosemary und ich laufen durch den Regen, atmen tief und genießen den herrlichen Geruch des Sommerregens.

Trotz des unbeständigen Wetters dauert das Picknick bis spät in die Nacht. Einige von uns begleiten die mit *katags* und guten Wünschen für ihre Abreise im Morgengrauen überhäufte Rosemary am Flußufer entlang nach Hause. Ihre melancholische Stimmung überträgt sich auch auf uns. Durch die Wolkengebirge sehen wir den Mond aufgehen. Die wenigen Sterne hängen am Himmel wie die letzten Regentropfen.

Tod eines Mystikers ──────────

«Warum sind eigentlich an allen Türen gesprenkelte *tsampa*-Muster?» fragte ich Deyang, als wir eines Tages im Herbst von der Universität zum Jokhang-Tempel gingen.

«Damit die Geister nicht die Häuser betreten, wenn der Leichenzug vorüberkommt.»

«Der Leichenzug? Ist denn jemand gestorben?»

«Bola ist gestorben. Wußtest du das nicht?»

«Aber wir haben ihn doch letzte Woche noch gesehen. Er wirkte völlig gesund.»

«Er war ein alter Mann.» Sie lächelte. In Tibet ist man mit fünfundvierzig alt.

Ich hatte ihn nur einmal gesehen. Alle nannten ihn Bola, alter Mann – ich glaube, kaum jemand kannte seinen echten Namen. Bola war eine ehrwürdige Gestalt mit schlohweißen Haaren. Er fragte, wer ich sei, und Deyang stellte mich als *inji pomo* vor – das englische Mädchen. Aber irgendwie schüchterte er mich ein, und ich wußte nicht, was ich sagen sollte. Schließlich fragte ich ihn, wie lange er schon in Lhasa sei. Er benutzte die Finger seiner schlanken Mönchshand als Abakus, zählte die Knöchel mit der Daumenspitze und sagte dann, er sei seit drei Jahren hier. Ich wußte nicht, wer er war. Erst hinterher erzählte mir Deyang, er sei einer der letzten überlebenden *jomkern*, ein Barde des Gesar-Epos.

Ich hatte schon viel von Gesar, dem legendären König von Ling, gehört. Westliche Autoren meinen, sein Name könnte von «Cäsar» abgeleitet sein, und vermuten in ihm eine historische Gestalt, deren tatsächliches Leben von Legenden und Wundergeschichten überlagert wurde. Die Tibeter sprechen von ihm als dem Verteidiger des Glaubens und dem Verfechter der Gerechtigkeit. Viele Menschen rezitieren seine Lieder, um sich gegen Unglück zu schützen, und sie glauben an die Prophezeiung, Gesar werde zurückkehren und eine neue Ära einleiten, in der Tibet als freies Land von einem gerechten Herrscher regiert wird.

Es existieren jedoch sehr viele verschiedene Versionen des Gesar-Epos. Die Mongolen sind davon überzeugt, daß Gesar Mongole war, die Khampas halten ihn für einen der Ihren, und auch die Einwohner Xinjians erheben Anspruch auf ihn. Obgleich einige seiner Lieder niedergeschrieben wurden, wurde das Epos in erster Linie mündlich überliefert. Deyang erklärte mir, es könne mehrere Wochen dauern, es vollständig zu rezitieren. Auch Bola kenne nicht die ganze Geschichte. Er habe jedoch ein riesiges Repertoire von Liedern, in denen die Heldentaten dieses legendären Krieger-Königs gefeiert wurden, den Padmasambhava in die Welt schickte, um Ling von den Mächten des Bösen zu befreien. Es hieß, er sei aus dem Kopf seiner Mutter geboren worden, und zwar nicht als Baby, sondern bereits als sprechendes Kind, und er habe von Anfang an übernatürliche Kräfte besessen. Schon kurze Zeit nach seiner Geburt seien riesige Vögel mit metallenen Schnäbeln tot vom Himmel gefallen, weil er sie mit seinem winzigen Pfeil getroffen habe. In einer anderen Geschichte hieß es, der Haushofmeister des Königs habe ihm nach dem Leben getrachtet und die magischen Kräfte von Ratna, dem Einsiedler, in Anspruch genommen. Doch Ratna sei Gesar nicht gewachsen gewesen. In einem dramatischen Kampf sei Ratna in seiner Höhle unter einem *torma*, einem Stück Opferkuchen, begraben worden, das sich, als das Kind es dem Magier entgegenschleuderte, in einen Felsbrocken verwandelte. Alle Anschläge auf sein Leben seien fehlgeschlagen, so daß man Gesar aus dem Reich verbannte. Nach mehreren Jahren im Exil habe sich sein Glück jedoch gewendet. Er habe sich in ein hübsches Mädchen verliebt und sei durch ein Pferderennen, das er auf seinem Zauberpferd gewonnen habe, König von Ling geworden. Padmasambhava habe ihm ein paar Jahre gewährt, in denen er friedlich über Ling herrschte, doch dann habe die Zeit der Kämpfe begonnen, in denen Gesar, ausgerüstet mit Padmasambhavas Zauberköcher, Hut und Peitsche, gegen die Kräfte des Bösen zu Felde zog.

Die Geschichten sind äußerst phantasievoll, gelten bei den Tibetern jedoch keineswegs als fiktiv. Während Deyang mir von Bola erzählte, erinnerte ich mich an einen Reiterin Kongpo, der mir eine Steinsäule gezeigt hatte, auf der Gesars Körpergröße markiert war. Er sei schon als Kind größer gewesen als ein ausgewachsener Mann. Ob er auch nach ausländischen Maßstäben groß gewesen sei, wollte der Reiter wissen. Für ihn gab es keinen Zweifel: Gesar hatte tatsächlich gelebt.

Aber die Wunder gingen über den Inhalt der Geschichten selbst hinaus. Ich hatte den Bericht der Buddhistin Alexandra David-Neel gelesen, die Tibet in den zwanziger Jahren bereiste. Sie schrieb in skeptischem Ton von den *jomkern*, von denen oft behauptet wird, sie seien direkt von Gesar inspiriert. Ich hatte Bola beobachtet, wie er mit Kollegen über die Kader an der Universität Tibet sprach. Er wirkte seriös und akademisch auf mich. Deyang erzählte mir, Bola sei mit neun Jahren in eine todesähnliche Trance gefallen und habe plötzlich begonnen, Gesars Lieder zu rezitieren. Nach einer Woche wurde er auf einem Berg gefunden, und der Lama, den man herbeirief, sagte den Eltern, sie hätten ein ganz besonderes Kind, auf das sie sehr gut aufpassen sollten. Trotzdem hielten die Dörfler ihn für einen Betrüger – bis viele Jahre später ein wandernder *jomkern* durch das Dorf kam und Lieder sang, die mit Bolas Liedern fast identisch waren. Jetzt wurde er als echter *jomkern* anerkannt.

Bola war 1983 aus Kongpo nach Lhasa gekommen, als im Zuge allgemeiner Liberalisierung auch die tibetische Kultur offiziell gefördert wurde. Er galt als «nationaler Schatz».

Man hatte einen Tibetologen in sein Dorf geschickt, der ihn an die Universität in Lhasa holen sollte. Es dauerte jedoch mehrere Wochen, bis Bola überhaupt zugab, ein *jomkern* zu sein, und noch länger, bis man ihn überzeugen konnte, daß er nicht bestraft würde, wenn er Gesars Geschichten erzählte. Er hatte Angst, man wolle ihn durch einen Trick dazu bringen, sein Wissen zu offenbaren, und ihn anschließend bestrafen. So hatte er es während der Kulturrevolution erlebt.

Zuerst hatte sich Bola geweigert, nach Lhasa zu kommen. Er sagte seiner Familie, er werde bald sterben und wolle sein Dorf nicht verlassen. Der Tibetologe blieb noch eine Weile in seinem Dorf und nahm einen Teil der Gesänge auf Band auf. Dann änderte Bola plötzlich seine Meinung. Er hatte einen Traum gehabt, in dem Gesar ihm gesagt hatte, er solle nach Lhasa gehen, da es dort viele Menschen gebe, die die Geschichte hören wollten.

«Aber warum ist er jetzt so plötzlich gestorben?» fragte ich Deyang, als wir den Jokhang-Platz überquerten. Wir wollten zum Fluß, um uns zu waschen. Es war die *Karma-Derba*-Woche, in der die Sterne den Wassern des Tsangpo besondere Kräfte zur Reinigung des Geistes und des Körpers verliehen.

«Er war doch nicht krank, oder?»

«Überhaupt nicht. Ehe er starb, hat er noch gesungen – schönere Lieder, als sie seine Tochter je von ihm gehört hat. Er sang den ganzen Morgen, dann sagte er, er wolle sich eine Weile ausruhen, legte sich hin und starb.»

Vor dem Jokhang verteilten Bolas Verwandte Tee und *tsampa* an Bettler. Vieles davon war der Familie von Nachbarn zusammen mit *katags* und Geldspenden für das Begräbnis geschenkt worden. Wie andere Akte der Frömmigkeit würde dies dazu beitragen, Bolas Seele durch *bardo*, die Zeitspanne zwischen Tod und Wiedergeburt, zu bringen. Außerdem verhütete es, daß die Seele zurückkehrte und der Familie Schaden zufügte.

«Ist er an einem günstigen Tag gestorben?» fragte ich, denn ich erinnerte mich an den Tod des alten Mannes jenseits der Mauer unserer Arbeitseinheit. Nicht nur seine Angehörigen, sondern auch viele Nachbarn hatten den Bettlern Essen gegeben und die Klöster besucht, um sich zu schützen. Er war an einem Samstag gestorben, außerdem am 29. Tag des Monats, was seinen Todestag zu einem doppelt ungünstigen Datum machte.

«Das weiß ich nicht. Aber als seine Tochter zu den Astrologen ging, um einen günstigen Tag für die Beerdigung bestimmen zu lassen, ist etwas sehr Interessantes geschehen.» Deyang wirkte aufgeregt. «Der Astrologe sagte, ihr Vater sei vor genau drei Jahren gestorben.»

Ich schaute sie verständnislos an.

«Erinnerst du dich nicht?» fragte sie und schaute mich ungeduldig an.

«Woran soll ich mich erinnern?»

«Bevor er nach Lhasa kam, hat Bola gesagt, er würde bald sterben. Vor drei Jahren!»

Über die schwankende Brücke gingen wir zur *Kuma Lingka*, der Räuberinsel. Die Sonne stand niedrig über dem Tal, beschien die über den Fluß gespannten Girlanden von Gebetsfahnen und umflorte die Kühe, die flußabwärts auf einer Insel grasten, mit einem sanften Heiligenschein. Seit einer Woche war das seichte Ufer des Tsangpo von nackten Menschen gesäumt. Selbst die sonst so sittsamen Lhasaer Mädchen überwanden ihre Hemmungen, schlenderten in Grüppchen am Ufer entlang und tauchten ab und zu ins heilige Wasser. Heute war der letzte Abend der *Karma-Derba*-Woche, schon morgen würde der kalte, glitzernde Fluß seine heilende und reinigende Kraft verloren haben. Wir setzten uns und warteten auf die Sterne.

Plötzlich hörten wir Lhamos Stimme.

«*Gen Catriona la! Gen Deyang la!*» rief sie und kam über den Sand auf uns zugelaufen. Sie hatte überall nach uns gesucht.

«Ich fahre morgen!»

«Du fährst?»

Lhamo senkte die Stimme.

«Ich habe eine Mitfahrgelegenheit zur Grenze.»

«Hast du deinen Paß?»

«Nein.» Sie sah trotzig aus. «Aber ich fahre trotzdem.»

Sie hatte gewußt, daß es lange dauern würde, einen Paß zu bekommen, aber sie hatte fest daran geglaubt, letztendlich doch noch eine Ausreisegenehmigung zu erhalten. Sie konnte beweisen, daß sie Verwandte im Ausland besuchen wollte, und sie hatte ihre Familie in Kongpo, um ihre Rückkehr zu garantieren. Die Freunde, mit denen sie reisen wollten, hatten ihre Pässe längst bekommen und waren bereits zum Verwandtenbesuch und zu einer Pilgerreise zum Dalai Lama in Dharamsala aufgebrochen.

«Nein. Es sieht ganz so aus, als würde ich keinen bekommen.» Sie starrte auf den Fluß.

«Wirst du in Indien bleiben?» fragte ich.

«Jedenfalls komme ich nicht zurück, um für die Chinesen zu arbeiten. Soviel steht fest.»

Sie sprach laut und trotzig – als legte sie es darauf an, daß jeder ihren Zorn mitbekam. Ein paar Soldaten kamen vorbei und blieben in unserer Nähe stehen. Einer von ihnen zog eine Zigarette aus der Hosentasche und kramte dann nach Streichhölzern. Betont langsam zündete er sich seine Zigarette an. Seine Blicke ruhten auf einer Gruppe von Menschen, die sich etwas weiter flußabwärts entkleideten.

«Schaut euch diese Typen an!» sagte Lhamo laut auf tibetisch. Deyang war Lhamos Verhalten sichtlich unangenehm, doch als die Soldaten unverfroren weiterstarrten, wurde Lhamo immer wütender. Die Badenden merkten, daß sie beobachtet wurden, einer der Männer erhob sich nackt aus dem Wasser und schüttelte drohend die Faust. Die Soldaten lachten und gingen weiter.

«Morgen fahre ich», wiederholte sie und durchbohrte die Soldaten von hinten mit ihren Blicken. «Auch ohne Paß.» Es hörte sich an, als suche sie bei uns nach Bestätigung für ihre Entschlossenheit.

«Meinst du, es lag an deinem Freund, daß sie deinen Antrag abgelehnt haben?» fragte ich. Vor einigen Wochen hatten wir einmal abends in meinem Zimmer gesessen und Tee getrunken, und sie hatte gesagt, sie müsse mir etwas sehr Wichtiges erzählen, was sie mir schon seit langem anvertrauen wolle: Ein enger Freund von ihr sei im Gefängnis. Bis spät in die Nacht hatte sie von diesem Mann erzählt, der beim Kleben von Plakaten für die Unabhängigkeit Tibets erwischt worden war. Man hatte ihn verhaftet und zu fünf Jahren Gefängnis verurteilt. Lhamo hatte gesagt, die Geschichte könne ihre Chancen, einen Paß zu bekommen, negativ beeinflussen.

«Es könnte etwas mit ihm zu tun haben. Aber sie geben

einem sowieso keine Begründung.» Sie klang gereizt, und ich fragte mich, ob ich ihren Freund in Deyangs Beisein lieber nicht hätte erwähnen sollen. Doch dann sprach sie weiter – Deyang wußte offenbar von ihm.

«Habe ich euch schon erzählt, daß seine Angehörigen ihn diese Woche besuchen durften? Es war seit seiner Verhaftung das erste Mal, das sie ihn gesehen haben.»

«Da hat sich sein Vater bestimmt gefreut.» Ich sah das Gesicht des alten Mannes deutlich vor mir. Ich hatte ihn nur einmal gesehen – bei einer religiösen Zeremonie im Kloster Drepung. Er war allein, deshalb lud Lhamo ihn ein, mit uns zu picknicken. Die beiden rissen Witze, die Rosemary und ich nicht verstanden, und während des Essens brach er immer wieder in wieherndes Gelächter aus. Ich wollte ihn gerade bitten, mir die Zeremonie zu erklären, als er plötzlich aufsprang und floh. Er hatte hinter uns den Mann entdeckt, der seinen Sohn verhaftet hatte. Die Familie stand unter Überwachung. Der Polizist habe gesehen, daß ihr Vater mit Ausländern gesprochen habe, erzählte er Lhamo später, und er habe plötzlich große Angst bekommen.

Deyang schien seit Lhamos Ankunft die gute Laune vergangen zu sein. Sie schwieg bedrückt und packte mit übertriebener Konzentration unseren Picknickkorb aus. Ich nahm an, daß sie sich wegen Lhamo Sorgen machte. Schon vor einiger Zeit hatte sie mir einmal gesagt, sie glaube, Lhamo sei nicht bewußt, wie schwierig es sei, ohne Paß aus Tibet herauszukommen. Zwar wurde die Sicherung der Grenzen zu der Zeit recht lax gehandhabt, und einer wachsenden Zahl von Tibetern gelang es, unbehelligt über die Berge nach Nepal zu entkommen. Aber Deyang hatte auch von Leuten gehört, die sich im Dunkeln verirrt hatten und im Kreis gelaufen waren, und von anderen, die von den Grenzkontrollen verhaftet worden waren.

«Ich glaube, wir sollten uns jetzt waschen», sagte sie, als sie sah, daß ich zu frösteln begann. Für sie war es eine willkommene Gelegenheit, das Thema zu wechseln. «Catriona la fängt an zu frieren, und die Sterne stehen auch schon fast am Himmel.»

So heilsam und reinigend das Wasser auch sein mochte – ich mußte zugeben, daß mir inzwischen so kalt war, daß ich mit dem Gedanken spielte, lieber unrein zu bleiben. Ein kühler Herbstwind zerrte an den Gebetsfahnen, die an den Eisenschnüren der Brücke befestigt waren. Die meisten anderen Badenden hatten auf die Sterne verzichtet und waren nach Hause gegangen.

«Es ist heute viel kälter als an den letzten Abenden», stimmte Deyang zu. Auch sie wurde offenbar schwach.

Aber Lhamo war schon halb ausgezogen.

«Kommt schon! Das Wasser ist wärmer, wenn die Luft kalt ist.» Sie nahm ein Stück Seife und kletterte zum Ufer hinunter.

Zögernd folgten wir ihr. Wenn wir uns die Füße und das Gesicht wuschen, wäre das heilsam genug, meinten wir. Lhamo war schon im Wasser und verspottete uns.

«Auf diese Weise werdet ihr die Wassergeister auch nicht besänftigen!» sagte sie verächtlich, als Deyang die Reste unseres Picknicks in den Fluß warf.

Ich stimmte in ihren respektlosen Tonfall ein und sagte, es könne ja immerhin sein, daß wir einen ihrer Vorfahren fütterten. Deyang hatte mir erzählt, wie teuer es sei, eine «Himmelsbestattung» durchzuführen. So nannten die Chinesen das traditionelle tibetische Ritual, die sterblichen Überreste ihrer Toten an die Geier zu verfüttern. Arme Leute, sagte Deyang, bestatteten ihre Toten deshalb vorwiegend in den Flüssen.

«Immer noch besser, als die eigenen Vorfahren in der Erde zu vergraben, wie ihr das macht.» Sie machte ein angewidertes Gesicht und stieg platschend aus dem Wasser. «Uh! Allein die Vorstellung ist ekelhaft. Das ist so dreckig. Der Körper verfault ganz langsam und allmählich... Ganz abgesehen von all den anderen Leben, die ihr verschwendet.»

«Was meinst du damit?»

«Na ja, die Würmer, die den Körper fressen – was passiert mit denen, wenn sie mit dir fertig sind? Sie verhungern!» Sie kicherte und schaute Deyang an. «Nein, da würde ich schon lieber an die Vögel verfüttert werden. Da bleibt zumindest nichts übrig. Es ist die sauberste Methode, die man sich vorstellen kann.»

Ich sagte, ich könne mir nicht vorstellen, genug Distanz zu entwickeln, um dabei zuzuschauen, wie der Körper eines Verwandten in Stücke geschnitten wird. Aber Deyang erklärte mir, daß die Leiche nicht von den Verwandten zum Bestattungsfelsen gebracht wird.

«Sie gehen nicht hin, um zuzuschauen. Sie heuern dafür einen *dopden* an und schenken ihm Tee und viele andere Dinge. Es ist wichtig, den *dopden* gut zu behandeln, damit er die Leiche sauber zerschneidet und gut aufpaßt, daß die Vögel auch alles aufessen.» Die rituelle Verfütterung seiner Leiche an die Geier stellte in gewisser Weise die letzte Opfergabe des Menschen dar.

Bola wurde jedoch nicht zum traditionsreichen Bestattungsfelsen in der Nähe von Sera gebracht, wo die Leichen in der Morgendämmerung verfüttert wurden. Ihm wurde eine Ehre zuteil, die normalerweise nur den Lamas gewährt wurde: Seine Leiche wurde verbrannt.

«Freunde haben seine Leiche ins Kloster Pabonka gebracht», erzählte Deyang, als wir nach Hause gingen. «Ich habe sie im Teehaus gesehen, wo sie Rast machten, um zu verhindern, daß die Geister ihnen nach Hause folgten. Sie gehen heute nicht mehr zu seiner Familie, aus Furcht, die Geister könnten sie dorthin begleiten. Aber in den nächsten sieben Wochen – so lange bleibt der Tote im Zustand des *bardo* – nehmen sie an dem Tag der Woche, an dem er gestorben ist, mit der Familie eine Mahlzeit ein.»

Als wir den Uferpfad entlang durch die dunkle, sternenbeschienene Nacht nach Hause gehen, weiht mich Deyang in den krönenden Abschluß von Bolas Leben ein. Vor seinem Tod, berichtet sie, habe Bola seine Tochter angewiesen, seinen Schädel und seinen kleinen Finger nicht zu verbrennen, sondern in ihrem Haus aufzubewahren. Die Vorstellung, seinen kleinen Finger zu behalten, war für sie unerträglich, aber der Schädel war äußerst wichtig. Er war der letzte Beweis für seine Aufrichtigkeit: Der Schädel eines echten *jomkern* trägt den Hufabdruck von Gesars Pferd.

Zum ersten Mal befremdete mich Deyangs Gedankenwelt. Bis dahin hatte ich Bolas Lebensgeheimnisse in eine legendäre Vergangenheit abschieben können. Doch jetzt hatten Deyangs Freunde seinen Schädel mit dem Hufabdruck gesehen. Sie, die in so vielen Dingen meine Mentorin war, war sich ihrer Sache vollkommen sicher. Ihre Überzeugung anzuzweifeln schien mir überheblich, ja fast engstirnig zu sein. Doch vielleicht war es am besten, nicht weiter darüber nachzudenken, sondern es sich so zu erklären, wie der buddhistische Text des *Prajna Paramita* die Welt erklärt:

Wie Schemen, von einem Trugbild oder von Wolken
am Himmel erschaffen,
wie Bilder in einem Traum –
so betrachte alle Dinge.

Ein letztes Kloster ────────────

Der Abschied von Lhamo läutete eine ganze Reihe von Abschieden ein. Da er seine Abreise aus Lhasa nicht länger hinauszögern konnte, kehrte Dawa, Deyangs Bruder, nach Ngari zurück. Unser Führer wurde nach Zentralchina geschickt, und ohne seine Unterstützung wurde mein Vertrag nicht mehr verlängert.

Der Herbst verstrich in einem flüchtigen, goldenen Schimmer. Wie ertrinkende Menschen klammerten sich die letzten, von heftigen Windböen geschüttelten Blätter an ihre Zweige. Dann kamen die kalt-trockenen Wintertage und gaben dem Lhasa-Tal seine berühmte, karge Schönheit zurück.

Es blieben nur noch wenige Tage bis zu meiner Abreise, und ich versprach mir und meinen Freunden, im nächsten Jahr zum Losar-Fest wiederzukommen. Ich war mir meiner Sache sicher, auch wenn sich in mir eine warnende Stimme regte. Deyangs Mutter betete für meine Reise und sagte, ich solle mein Zimmer so verlassen, als sei ich nur für einen Moment hinausgegangen, solle den Boden ungefegt und die Tür angelehnt lassen. Als mir ein Paar Schuhe, das ich zum Flicken gebracht hatte, aus der Tasche fiel, versicherte sie mir, daß ich zurückkehren würde. Seit dem 8. Jahrhundert, als Padmasambhava nach der großen Debatte zwischen dem indischen und dem chinesischen Buddhismus in Samye seine Schuhe verlor, gelte es als sicheres Zeichen für eine spätere Wiederkehr.

Ich merkte, wie ich mir Bilder, Geräusche, Gerüche, ja selbst die Stimmen meiner Freunde einprägte, als sei ich schon jetzt von sehnsüchtiger Nostalgie erfaßt. Die täglichen Erlebnisse bekamen die gleiche Schärfe, die sie bei meiner

Ankunft besessen hatten, doch diesmal war es nicht die Neuheit, sondern der bevorstehende Verlust, der sie so besonders eindrücklich machte. Im Unterricht legte ich die schriftlichen Übungen so, daß ich möglichst ungestört das Erscheinen der Sonne über dem Bumphari genießen und ihr Licht auf den Zinnen des Jokhang-Tempels erstrahlen sehen konnte.

Der letzte Morgen kam. Schüler und Freunde weckten mich vor Sonnenaufgang, überreichten mir *katags* und luden mich auf dem asphaltierten Hof des Busbahnhofs zu einem letzten, üppigen Picknick ein. Gemeinsam mit anderen Grüppchen, die ihre auf Pilgerfahrt nach Indien gehenden Verwandten verabschiedeten, warteten wir in der Dunkelheit.

Dann fuhr der Bus ab, und ich war allein. Die Leute um mich herum waren aufgeregt; sie fuhren in die Fremde.

Ich kehrte nach Hause zurück.

Und ich verließ ein Zuhause – ein Zuhause, das schon ein Stück weit verschwunden war, als ich zum letzten Mal aus meinem Zimmer trat, und das noch weiter verschwand, als ich meinen Freunden Lebewohl sagte. Innerlich sträubte ich mich gegen diesen Abschied. Fünf Tage lang war ich über Katmandu und Karachi nach London unterwegs, aber meine Gedanken reisten in umgekehrter Richtung nach Tibet zurück und verweilten besonders oft bei den Bildern des Tages vor meiner Abreise.

Die Sonne beginnt, die Schatten mit den Farben der Morgendämmerung zu füllen, als Tsering und ich den Tsangpo samt unseren Fahrrädern in einem kleinen Ruderboot aus Yak-Haut überqueren. Am gegenüberliegenden Ufer sitzen einige Männer mit Säcken voller Dung und Wacholderzweigen und brauen Tee. Auf ihrem Weg zum Markt in Lhasa waren sie von ihrem Dorf die ganze Nacht zu Fuß unterwegs gewesen.

«Mit denen werdet ihr Probleme haben», sagt einer von ihnen und zeigt auf unsere Fahrräder.

Er hat recht. Der Pfad überquert zunächst die flache Talsohle und windet sich dann um den Fuß der Bergkette herum. Seit meinem letzten Besuch hat der Herbstwind große Strekken des Weges unter flachen Treibsanddünen begraben. Schließlich lassen wir unsere Räder stehen, wenden uns nach Osten und beginnen mit dem Aufstieg in die Berge.

Tsering ist ausgelassener Stimmung. Wir sprechen über sein Kloster. Auf Veranlassung des Amts für Religiöse Angelegenheiten wurde eine Statue aus China zurückgeschickt, und die Mönche verbrachten viel Zeit mit dem Rezitieren von Gebeten, um die Statue zu weihen. Nur vorübergehend, wenn er mir von einigen *thangkas* erzählt, die für eine Ausstellung in Peking aus dem Kloster abtransportiert wurden, kommt sein alter Zorn zum Vorschein.

«Die Leute haben keine Ahnung, wie man damit umgehen muß.» Er bleibt stehen und schaut mich empört an. «Letztes Mal sind einige zerbrochen wieder zurückgekommen.»

Aber er scheint nicht bei diesen düsteren Gedanken verweilen zu wollen. Der Weg steigt steil hinauf in die Berge, auf die sich über Nacht eine dünne Schneedecke gelegt hat. Ein Stück weiter schmiegen sich Häuser an den steilen Hang. Das zerstörte Kloster erhebt sich auf einem Felsvorsprung.

Wir halten beim Dorf an, um uns auszuruhen, schälen uns aus den dicken Kleidern, die uns vor der Kälte der Morgendämmerung schützten, und hocken uns schweigend an den Straßenrand. Auf der anderen Seite des Weges knetet eine junge Frau Stroh und Yak-Dung zu runden Fladen, drückt sie gegen die weiße Hauswand und versieht sie mit einem dekorativen Daumenmuster. Dazu summt sie immer wieder die Silben des Mantras *Om mani padme hum*.

Tsering fragt, ob wir unsere Taschen hierlassen könnten, während wir zum Kloster weitergehen, und sie bittet uns freundlich in ihr Haus. Ich bestaune eine kunstvolle Kommode und einen großen Kassettenrekorder.

«Ja, das Leben ist jetzt sehr angenehm», lächelt sie. «Wir erzielen einen guten Gewinn, wenn wir unsere Produkte in Lhasa verkaufen.» Sie gießt Tee in ein langes, hölzernes Butterfaß und beginnt, die Butter einzustampfen.

«Haben Sie meinen Mann getroffen?» wendet sie sich an Tsering.

«Wo?»

«Auf der Straße nach Lhasa. Er ist letzte Nacht losgegangen.»

«Die Männer am Flußufer?» mutmaße ich.

«Hatte er Dung und Wacholderzweige dabei?»

«Ja, das war er.»

Ihr Mann fungiere als eine Art Agent für das gesamte Dorf, erklärt die Frau. Nur er und die anderen Männer, die wir getroffen hatten, besäßen den äußerst begehrten Erlaubnisschein, um auf dem freien Markt handeln zu dürfen. Sie bekämen von den anderen Dorfbewohnern eine Provision, wenn sie ihren Überschuß verkauften. Nach zwei Tassen Tee hatte ich am Plaudern Gefallen gefunden, aber Tsering drängte zum Aufbruch. Er wollte möglichst früh beim Kloster sein.

«Hier lebt auch ein Mönch», sagt die Frau und strafft ihre mit Quasten verzierten, um den Kopf gelegten Zöpfe. «Er kommt aus Drepung. Wir haben ihn gebeten, zu uns zu kommen und uns zu helfen.»

Nach zwei weiteren Stunden Fußmarsch erreichen wir das Kloster.

«Ist der Lama da?» fragt Tsering zwei Männer, die vor dem Kloster stehen.

«Ja, er ist da», sagt einer von ihnen. «Wenn Sie möchten, bringen wie Sie hin.» Sie führen uns durch den zerfallenen Eingang.

Bei meinem letzten Besuch war das Kloster vollkommen verlassen gewesen. Jetzt arbeiten Männer in den Ruinen. Wir finden den Lama in einem neu ausgeschmückten Tempel. Tsering überreicht ihm einen *katag* und wirft sich vor ihm dreimal zu Boden. Einer der Männer, Gyanseng, eilt geschäftig hin und her, um uns etwas zu essen zu bringen. Wenn er den Lama anspricht, zieht er den Atem ein und spricht mit halb herausgestreckter Zunge – die traditionelle Geste besonderen Respekts. Ngodrup, der andere Mann, gibt sich entspannter und setzt sich, um mit uns zu reden. Er war derjenige, der den Wiederaufbau des Klosters initiiert und den Lama gebeten hat, herzukommen.

«Es war früher einmal ein ziemlich berühmtes Kloster»,

berichtet er. «Viele Mönche aus Lhasa kamen zu uns, um hier den Sommer zu verbringen.»

Ich sitze da und höre zu, betrachte die Gesichter der Mönche, warte auf die übliche Fortsetzung der Geschichte und wünsche insgeheim, er würde sie nicht erzählen. Dieses eine Mal möchte ich die Vergangenheit verdrängen. Meine bevorstehende Abreise hatte in den letzten Wochen zu einer wahren Flut von Vertraulichkeiten geführt. Viele Gespräche hatten bis spät in die Nacht gedauert und mich mit Schuldgefühlen, Erschöpfung und einer großen Verzweiflung über die eigene Ohnmacht zurückgelassen. Selbst in den heitersten Momenten lauern Bitterkeit und Trauer in Tibet nicht weit unter der Oberfläche. Partys, gemeinsame Essen, ja selbst die alltäglichsten Gespräche enden oft mit der gleichen Traurigkeit… Aber die Fortsetzung der Geschichte ist unvermeidlich. Ohne eine Gefühlsregung zu zeigen, beschreibt Ngodrup die Zerstörung des Klosters, pustet dabei gelegentlich über den heißen Tee und nimmt ein paar vorsichtige Schlucke. Es wurde 1963 angegriffen, lange vor der Kulturrevolution.

«Ein chinesischer Führer kam von Chusul mit einem Lastwagen voller Tibeter und Chinesen heraufgefahren. Sie sagten, die Götter seien nur aus Lehm, und die Mönche würden uns betrügen. Nach einer Weile glaubten ihnen die Leute im Dorf, und sie halfen mit, das Kloster zu zerstören.»

Bei Ngodrups Worten muß ich an manche Freunde in Lhasa denken, die den Bauern die eigentliche Schuld an der Zerstörung der Klöster geben. Im Ton seiner Stimme schwingt selbstgerechte Empörung mit, und von Zeit zu Zeit schaut er bedeutungsvoll zu Gyanseng hinüber, der während unseres Rundgangs durch das Kloster hinter uns hertrottet und verzweifelt versucht, sich nützlich zu machen und etwas Positives zum Gespräch beizutragen. Er schließt sich Ngodrups Hoffnung an, daß bald mehr Mönche ins Kloster kommen, und betont, der Wiederaufbau des Klosters werde allein von den Dorfbewohnern finanziert.

«Ich gebe mein ganzes Geld dem Kloster», sagt er und sucht Ngodrups bestätigenden Blick.

Doch Ngodrup spielt die Sache herunter. «Das tun die meisten Dorfbewohner.» Und haben es immer getan, sage ich zu Tsering. In dieser Hinsicht hat sich das Leben in den Dörfern wenig geändert.

Als mich Gyanseng schließlich fragt, ob ich ein Foto des Dalai Lama für ihn hätte, läßt Ngodrup seine Verärgerung deutlich erkennen.

«Er ist kein Buddhist», sagt er, obwohl Gyanseng mir das Bild fast aus der Hand reißt und es sich ehrfürchtig auf den Kopf legt.

Tsering dreht sich zu mir um und lächelt. «Das sind die Leute, die unermüdlich den Jokhang umkreisen, ihre Gebetsmühlen drehen und sich ständig zu Boden werfen. Auf diese Weise versuchen sie, ihre Sünden wieder wettzumachen.»

Wir treten aus dem Kloster. Die Gipfel der umliegenden Berge erglühen im Licht der untergehenden Sonne. Auf einem kleinen Hügel aus Stroh liegt ein kleiner Junge auf dem Rücken und schaut verträumt in den Himmel. Um uns herum herrscht friedliche Stille. Als der Junge den Lama sieht, verzieht sich sein Gesicht zu einem glücklichen Lächeln.

«Es gibt Reis heute abend, Gusho la», ruft er ihm zu. «Kommst du auch?»

Epilog

«Schreib über uns...» Beim Abschied hatten meine Freunde hinzugefügt: «Schreib über unsere Kultur, nicht über politische Themen.»

Monatelang zögerte ich, mit dem ersten Kapitel zu beginnen: Ich hatte Angst, meine Freunde in Gefahr zu bringen. Es war unmöglich, politische Themen auszusparen. Schon wenn ich die Menschen einfach als Tibeter und Chinesen bezeichnete und nicht als Tibet- und Han-Chinesen, war das nach offizieller Lesart ein subversiver Akt. Die Personen, die ich beschrieb, dürften auf keinen Fall zu identifizieren sein, sonst hätte ich sie mit meinen Schilderungen womöglich der Verfolgung durch die Öffentliche Sicherheit ausgesetzt. Also verwarf ich bestimmte Ereignisse, vermischte die einzelnen Charaktere und führte einen dauernden Kampf mit dem Zensor im eigenen Kopf.

Im Herbst 1987 begann ich, über unsere Ankunft in Tibet zu schreiben, über die Nacht mit den Händlern an der Grenze, den Potala, unsere Spaziergänge durch die Gassen der alten Stadt. Ich verfiel dem romantischen Tibet-Bild.

Doch am 1. Oktober 1987 wurde die Welt mit einem ganz anderen Tibet-Bild konfrontiert. Ich schlug die Zeitungen auf und sah schreiende Gesichter, verwundete Körper, Mönche mit trotzig erhobenen Fäusten. Es war ein Bild von Tibet, wie es die Welt bis dahin noch nicht gesehen hatte.

Wie besessen verschlang ich die Zeitungsberichte. Überall wurden die gleichen Fotos abgedruckt. Auf einem erkannte ich das Gesicht des Mönches vom Jokhang-Tempel wieder. Auf einem anderen war ein brennender Jeep zu sehen, daneben zwei blutjunge Mönche und eine Frau, deren Zöpfe lose herunterbaumelten; alle drei warfen sie Steine auf die Polizeistation. Auf einem dritten Foto trug ein Mann ein verwundetes Kind. Die Berichte waren verworren.

Erst später, als Freunde von mir nach England zurückkehrten, wurde mir einiges klarer. Der Dalai Lama hatte im September 1987 vor dem Kongreß in Washington einen Fünf-Punkte-Friedensplan vorgestellt und darin die Umwandlung Tibets in eine Friedenszone vorgeschlagen. Die Behörden in Lhasa antworteten darauf mit der Inszenierung einer öffentlichen Kampagne gegen ihn. Am 27. September marschierte eine Gruppe demonstrierender Mönche vom Kloster Drepung zum Sitz der Regierung in Lhasa. Sie riefen: «Tibet will Unabhängigkeit!» und schwenkten die verbotene Fahne mit dem Schneelöwen. Als sie den Potala erreichten, wurden sie *en masse* verhaftet.

Die Demonstration, die am 1. Oktober folgte, entstand zum Teil aus Protest gegen die Verhaftung dieser Mönche. Sie begann mit einer Umkreisung des Jokhang-Tempels durch eine Gruppe von Laien und Mönchen aus Sera, die sofort verhaftet wurden, und sie endete damit, daß eine aufgebrachte Menschenmenge die Polizeistation, in der die Demonstranten gefangengehalten wurden, in Brand setzte. Die Polizei beschoß die Menge mit Maschinengewehren.

Ich wollte wissen, wie es unseren Freunden ergangen war, aber ich wagte nicht, nach Tibet zu schreiben. In den letzten drei Jahren habe ich nur über zwei Menschen etwas in Erfahrung bringen können:

Tserings Name tauchte in einer Liste von Verhafteten auf, die Amnesty International 1988 zugespielt wurde. Nach Auskunft eines Freundes, der mir aus Indien schrieb, hatte man ihn bei einer Demonstration vor dem Jokhang-Tempel verhaftet. Damals war er bereits aus dem Gefängnis entlassen worden, hatte jedoch nicht in sein Kloster zurückkehren können. Die Gefängniswärter hatten ihm beide Beine gebrochen.

Aus einer anderen Quelle erfuhr ich, daß Lhamo aus Indien nach Tibet zurückgekehrt sei, um an den Demonstrationen teilzunehmen. Im Sommer 1989 fand ich ihren Namen auf einer Häftlingsliste.

In den letzten drei Jahren hat sich der Protest quer durch die tibetische Gesellschaft und von Lhasa aus auf ganz Tibet ausgeweitet. In dieser Zeit schrieb ich über Erfahrungen, die ich in einer Phase der Entspannung sammelte, in der die jetzt offen zutage liegende Unterdrückung noch vom Schein der Normalität überdeckt werden konnte. Oberflächlich gesehen war das Leben der Menschen um uns herum wenig spektakulär: Wir arbeiteten, veranstalteten Picknicks, besuchten Klöster. Wenn die Menschen von ihren Erfahrungen mit Gefangenschaft und Folter berichteten, waren es Berichte aus der Vergangenheit. Sie versuchten, trotz allem irgendwie weiterzuleben, und wir wurden Zeuginnen dieses Versuchs.

Doch während ich an meinem Buch weiterschrieb, wurden immer mehr Berichte über die Brutalität der Polizei in Tibet laut. Stricken und Romanelesen gehörten längst nicht mehr zu den wichtigsten Beschäftigungen bei politischen Schulungen wie zu unserer Zeit in Lhasa. Die Menschen wurden in den Versammlungen verhaftet, weil sie sich weigerten, öffentlich zu erklären, daß sie an die Einheit des Mutterlands glaubten. Mit Maschinengewehren bewaffnete Soldaten patrouillierten vor den Toren der Klöster.

Gerade als ich über die Monlam-Zeremonien im Jokhang und die zum Gebet vor dem Tempel versammelte Menschenmenge zu schreiben begann, zeigte ITN eines Abends ein aus Tibet herausgeschmuggeltes Polizeivideo vom Monlam-Fest des Jahres 1988. Fünf Soldaten schlugen abwechselnd mit langen Stöcken auf einen wehrlos am Boden liegenden Mann ein. Im Jokhang wurde ein Mönch vom Balkon gestoßen. Einige Mönche griffen einen Soldaten an. Am Ende wurden die blutbeschmierten Mönche zu einem Armeelastwagen getrieben, der vor dem Tempel bereit stand, um sie abzutransportieren. Mehrere Soldaten standen grinsend daneben.

Zu der Zeit, als ich gerade beschrieb, wie die Polizei die Menge mit dem *dian ban*, dem elektrischen Schlagstock, in Schach hielt, erreichten Amnesty International Berichte von anderen Einsatzmöglichkeiten dieser Geräte: Gefängniswärter steckten sie in die Münder und Genitalien von Gefangenen, um auf diese brutale Weise Geständnisse zu erzwingen.

Im März 1989 hieß es vielfach, auch die Demonstranten würden immer aggressiver. Ich begann, mir um unsere tibetischen Freunde Sorgen zu machen. Bis dahin hatten die Berichte stets das friedliche Wesen der Demonstrationen hervorgehoben. Sie waren meist von einer Gruppe von Mönchen oder Nonnen initiiert worden, die den Jokhang umkreist und Sprechchöre für die Unabhängigkeit Tibets angestimmt hatten. Sie hatten die schwerbewaffnete Sicherheitspolizei mit Steinen beworfen und einige Polizeifahrzeuge umgestoßen. Im März 1989 hingegen gab es plötzlich Bilder von Demonstranten, die einen chinesischen Radfahrer steinigten, und von brennenden chinesischen Geschäften unterhalb des Banak Shol-Hotels. Die chinesische Zentralregierung rief das Kriegsrecht aus.

Immer deutlicher tat sich eine unselige Parallele zwischen dem Fortgang meines Buches und der Entwicklung in Tibet auf. Als ich bei der Beschreibung des Unterrichts an der Yi-Zhong-Schule angekommen war, erfuhr ich, daß man gerade sechs Schüler dieser Schule verhaftet hatte. Sie waren bei der Herstellung tibetischer Fahnen und Plakate mit Unabhängigkeitsparolen erwischt worden. Einen der Schüler hatte man zur Umerziehung in ein Jugendarbeitslager gesteckt. Die anderen warteten ebenso wie ein Kollege von der Schule der Zementfabrik, der angeblich reaktionäre Lieder an die Tafel geschrieben hatte, noch auf ihr Urteil.

«Aber die Lage in Tibet hat sich doch beruhigt, oder?» sagte kürzlich jemand zu mir. Ich hatte gerade neue Berichte über Bestrafungen ohne Gerichtsprozeß und Hinrichtungen im Schnellverfahren gelesen. Nicht beruhigt, sondern erbarmungslos ruhiggestellt – selbst für Leute, die als Touristen nach Lhasa kommen, ist das manchmal schwer zu unterscheiden.

Inzwischen heißt die Zivilverwaltung westliche Ausländer wieder willkommen. Sie dürfen jedoch nur in kleinen Gruppen reisen, die nicht mehr als drei Personen umfassen, und werden auf Schritt und Tritt von Fremdenführern bewacht. Unter diesen Umständen ist die Gefahr, daß die Touristen nur das sehen, was die Behörden ihnen zeigen wollen, natürlich noch größer. Im Oktober letzten Jahres verbrachte eine britische Politikerdelegation drei Tage in Lhasa; anschließend beschrieb sie die Atmosphäre in der Stadt als «entspannt». Nur wenige Stunden zuvor hatte es eine Demonstration gegeben, einen «Protestmarsch von tausend Separatisten», wie *Tibet Daily* berichtete; dem Artillerieoffizier, der den Protestmarsch zerschlug, heftete man einen Orden an die Brust.

Nur allzuoft sehen wir das, was wir sehen wollen – eine Minderheit, die unter Chinas Schirmherrschaft gedeiht, ein Land von unterentwickelten Tibetern und zivilisierten Chinesen… Und allzuoft spiegeln wir uns in diesen Bildern selbst. Seit die ersten Bergsteiger ihre Kräfte am Mount Everest maßen, diente Tibet als exotischer Tummelplatz für westliche Phantasien. Selbst heute, wo die Bevölkerung Lhasas unter dem Kriegsrecht leben muß, werden Pläne für neue Abenteuer geschmiedet. Vor kurzem flogen einige Engländer nach Lhasa, um mit den Führern der Kommunistischen Partei Tibets zu dinieren. Sie schlugen eine Motorrallye im Stil der Rallye Paris–Dakar vor. Sie sollte von Lhasa nach Ngari führen, rund um den heiligen Berg Kailash.

In den letzten Jahren standen in der Berichterstattung belanglose Mißgeschicke und Mutproben westlicher Ausländer im Vordergrund. Noch immer ist unser Tibetbild vom westlichen Standpunkt geprägt. So werden die Demonstrationen des Jahres 1987 oft als die ersten Demonstrationen für die tibetische Unabhängigkeit bezeichnet, und es heißt, sie seien erst durch den Kontakt mit westlichen Touristen entstanden. Natürlich waren es seit Jahren die größten Demonstrationen, aber für die Tibeter hatten sie nichts Außergewöhnliches. Sie paßten in das Muster ihres Widerstands, der am Tag der Ankunft der Chinesen begonnen hat. In den sechziger Jahren gab es den bewaffneten Widerstand der vom CIA ausgebildeten Khampa-Guerillas. Während der Kulturrevolution fanden im Untergrund zahlreiche Einzelaktionen statt. Anfang der achtziger Jahre begannen die Tibeter damit, die Klöster illegal wiederaufzubauen und ihre religiösen Feste zu feiern. In der Menschenmenge, die zusammenströmte, um den Bruder des Dalai Lama zu begrüßen, wurden Sprechchöre für die Unabhängigkeit Tibets laut. Ein Tibeter legte 1985 eine selbstgebaute Bombe an das neue Telekommunikationsgebäude, um auf seine Weise an den zwanzigsten Jahrestag der Autonomen Region Tibet zu erinnern. Doch selbst wenn die Demonstrationen von 1987 die ersten gewesen wären – sie waren nicht vom Westen inspiriert. Der Westen wurde nur zum ersten Mal zum Zeugen.

Tibet ist noch immer Opfer von Mythen, die diesem faszinierenden Land von außen übergestülpt werden. Dreißig Jahre hat es gedauert, bis der Westen die Rolle des Dalai Lama anerkannte. Doch im Dezember 1989 verlieh ihm das Nobelkomitee den Friedenspreis und bezeichnete ihn als «politisches und religiöses Oberhaupt des tibetischen Volkes». Dies markierte einen Wendepunkt. Obgleich einige Regierungen noch immer ihre Augen starr nach China richten, wird der Dalai Lama von den neuen Demokraten Europas geehrt und anerkannt.

Doch der Wandel in Tibet wird nicht aus dem Bereich der internationalen Politik kommen. Er muß innerhalb der Chinesischen Mauer beginnen, und auch dort ist Tibet noch immer das Opfer folgenschwerer Vorurteile. Das Schreckgespenst des Han-Chauvinismus kann nicht über Nacht vertrieben werden. Aber die Glaubwürdigkeit der Kommunistischen Partei Chinas ist durch die Schüsse auf dem Tiananmen-Platz gründlich zerstört worden. Und es gibt erste Hinweise darauf, daß auch der von dieser Partei so lange Zeit propagierte Mythos von der Barbarei der Tibeter eines Tages von der Realität eingeholt werden könnte.

Glossar

AJA LA (tib.): Schwester oder Frau.

AMA LA (tib.): Mutter.

AMBAC (tib.): Tasche über dem Gürtel einer *chuba*.

AMDO: nordöstlicher Teil Tibets, der an China grenzt; ein großer Teil Amdos wurde den chinesischen Provinzen Qinghai und Gansu zugeschlagen.

AMDOWANER/AMDOWANERIN: Tibeter/Tibeterin aus Amdo.

AMITABHA (tib: OPAGME): Buddha des Unendlichen (oder Grenzenlosen) Lichts, einer der fünf von den Tibetern anerkannten Buddha-Typen. Der Panchen Lama gilt als eine Inkarnation von Amitabha.

AMT FÜR ÖFFENTLICHE SICHERHEIT: Polizei.

AMT FÜR RELIGIÖSE ANGELEGENHEITEN: staatliche Behörde, die alle religiösen Belange in Tibet kontrolliert.

ANI GOMPA: Nonnenkloster, von *ani* (Frau) und *gompa* (Kloster).

ARBEITSEINHEIT: grundlegende Organisationsform der chinesischen Gesellschaft; Arbeitsplatz und Wohnstätte, über die sich die Teilhabe des einzelnen am gesellschaftlichen Leben bestimmt.

ATISHA (tib. JOWOJE) (982–1055): indischer Meister, der 1042 nach Tibet kam, um die Wiederbelebung des Buddhismus zu unterstützen. Sein wichtigster Jünger war Drom Tonpa. Atisha starb in Netang Drolma Lhakhang.

AUTONOME REGION TIBET: 1965 von der chinesischen Regierung ins Leben gerufenes, künstliches politisches Gebilde, das wesentlich kleiner ist als das alte Tibet.

BARDO: nach buddhistischer Lehre die Zeitspanne zwischen Tod und Wiedergeburt.

BARKHOR: achteckig verlaufende Straße um den Jokhang-Tempel in Lhasa; einer der heiligen Pilgerpfade.

BATANG: Stadt im früheren Kham, jetzt in der chinesischen Provinz Sichuan.

BON: ursprüngliche, animistische Religion der Tibeter.

BONPO: Anhänger der Bon-Religion.

BUMPHARI: Berg gegenüber unserem Fenster.

CHA (tib.): Hand.

CHAMDO: Hauptstadt von Kham.

CHANG: Gerstenbier, das traditionelle alkoholische Getränk in Tibet.

CHENGDU: Hauptstadt der chinesischen Provinz Sichuan.

CHENRESIG («Herr der Gnade»): Schutzgottheit Tibets. Sein indischer Name ist Avalokiteshvara, der Bodhisattva des Mitgefühls. Der Dalai Lama gilt als seine Inkarnation.

CHIMA: hölzernes Opferkästchen mit *tsampa* und Weizen.

CHONGQING: Stadt am Yangzi Jiang in der chinesischen Provinz Sichuan.

CHUBA: traditioneller tibetischer Rockmantel, meist wie ein Umhang getragen. Einer der langen Ärmel läßt oft die Schulter frei. Ein breiter Gürtel wird so um die Taille gebunden, daß sich eine Tasche bildet, in der Wertgegenstände und alltägliche Utensilien sicher verstaut werden können.

CHUMZIKHANG: Lhasas wichtigster Marktplatz in der Nähe des Jokhang-Tempels.

CHUSUL: Stadt flußabwärts am Lhasa-Fluß.

CHYU TSEKEN (tib.): «Der Mann, der Vögel tötet.»

DALAI LAMA (wörtl. «Ozean des Wissens»): geistiges und weltliches Oberhaupt Tibets. Tenzin Gyatso, der jetzige Dalai Lama, ist der vierzehnte Nachfolger in einer Inkarnationslinie, die auf Gendun Drup, einen Neffen Tsongkhapas, zurückgeht, der als Inkarnation Chenresigs erkannt wurde. Der vierzehnte Dalai Lama flüchtete 1959 ins indische Exil, wo er noch heute lebt. 1935 in Amdo (jetzt Teil der chinesischen Provinz Qinhai) geboren, hat er inzwischen die Hälfte seines Lebens außerhalb seines Heimatlands verbracht.

DAWA: Montag.

DEKYI LINGKA: Gebäude in Lhasa, das früher die britische Botschaft beherbergte.

DENG XIAO PING: in der chinesischen Politik von Oktober 1976 bis heute eine zentrale Figur.

DHAMRU: kleine Trommel für religiöse Zeremonien.

DHARAMSALA: Bergstadt in den Ausläufern des Himalaya im indischen Bundesstaat Himachal Pradesh, seit 1959 Heimat des Dalai Lama und Tausender anderer tibetischer Flüchtlinge sowie Sitz der tibetischen Exilregierung.

DIAN BAN (chin.): elektrischer Schlagstock der chinesischen Polizei.

DOLMA: Göttin der Weisheit, Gemahlin Avalokiteshvaras (Chenresigs).

DOPDEN: Leichenbestatter, der die traditionelle tibetische «Himmelsbestattung» vornimmt.

DOP-DOP: traditionelle Mönchspolizei.

DORJE: Musikinstrument, das bei religiösen Zeremonien eingesetzt wird und einen göttlichen Blitz- und Donnerschlag veranschaulichen soll. Es wird gemeinsam mit einer Glocke benutzt, die in der linken Hand gehalten wird.

DRAK YERPA: Yerpa-Tal, Tal der Einsiedler.

DREPUNG: großes Kloster, auch «Eine der Drei Säulen» genannt, etwa zehn Kilometer in westlicher Richtung von Lhasa gelegen. Wörtlich übersetzt bedeutet sein Name «Reishaufen» – eine passende Beschreibung für die vielen zusammengedrängten weißen Gebäude, die man vom Tal aus sieht. Das Kloster Drepung wurde 1416 gegründet, beherbergte früher über 7000 Mönche und stellte einen wichtigen Machtfaktor im alten Tibet dar. Während des großen Gebetsfests übernahmen Mönche aus Drepung die Verantwortung für Recht und Ordnung in Lhasa. Offenbar waren es Mönche aus Drepung, die im Oktober 1987 mit Demonstrationen gegen die chinesische Präsenz in Tibet begannen.

FEN: chinesische Währungseinheit (100 *fen* = 1 *yuan*).

FREUNDSCHAFTSNATIONALITÄT: offizielle Bezeichnung für Kinder mit einem tibetischen und einem chinesischen Elternteil.

FRÜHLINGSFEST: chinesisches Neujahrsfest.

GA (tib.): halt.

GAN BEI (chin. «leeres Glas»): Prost!

GANDEN (wörtl. «freudenvolles Paradies»): Kloster, etwa 80 Kilometer östlich von Lhasa auf einer hohen Bergkette mit Blick über das Lhasa-Tal. Ganden wurde 1416 von Tsongkhapa gegründet, der dort 1419 starb. Als Zentrum des Widerstandes gegen die chinesische Besetzung bekannt, wurde das Kloster während der Kulturrevolution zerstört.

GEBETSMÜHLE: kleine Metall- oder Holzzylinder, die sich um eine in einen Handgriff auslaufende Achse drehen. Die Zylinder sind mit Papierstreifen gefüllt, auf denen die 108 Sutren des Buddhismus stehen. Jede Drehung im Uhrzeigersinn entspricht einer Rezitation der Gebete.

GELUKPA-SEKTE («Orden der Tugendhaften», «Gelbmützenorden»): Orden des tibetischen Buddhismus, von Tsongkhapa und seinen Jüngern im frühen fünfzehnten Jahrhundert gegründet. Die «Gelbmützen» wurden zur beherrschenden religiösen Gruppe in Zentraltibet. Der Dalai Lama ist ein Gelukpa, obwohl er gleichzeitig als Führer aller anderen Orden gilt.

GIRIM (tib.): tibetisches Spiel, das an einem billardähnlichen Tisch gespielt wird.

GOLDAN: Getreidebrei aus Rohrzucker, *tsampa* und heißem *chang*, der am Morgen des Losar-Fests gegessen wird.

GO-NIBA (tib. «Zweiköpfiger»): Kollaborateur.

GROSSER SPRUNG NACH VORN: 1958 von Mao Zedong ausgerufene Kampagne, mit deren Hilfe China durch arbeitsintensive Produktion in eine Industrienation verwandelt werden sollte. Der Versuch scheiterte kläglich und führte zu verheerenden Hungersnöten.

GROSSER STEUERMANN: Mao Zedong.

GUANGZHOU (Kanton): südchinesische Stadt.

GUANXI (chin.): Kontakte, Beziehungen.

GURU RINPOCHE: indischer buddhistischer Meister (*Rinpoche* heißt «der Wertvolle»); siehe *Padmasambhava*.

GUTHUK («Suppe des 29. Tages»): Suppe, die am Abend vor dem tibetischen Neujahr gegessen wird.

GYANTSE: Stadt an der Straße von Lhasa nach Nepal; früher Standort einer britischen Garnison.

HAN-CHINESEN: ethnische Chinesen.

HUKOU: «Aufenthaltsgenehmigung» – Dokument, das den Aufenthalt für Chinesen auf eine bestimmte Region innerhalb Chinas beschränkt.

HU YAOBANG: bis Januar 1987 Generalsekretär der KP Chinas. 1980 besuchte er Tibet und entschuldigte sich für das Unrecht, das dem Land in den vergangenen Jahrzehnten angetan worden war. Als Befürworter der Religionsfreiheit und einer gewissen Liberalisierung in ganz China galt er den Tibetern als Hoffnungsträger. Sein Sturz wurde daher mit Entsetzen aufgenommen.

INJI: englisch.

JAMPA: zukünftiger Buddha, auch «Der Liebende» genannt. Das im Jokhang-Tempel aufbewahrte Bildnis des zukünftigen Buddhas wird am letzten Tag des Monlam (fünfzehnter Tag des neuen Jahres) in einer feierlichen Prozession um den Barkhor getragen.

JIASHU XUEXIAO (chin.): «Hausfrauenschule».

JI HUA SHENG YU (chin.): «Familienplanung».

JIN: chinesische Gewichtseinheit; entspricht ungefähr einem knappen Pfund.

JOKHANG: wichtigstes Heiligtum im tibetischen Buddhismus, Heimstatt des Bildnisses von Shakyamuni (tib. Jo), das im siebten Jahrhundert von Prinzessin Wen Cheng, der chinesischen Gemahlin von König Songtsen Gambo, nach Lhasa gebracht wurde. Allgemein bezeichnet man mit *jokhang* auch die Haupthalle in tibetischen Klöstern.

JOMKERN: Barde des Gesar-Epos. Gesar ist ein legendärer König, der nach tibetischer Überlieferung von Padmasambhava in die Welt gesandt wurde.

KADER: übliche Übersetzung des chinesischen Begriffs *ganbu*; ein Beamter, Bürokrat bzw. Verantwortung tragender Mensch innerhalb der chinesischen Verwaltung.

KAILASH: heiliger Berg im Westen Tibets, der von Buddhisten und Hindus gleichermaßen verehrt wird. Sein tibetischer Name ist Khang Rinpoche («Schneeberg»).

KAMPAGNE GEGEN DIE VIER SCHÄDLINGE: breit angelegte Kampagne, die während des Großen Sprungs nach vorn die landwirtschaftliche Produktion verbessern sollte, jedoch das ökologische Gleichgewicht ganzer Landstriche aus den Angeln hob.

KARMISCHE VERGELTUNG: fatalistische Vorstellung, daß alles, was mit uns in diesem Leben geschieht, nicht nur unvermeidlich ist, sondern auch auf unseren eigenen Handlungen in diesem oder einem vorausgegangenen Leben beruht.

KATAGS: lange Glücksbänder oder Schals aus feinem Stoff, meist aus Musselin oder Baumwolle, bei besonderen Anlässen aus feiner Seide. Sie werden Gästen und Gastgebern beim Abschied oder Wiedersehen überreicht.

KHABTSE: feines Neujahrsgebäck.

KHAM: Gebiet in Osttibet. Heimat der Khampas, die als besonders stolz und kampflustig gelten. Dieser Ruf verstärkte sich durch ihren heftigen, bewaffneten Widerstand gegen die Chinesen in den fünfziger und sechziger Jahren.

KHAMPAS: Menschen aus Kham.

KHANG RINPOCHE: tibetischer Name für den Kailash, den heiligen Berg im westlichen Tibet.

KÖNIG LANGDHARMA (838–842): tibetischer König, der den Buddhismus zu unterdrücken versuchte.

KÖNIG SONGTSEN GAMBO (617–649): erster religiös engagierter König Tibets, der den Buddhismus einführte, den Jokhang-Tempel baute und das Land einte.

KÖNIG TRITSON DETSEN (742–797): bedeutender tibetischer König, der auf die religiöse Entwicklung seines Landes großen Einfluß nahm.

KONGPO: Provinz südlich von Lhasa.

KORWA: Umschreiten einer heiligen Stätte im Uhrzeigersinn.

KUCHI (tib.): bitte.

KUMBUM (wörtl. «tausend Bildnisse»): Kloster in Amdo an der Geburtsstätte Tsongkhapas; den gleichen Namen trägt auch der große *Stupa* in Gyantse.

KUNMING: Stadt in der Provinz Yunnan in Südchina.

KULTURREVOLUTION (1966–1976): von Mao Zedong 1966 ausgerufene Bewegung, mit der die Vorstellung von der «permanenten Revolution» in der gesamten Volksrepublik verbreitet werden sollte. Gemeinsam mit der Hungersnot in den späten fünfziger Jahren und den Repressalien nach dem Aufstand im März 1959, in dessen Verlauf der Dalai Lama nach Indien flüchtete, führte die Kulturrevolution in Tibet zu großem menschlichem Leid. Mehr als 6000 religiöse Stätten Tibets wurden in dieser Zeit zerstört.

KYICHU-FLUSS (wörtl. «Wasser der Freude»): Früherer Name des Lhasa-Flusses.

LABTSE: Steinpyramiden, die die Tibeter als Opfergabe auf Paßhöhen errichten; jeder Reisende fügt der Pyramide einen Stein hinzu.

LAMA: im Ausland oft fälschlicherweise auf alle tibetischen Mönche angewendeter Begriff. Im eigentlichen Sinne bezieht er sich jedoch nur auf einen voll in den Buddhismus eingeweihten Lehrer oder Führer, der meist als eine Inkarnation einer wichtigen religiösen Gestalt erkannt wurde. Nur wenige Mönche sind Lamas.

LAMAISMUS: in Tibet entstandene, einzigartige Form des Buddhismus.

LAO TZI: chinesischer Philosoph (ca. 604–531 v. Chr.), Begründer des Taoismus.

LHA GE LO! (tib.): Die Götter sind siegreich!

LHAKPA (tib.): Mittwoch.

LHASA: Hauptstadt Tibets. 1959 Schauplatz des breiten Volksaufstands, der schließlich in die Flucht des Dalai Lama nach Indien mündete.

LIANG: chinesische Gewichtseinheit; entspricht ungefähr 50 g.

LIAN HE PAI: Fraktion der Roten Garden in Lhasa.

LINGDAO (chin. «Führer», «Chef»): Vorgesetzter einer wirtschaftlichen oder politischen Einheit.

LINKHOR: heiliger Pilgerpfad rund um die heilige Stadt Lhasa.

LINZHI (chin.), (tib. Nyinchi): Stadt an der Straße von Sichuan nach Tibet.

LOSAR-FEST: tibetisches Neujahrsfest. Wie der chinesische, ist auch der tibetische Kalender ein Mondkalender, doch fällt das Losar-Fest nicht notwendigerweise mit dem Frühlingsfest zusammen.

MAO (oder JIAO): umgangssprachl. Ausdruck für chinesische Währungseinheit (10 *mao* = 1 *yuan*).

MINDROLING: Kloster der Nyingma-Sekte im Yarlong-Tal.

MOMOS: gedämpfte, gefüllte Knödel.

MONLAM CHENMO («großes Gebet»): religiöses Fest, das in den ersten beiden Wochen des neuen Jahres abgehalten wird.

NGARI: Provinz im westlichen Tibet.

NGUPO: großer Silberkelch, der bei zeremoniellen Anlässen zum Servieren von *chang* benutzt wird.

NORBULINGKA («Juwelenpark»): Sommerresidenz des Dalai Lama in einem großen bewaldeten Park etwa fünf Kilometer von Lhasa entfernt.

OM MANI PADME HUM (wörtl. «Heil dem Juwel im Lotus»): tibetisches Mantra; steht für erleuchtetes Mitgefühl.

OPFER DES 15. TAGES: Opfergaben beim Butter-Fest, das einen Teil des Monlam-Fests bildet.

PADMASAMBHAVA (tib. auch «Guru Rinpoche»): Weiser aus Indien, der im 8. Jahrhundert auf Einladung von König Tritson Detsen nach Tibet kam, um den Buddhismus ins Land zu bringen. Er war an der Gründung des Klosters Samye beteiligt.

PALDEN LHAMO: Schutzgöttin Lhasas.

PALGYI DORJE: frommer Mönch aus dem 9. Jahrhundert, der König Langdharma tötete.

PANCHEN LAMA: führender Lama des Klosters Tashilhunpo in Shigatse. Inkarnation des Amitabha Buddha. Der erste Panchen Lama war ein Jünger Tsongkhapas. Der letzte Panchen Lama lebte in Peking und durfte Tibet nur gelegentlich besuchen. Nach der Flucht des Dalai Lama nach Indien im Jahre 1959 wurde der Panchen Lama Mitglied der Zentralregierung. Er starb im Januar 1989.

PATRIOTISCHE ADLIGE: Aristokraten, die nach der Flucht des Dalai Lama mit den Chinesen kooperierten.

POTALA («Paradies der Buddhas»): benannt nach dem Berg Potala, der Heimstatt von Avalokiteshvara, war der Palast ursprünglich von König Songtsen Gambo im 7. Jahrhundert erbaut worden. Mit dem Bau des Palasts in seiner heutigen Gestalt wurde unter dem fünften Dalai Lama im Jahre 1645 begonnen; 1694, zwölf Jahre nach seinem Tod, wurde er fertiggestellt. Der Potala ist die Winterresidenz des Dalai Lama.

PU (tib.): Junge.

QINGDAO-BIER: chinesisches Bier.

QINGHAI: chinesische Provinz nördlich von Tibet.

QING WEN (chin.): Entschuldigen Sie...

RADUNG: drei Meter langes tibetisches Horn.

RAMOCHE-TEMPEL (auch «kleiner Jogkhang»): kleiner Tempel im Norden Lhasas.

RENMINBI (wörtl. «Volkswährung»): chinesische Währung (1 *yuan rmb* = 100 *fen rmb*).

RINPOCHE («der Kostbare»): reinkarnierter Lama.

ROTE GARDEN: junge Menschen, die als Vorhut der von Mao Zedong ausgerufenen Kulturrevolution fungierten. Sie wurden ermutigt, kreuz und quer durch China zu reisen und die Revolution mit allen Mitteln voranzutreiben. Jugendlicher Idealismus und Personenkult arteten bald in einen gewalttätigen Extremismus aus; den Menschen, die sie «falscher Einstellungen» verdächtigten, brachten die Banden der Roten Garden Terror, Gewalt und Tod. Doch nicht nur Menschen, auch zahlreiche Kulturdenkmäler fielen ihren Gewalttaten zum Opfer.

SAKADAWA-FEST: Feier zu Ehren der Geburt, Erleuchtung und des Todes von Sakyamuni.

SAKYA: Orden im tibetischen Buddhismus, außerdem das wichtigste Kloster dieses Ordens, gegründet 1073.

SAKYAMUNI («jüngster Buddha»): die historische Gestalt des Gautama Buddha, der zwischen 563 und 483 v. Chr. in Indien lebte.

SAMYE: großes Kloster in der Form eines riesigen Mandalas am nördlichen Ufer des Yarlung Tsangpo, drei bis vier Tagesmärsche südlich von Ganden. Es wurde in den siebziger

Jahren des 8. Jahrhunderts von König Tritson Detsen gegründet.

SERA («Rosengarten»): Kloster, etwa drei Kilometer nördlich von Lhasa. 1419 von einem Jünger Tsongkhapas gegründet, gehört es zu den Drei Säulen des Staates und stand lange in Konkurrenz zu Drepung.

SHIGATSE: große Stadt westlich von Lhasa.

SHO: Spiel, bei dem alte tibetische Münzen um einen Kreis von Schneckenhäusern bewegt werden.

SHOL (tib.): Dorf unterhalb des Potala.

SICHUAN: südchinesische Provinz.

STUPA (oder CHORTEN): Kultdenkmal; ursprünglich altindischer halbkugelförmiger Begräbnishügel, später Aufbewahrungsort für Reliquien. In den verschiedenen Bauteilen sind die Elemente symbolisiert.

TAG-SENMO: Riesin, die der Legende nach die Vorfahren des tibetischen Volkes gebar.

TASHI DELEK (tib.): «viel Glück». Begrüßungsformel, die in Tibet nur zu Neujahr gebraucht wird.

TASHILHUNPO: wichtigstes Kloster in Shigatse; Sitz des Panchen Lama.

THAMZING («Kampfsitzung»): während der Kulturrevolution praktizierte Form der Versammlung, in der «Konterrevolutionäre» zu einem Geständnis ihrer Verbrechen gezwungen und anschließend gedemütigt und tätlich angegriffen wurden.

THANGKA: religiöse Gemälde auf Tuch, die auf Wandbehängen aus Seidenbrokat befestigt werden.

THUPTEN JIGME NORBU: älterer Bruder des jetzigen Dalai Lama.

TIANANMEN («Platz des Himmlischen Friedens»): größter Platz in Peking. Wichtigster Schauplatz der Studentenproteste im Jahre 1989.

TORMA: Stück von einem Opferkuchen.

TREHU CHANGCHUB SEMPA: Inkarnation Chenresigs in Affengestalt; Vater der tibetischen Nation.

TSAMPA: Grundnahrungsmittel der meisten Tibeter. Zur Herstellung von tsampa werden Gerstenkörner über einem Feuer erhitzt und erst anschließend gemahlen. Das vorgekochte Mehl kann dann mit Buttertee vermischt und zu weichen Bällchen geknetet werden. Oft werden Käse, Quark oder Trockenfleisch beigemengt.

TSONGKHAPA (1357–1419): Begründer der Gelukpa-Sekte. An seiner Geburtsstätte in Amdo wuchs ein Wunderbaum, um den später das große Kloster Kumbum gebaut wurde (jetzt in der chinesischen Provinz Qinhai südlich von Xining). Er starb im Kloster Ganden, das er gegründet hatte.

VIER MODERNISIERUNGEN: 1975 ins Leben gerufene Kampagne zur Modernisierung von Landwirtschaft, Industrie, Wissenschaft und Verteidigung mit dem Ziel, China bis zur Jahrhundertwende zu einer führenden Weltmacht zu entwickeln.

WACHOLDER: Das stark rauchende Holz des Wacholderstrauchs wird in Tibet traditionell als Feueropfer verbrannt.

WEN CHENG (chin.): chinesische Prinzessin; Gemahlin von König Songtsen Gambo.

WUHAN: Stadt in der chinesischen Provinz Hubei.

WU JINGHUA: seit 1983 oberster Führer in Tibet; wurde im Herbst 1988 aus dem Amt entfernt, da er bei der Unterdrückung der antichinesischen Demonstrationen scheiterte.

XIA FANG: Kampagne in den frühen siebziger Jahren, bei der die städtische Jugend aufs Land geschickt wurde, um von den Bauern zu lernen.

XIAO (chin. «klein»): Als Vorsilbe vor Namen gebraucht, z. B. Xiao Wang.

XINGJIAN: Provinz in Nordwestchina.

XIUXI: Nachmittagsschlaf.

YUAN: chinesische Währungseinheit.

ZHOU ENLAI: (1898–1976) Außenminister und Premierminister (1949–1976) der Volksrepublik China. Verhinderte einen Angriff der Roten Garden auf den Potala.

Die «Autonome Region Tibet» stellt nur einen Teil des alten
Tibet dar; weite Teile der ursprünglich tibetischen Provinzen
Amdo und Kham wurden den zentralchinesischen Provinzen
Yunnan, Sichuan und Qinghai zugeschlagen.

Register ▬▬▬▬▬▬▬▬▬▬▬▬▬▬

Bruce Chatwin
In Patagonien *Reis in in ein fernes Land*
(rororo 12836)
Bruce Chatwin hat auf einer langen Reise dieses malerisch schöne, wilde Land am Ende der Welt erkundet.

Jimmy Burns
Jenseits des silbernen Flusses *Begegnungen in Südamerika*
(rororo12643)
Fünf Jahre lang lebte Jimmy Burns in Buenos Aires und bereiste Argentinien, Brasilien, Peru, Ecuador, Bolivien und Chile.
Burns war 1988 Preisträger des Somerset Maugham-Award.

Eddy L. Harris
Mississippi Solo *Mit dem Kanu von Minnesota nach New Orleans*
(rororo 12646)

John Krich
Wo, bitte, liegt Nirwana? *Eine Reise durch Asien*
(rororo 12642)

John David Morley
Grammatik des Lächelns *Japanische Innenansichten*
(rororo 12641)
Japan, das ist der Riß zwischen zwei Kulturen, die das Leben widersprüchlich und faszinierend zugleich durchdringen.

Charles Nicholl
Treffpunkt Café «Fruchtpalast» *Erlebnisse in Kolumbien*
(rororo 1282)
«Eines der spannendsten Reisebücher überhaupt – und brillant geschrieben!» New York Times

Stuart Stevens
Spuren im heißen Sand *Abenteuer in Afrika*
(rororo 12647)

Theodore Zeldin
«Ich liebe das Leben, und das Leben liebt mich» *Was es heißt, Franzose zu sein*
(rororo 12644)
Mit Geist und Witz zeigt der international bekannte Historiker das bunte Spektrum des französischen Lebens.